北碚圖書館

精品圖録

民國文獻卷

北碚圖書館 編

中華書局

圖書在版編目（CIP）數據

北碚圖書館精品圖録. 民國文獻卷/北碚圖書館編. —北京 : 中華書局, 2014.6
ISBN 978-7-101-10047-1

Ⅰ. 北… Ⅱ. 北… Ⅲ. 地方文獻—圖書館目録—北碚區—圖録 Ⅳ. Z822.1

中國版本圖書館CIP數據核字(2014)第057502號

ISBN 978-7-101-10047-1

9 787101 100471 >

責任編輯：陳利輝　張　進
封面設計：劉　麗
版式設計：水長流文化

北碚圖書館精品圖録・民國文獻卷
北碚圖書館 編
*
中華書局出版發行
（北京市豐臺區太平橋西里38號　100073）
http://www.zhbc.com.cn
E-mail:zhbc@zhbc.com.cn
北京信彩瑞禾印刷廠
*
787×1092毫米 1/16・12¼印張
2014年6月第1版　2014年6月北京第1次印刷
印數：1-1000冊　定價：420.00元

ISBN 978-7-101-10047-1

序言

雲山蒼茫，嘉水流翠。

北碚圖書館坐落在緑蔭簇擁的青山緑水間。紅樓雄踞，覽大江東去，看滄海桑田；書城静謐，藏千年文明，閱世間風雲。自盧作孚先生創立迄今，八十有五載，歷經艱辛，數代努力，終成煌煌之規模。以其古籍善本、字畫碑帖、民國文獻豐富著稱全國。觀北碚非歷朝舊都，亦非通衢大埠，圖書館卻擁有驕人的藏書，實賴盧作孚、老舍、梁漱溟、晏陽初、楊家駱、張從吾先生等一批有識之士，熱愛圖書館事業；亦因抗戰之時，北碚地處偏僻，相對安全，文人匯聚，才有此文化氛圍之提升。集天時、地利、人和之便，鑄就了北碚圖書館藏書之基礎。共和國立，黨和政府對文化事業傾注了大量精力，使北碚圖書館於凋敝中重振，經過幾代圖書館人不懈努力，方見今日之書城飄香，紅樓掩翠。

圖書館乃公衆提升文化修養，陶冶情操之净土。館舍精緻，藏書豐富是其條件，藏以致用方爲目的。爲使讀者更好地瞭解、使用館藏資源，我們將館藏圖書之精品選編爲三册：古籍卷、藝術卷、民國文獻卷，以饗讀者。作爲全國古籍重點保護單位的北碚圖書館，現藏古籍十餘萬册，不乏珍本善本。其所藏古籍入選《國家珍貴古籍名録》者達二十一種，如《藝文類聚》曾被中華書局據以影印，《洪武南藏》亦是稀見珍本。地方志更以數量多、稀見度高稱雄一方。藝術卷選録藏品八十餘件，如沈周的山水條幅、王鐸的行書手卷、清人題跋"聖教序未斷本"，以及張大千、齊白石、黄君璧等人真迹，均是難得一見之佳作。民國文獻卷選録館藏民國時期存世文獻七十餘種，如《嘉陵江日報》、《張自忠將軍自傳》、《創辦私立勉仁中學緣起》等不僅具有强烈的地方色彩，更以其唯一性，顯得彌足珍貴。

屈子云：路漫漫其修遠兮，吾將上下而求索。書海無涯，前途遠大。爲使北碚成爲名副其實之科教文化高地，圖書館成廣大民衆之精神樂園，我們的路還很長，需要做的事還很多。黨的十八届三中全會決議指明了今後的奮鬥方向，我們將圍繞中華文明復興之宏偉目標努力。最後，向給予本書出版以大力協助的中華書局致以誠摯的謝意！向爲本書付出努力的圖書館同仁們表示感謝！

2013年12月

目錄

革命歷史文獻

抗戰版圖書

地方文獻

革命歷史文獻

北碚圖書館前身是由著名愛國實業家盧作孚於1928年創立的峽區圖書館，後與北碚民衆圖書館、西部科學院圖書館、民生公司圖書館及北泉圖書館合并組成北碚圖書館，民國歷史文獻及抗戰歷史文獻是其館藏特色。北碚圖書館所藏革命歷史文獻，主要是從辛亥革命到新民主主義革命勝利的近四十年時間裏，中國人民艱苦卓絕的革命歷程中形成的文獻資料。其中包括了革命領袖著作、中國共産黨的著名出版物、革命根據地出版的特色文獻等，對於革命史和黨史的研究具有重要價值。

《辛亥革命始末記》

壽臣氏輯　1911年6月直隷官書局出版

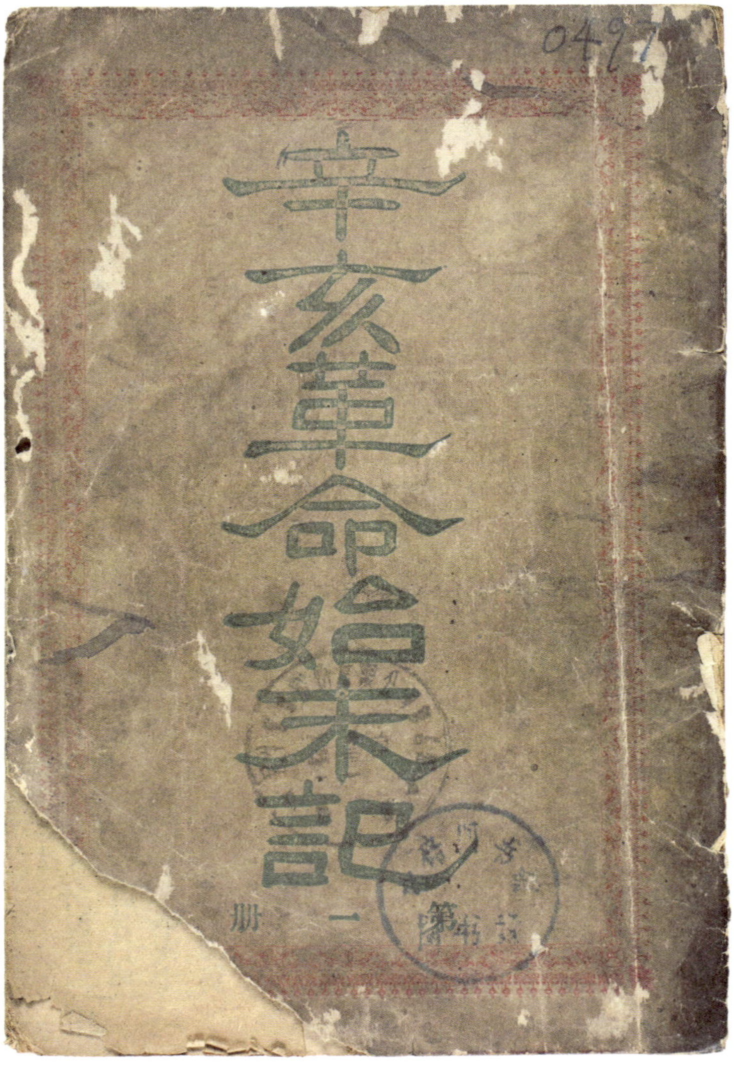

全書十六册，爲作者於辛亥年間逐日選擇京、津、滬各報章所載有關辛亥革命事蹟的文章編輯而成，是有關辛亥革命最早、最直接的史料之一。

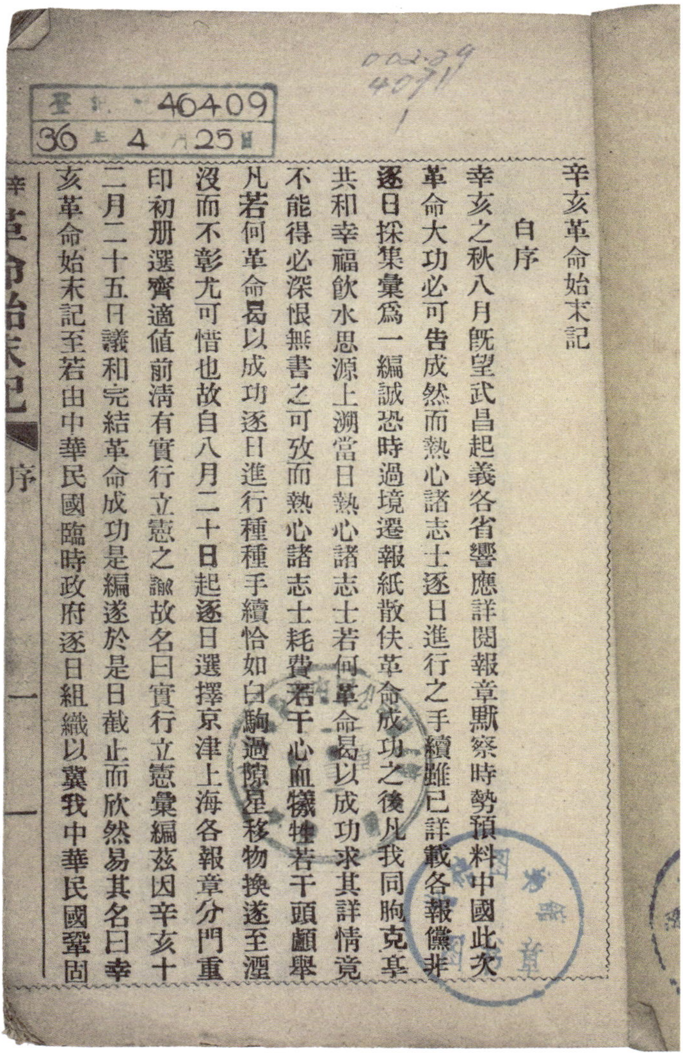

辛亥革命始末記

自序

幸亥之秋八月既望武昌起義各省響應詳閱報章默察時勢預料中國此次革命大功必可告成然而熱心諸志士逐日進行之手續雖已詳載各報儻非逐日採集彙爲一編誠恐時過境遷報紙散佚革命成功之後凡我同胞克享共和幸福飲水思源上溯當日熱心諸志士若何革命曷以成功求其詳情竟不能得必深恨無書之可攷而熱心諸志士耗費若干心血犧牲若干頭顱舉凡若何革命曷以成功逐日進行種種手續恰如白駒過隙星移物換遂至湮沒而不彰尤可惜也故自八月二十日起逐日選擇京津上海各報章分門重印初册選齊適值前淸有實行立憲之諭故名曰實行立憲彙編茲因辛亥十二月二十五日議和完結革命成功是編遂於是日截止而欣然易其名曰幸亥革命始末記至若由中華民國臨時政府逐日組織以冀我中華民國鞏固

辛亥革命始末記 序 一

《社會科學概論》

瞿秋白著　1925年5月上海書店三版

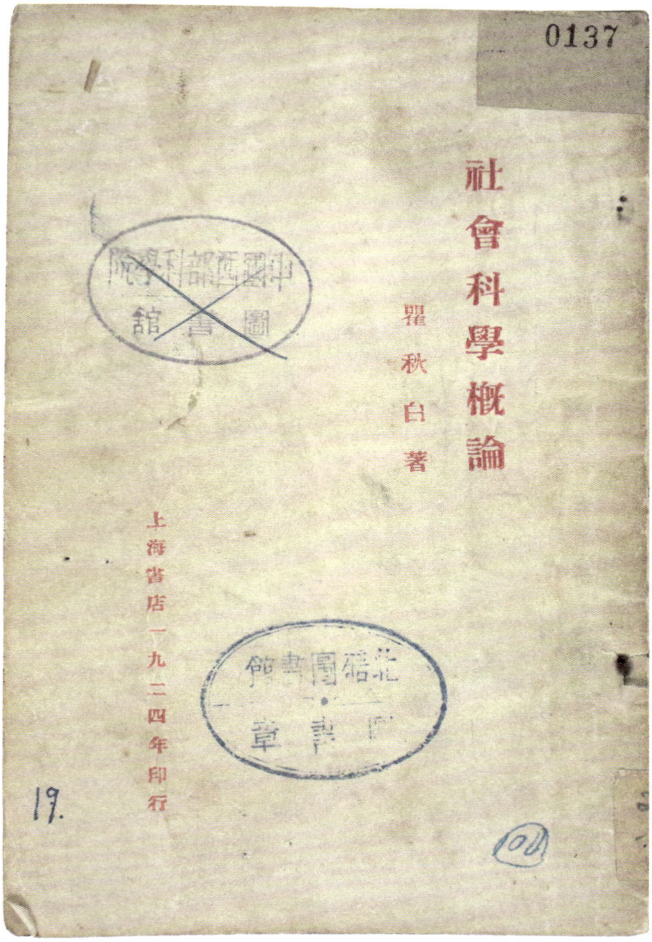

此書是最早運用馬克思主義的唯物史觀對人類社會各個方面進行系統研究的著作，代表了馬克思主義在中國的傳播進入了一個較成熟的階段。

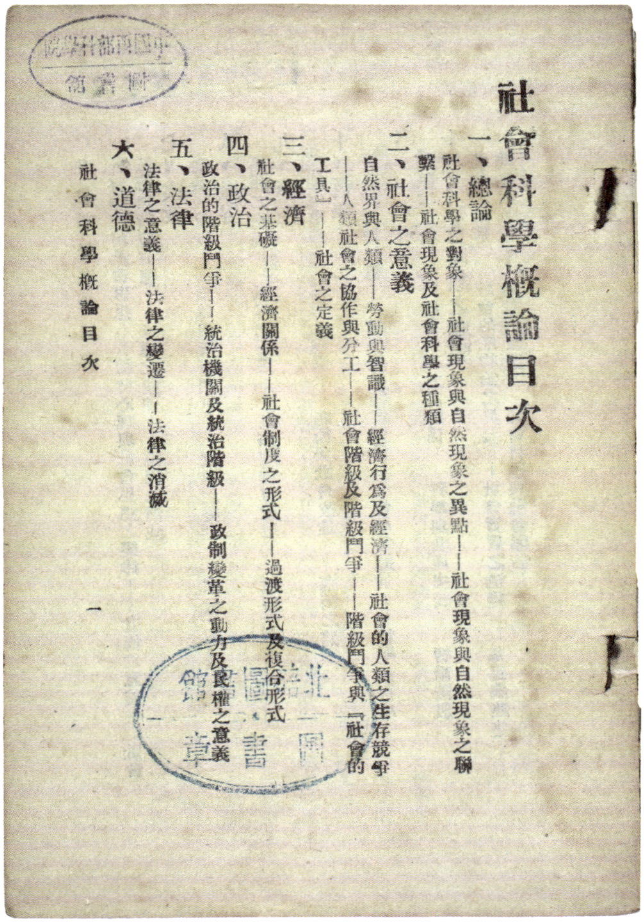

社會科學概論目次

社會科學概論目次　一

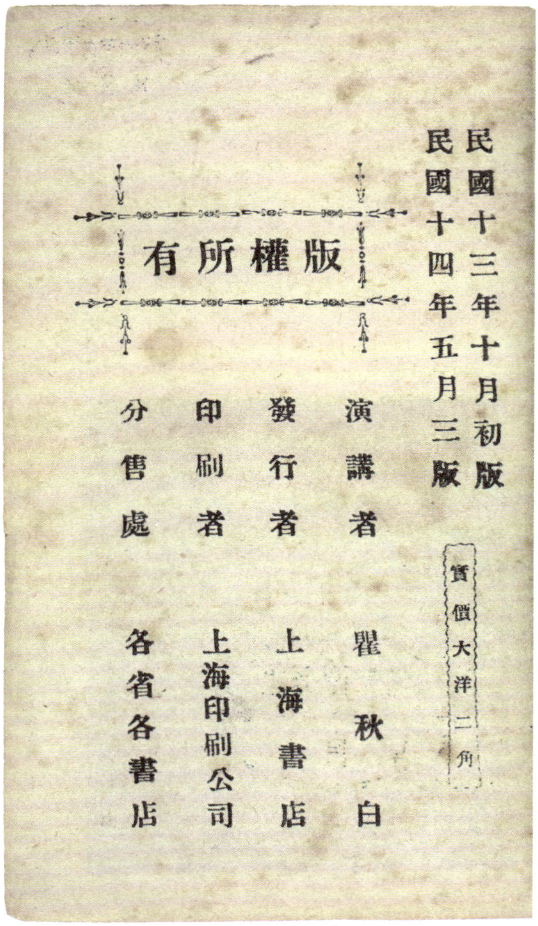

民國十三年十月初版
民國十四年五月三版

實價大洋二角

演講者　瞿秋白
發行者　上海書店
印刷者　上海印刷公司
分售處　各省各書店

《平民主義》

李守常（李大釗）著　1925年5月商務印書館三版

本書爲“百科小叢書”之一種。平民主義是democracy的譯語，又譯爲“民主主義”。李大釗在書中闡釋了“民主主義”的含義，着重强調了無産階級“民主主義”的意義，指出“純正的平民主義就是把政治上、經濟上、社會上一切特權階級完全打破”。

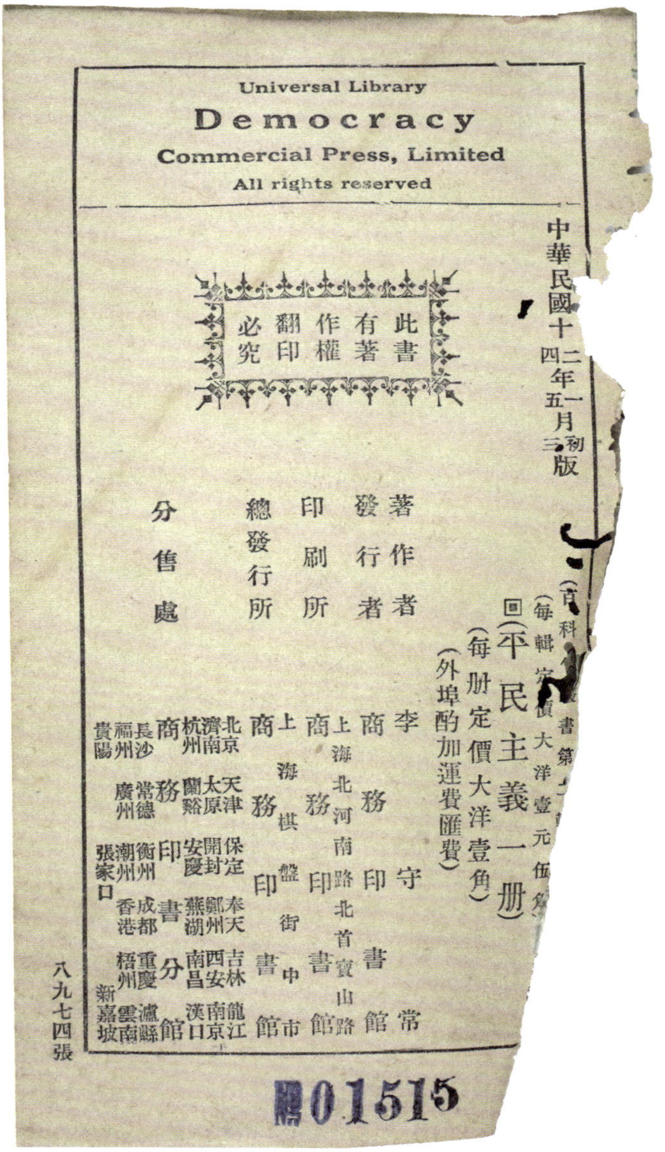

中華民國十二年一月初版
中華民國十四年五月三版

(百科[illegible]叢書第[illegible])
(每輯定價大洋壹元伍角)
回(平民主義一册)
(每册定價大洋壹角)
(外埠酌加運費匯費)

著作者　李守常
發行者　商務印書館
印刷所　上海北河南路北首寶山路　商務印書館
總發行所　上海棋盤街中市　商務印書館
分售處　商務印書分館　北京　濟南　杭州　天津　太原　蘭谿　保定　開封　安慶　奉天　鄭州　蕪湖　吉林　西安　南昌　龍江　南京　漢口　長沙　福州　貴陽　常德　廣州　衡州　潮州　張家口　成都　香港　重慶　梧州　瀘縣　雲南　新嘉坡

八九七四張

01515

《社會進化史》

蔡和森著　1927年2月民智書局四版

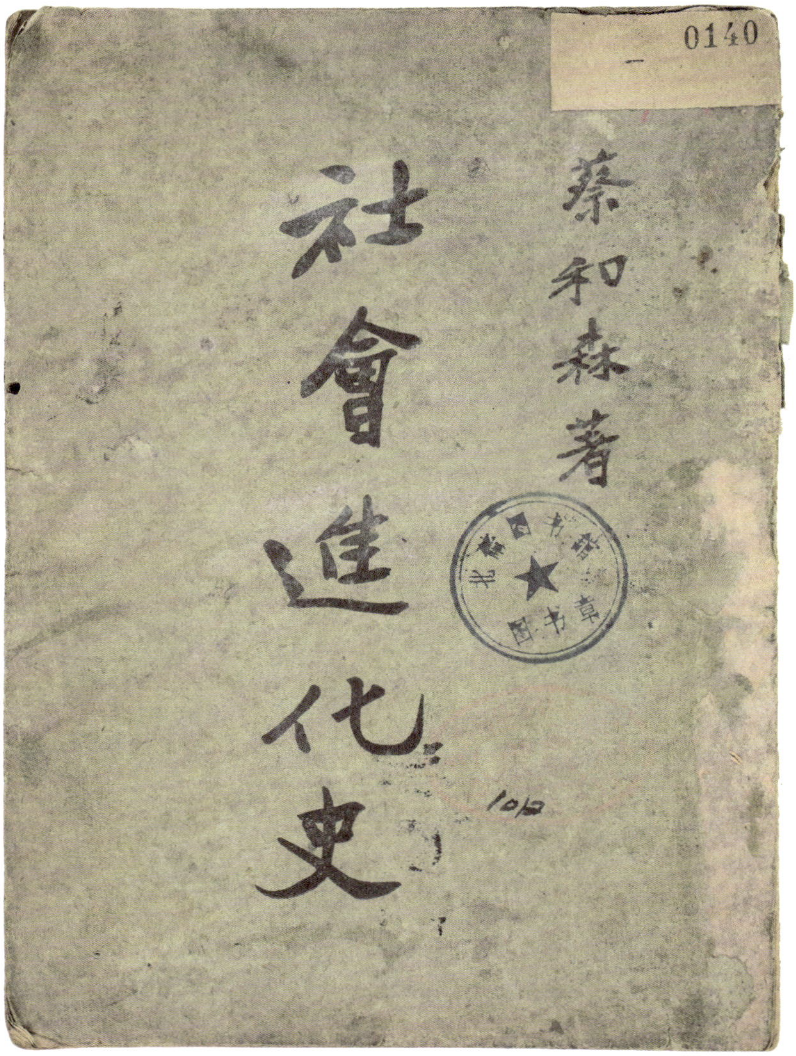

此書包括“家族之起源與進化”、“財産之起源與進化”、“國家之起源與進化”三個章節，較全面地論述了“家族、私有制和國家”的起源與發展。

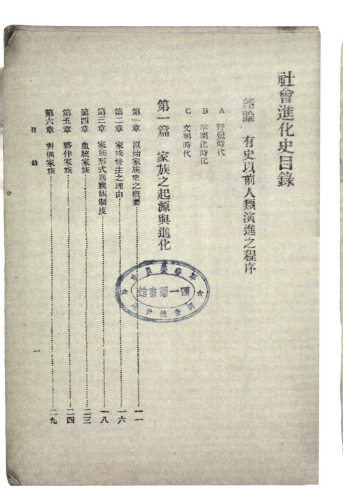

社會進化史目錄

目錄　一

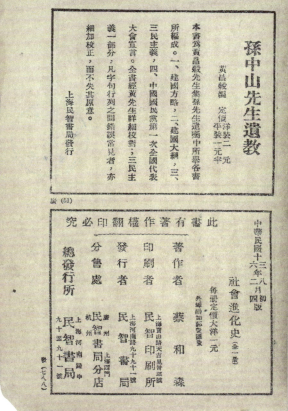

中華民國十三年八月初版
中華民國十六年二月四版

社會進化史（全一册）

每册定價大洋一元
外埠酌加郵費匯費

著作者　蔡和森

印刷者　民智印刷所　上海寶山路天吉里卅三號

發行者　民智書局　上海河南路九十九十一號

分售處　民智書局分店　廣州　杭州　上海四門

總發行所　民智書局　上海河南路中九十五九十一號

發（七八八）

《五卅事件》

國際問題研究會編輯　1927年5月國際問題研究會出版

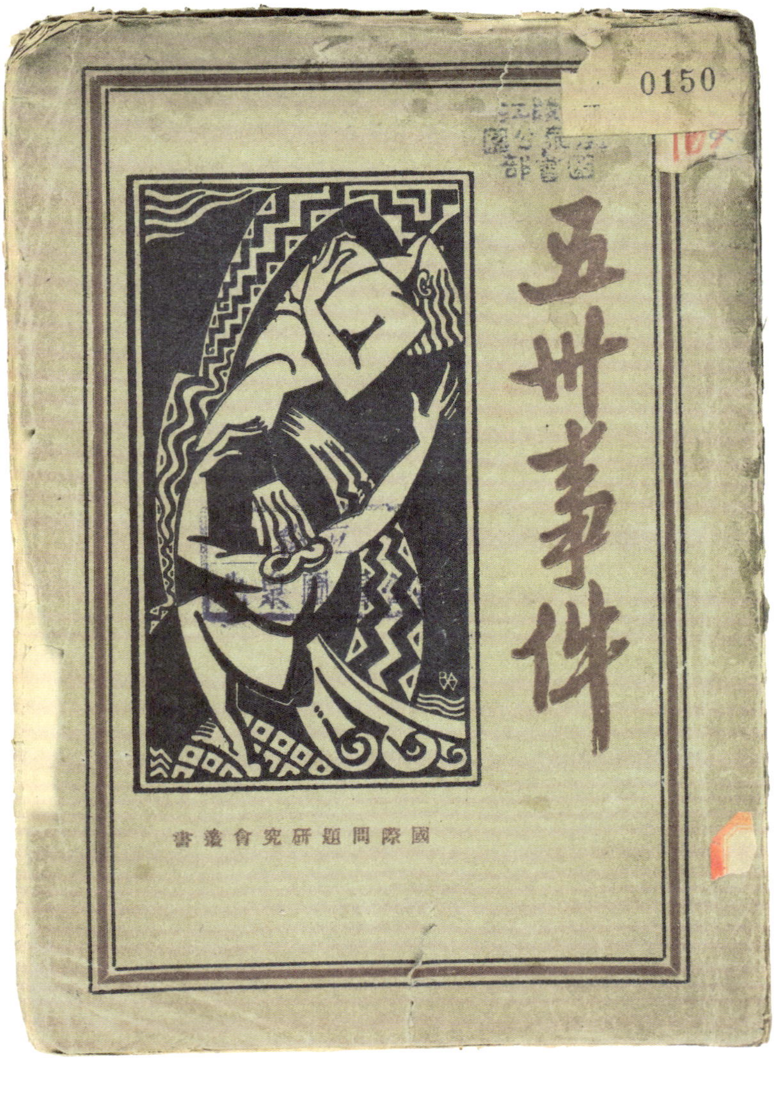

此書屬“國際問題研究會叢書”，係編者爲紀念五卅事件兩周年而編。雖然本書的編輯者署名爲“國際問題研究會”，但在書前潘公展先生序言中提到，本書的主要編者爲陳叔諒先生。全書十四章，忠實地記述了五卅上海慘案、相關各處事件及各項交涉經過，爲後世留下了寶貴史料。

目次

民國十六年五月發行

「五卅事件」（實價大洋五角）

編輯者 國際問題研究會
發行者 國際問題研究會
印刷者 友文印刷所

發行所 上海北市寶山路寶山里第六十號 開明書店

《資本論》

〔德〕馬克思著　陳啓修譯　1930年3月崑崙書店初版

此爲《資本論》最早中文譯本，之後有1933年亞東書店出版的潘冬舟譯本和1938年讀書生活出版社出版的郭大力、王亞南譯本。

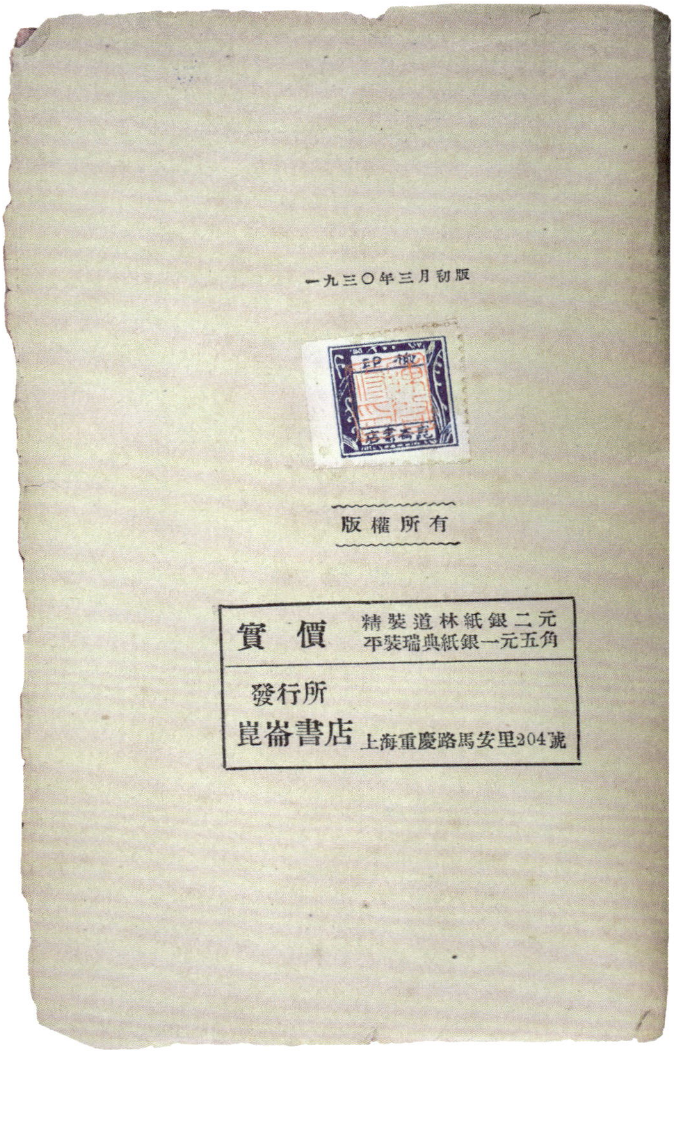

一九三〇年三月初版

實價　精裝道林紙銀二元
平裝瑞典紙銀一元五角

發行所
崑崙書店　上海重慶路馬安里204號

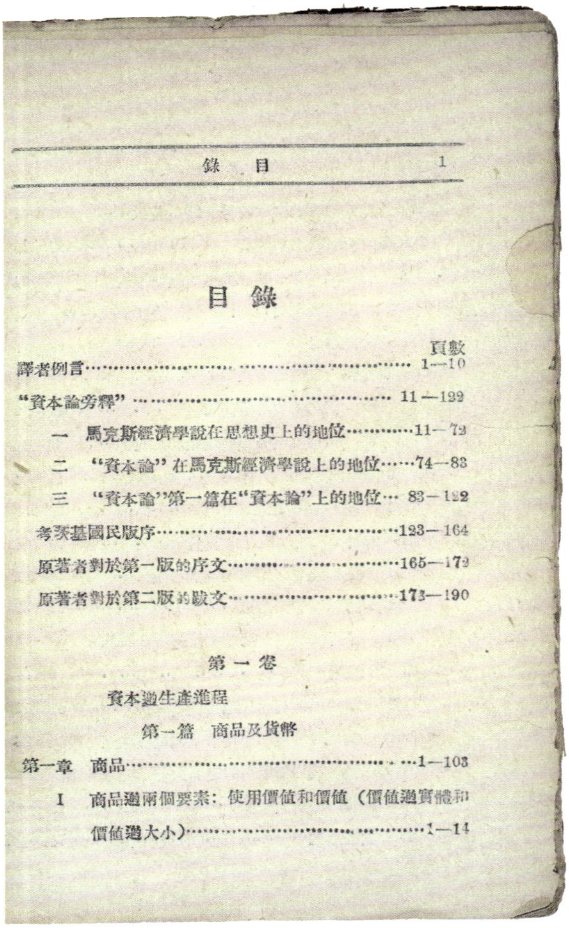

目 錄

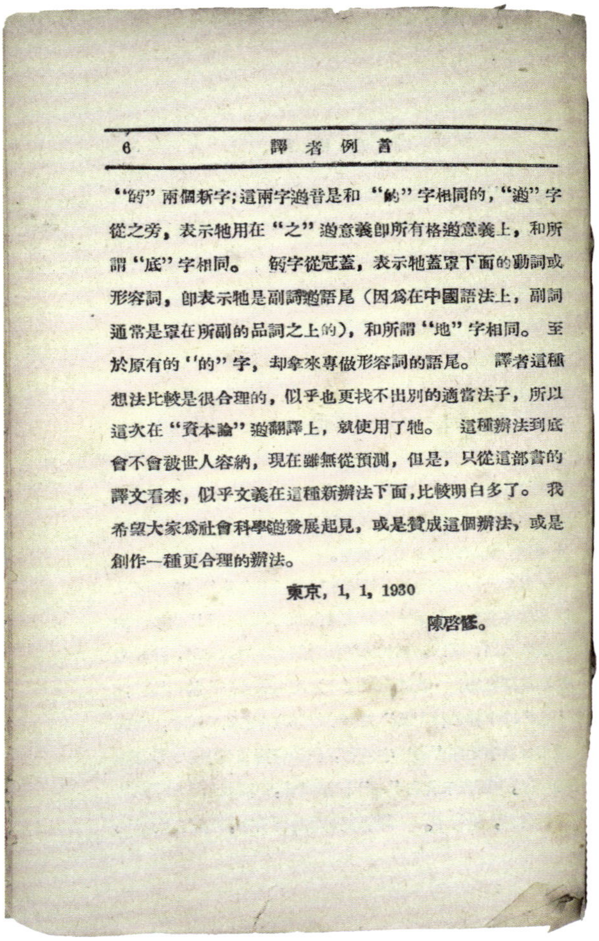

"的"兩個新字；這兩字𨑨音是和"的"字相同的，"𨑨"字從之旁，表示牠用在"之"𨑨意義即所有格𨑨意義上，和所謂"底"字相同。 的字從冠蓋，表示牠蓋罩下面的動詞或形容詞，即表示牠是副詞𨑨語尾（因爲在中國語法上，副詞通常是罩在所副的品詞之上的），和所謂"地"字相同。 至於原有的"的"字，却拿來專做形容詞的語尾。 譯者這種想法比較是很合理的，似乎也更找不出別的適當法子，所以這次在"資本論"𨑨翻譯上，就使用了牠。 這種辦法到底會不會被世人容納，現在雖無從預測，但是，只從這部書的譯文看來，似乎文義在這種新辦法下面，比較明白多了。 我希望大家爲社會科學𨑨發展起見，或是贊成這個辦法，或是創作一種更合理的辦法。

東京，1，1，1930

陳啓修。

《伊里奇底辯證法》〔蘇〕德波林著　任白戈譯　1930年5月辛懇書店初版

此書是由河上肇氏編譯的"馬克思主義叢書"第一册重譯出來的。是據1925年7月發表在德語《在馬克思主義底旗下》第一卷第二號的三篇文章編譯而成。《伊里奇底辯證法》不僅是唯物的，而且是鬥争的，它對馬克思的哲學思想作了扼要的介紹，是中國翻譯較早的系統研究馬克思哲學思想的著作。

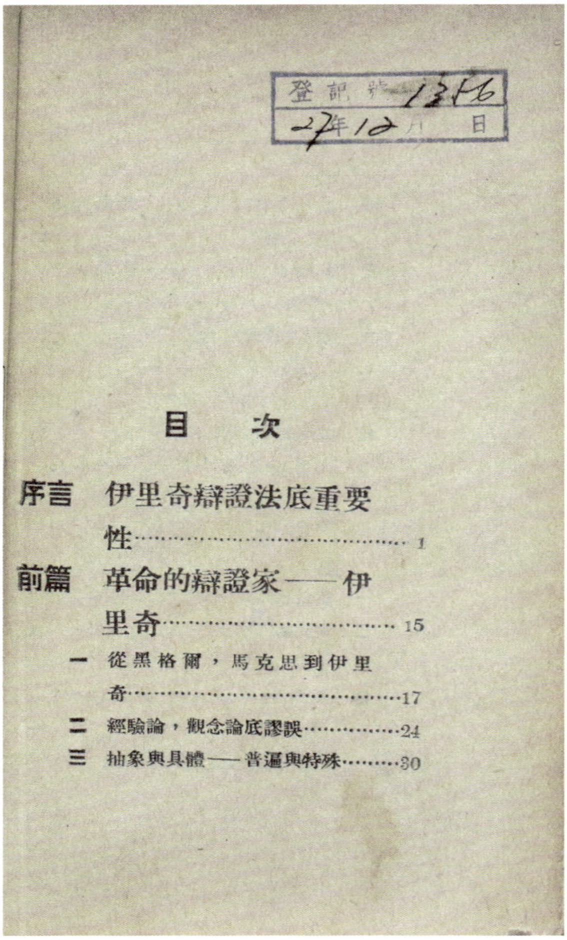

目 次

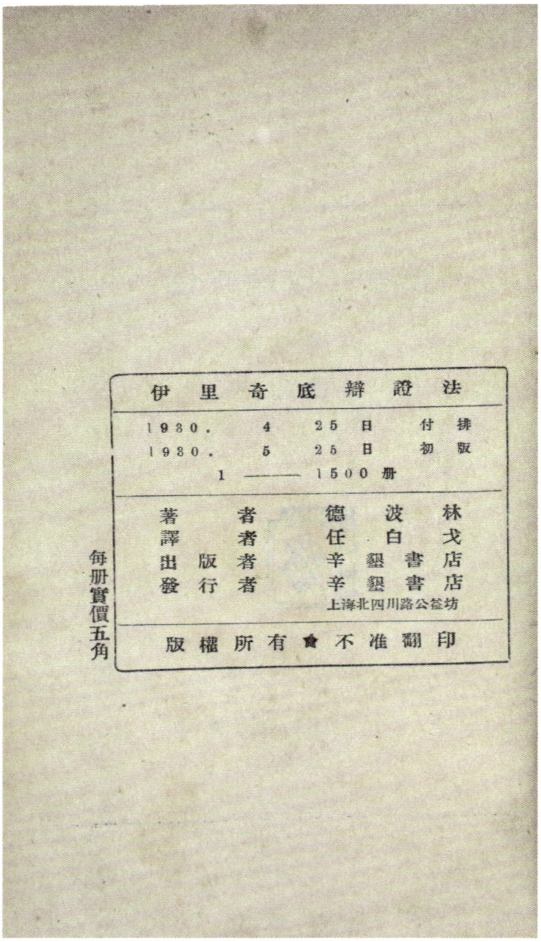

伊里奇底辯證法
1930. 4 25 日 付排
1930. 5 25 日 初版
1 —— 1500 册
著 者 德波林
譯 者 任白戈
出 版 者 辛墾書店
發 行 者 辛墾書店
上海北四川路公益坊
每册實價五角

《馬電詮釋》

馮玉祥著　1931年11月印行

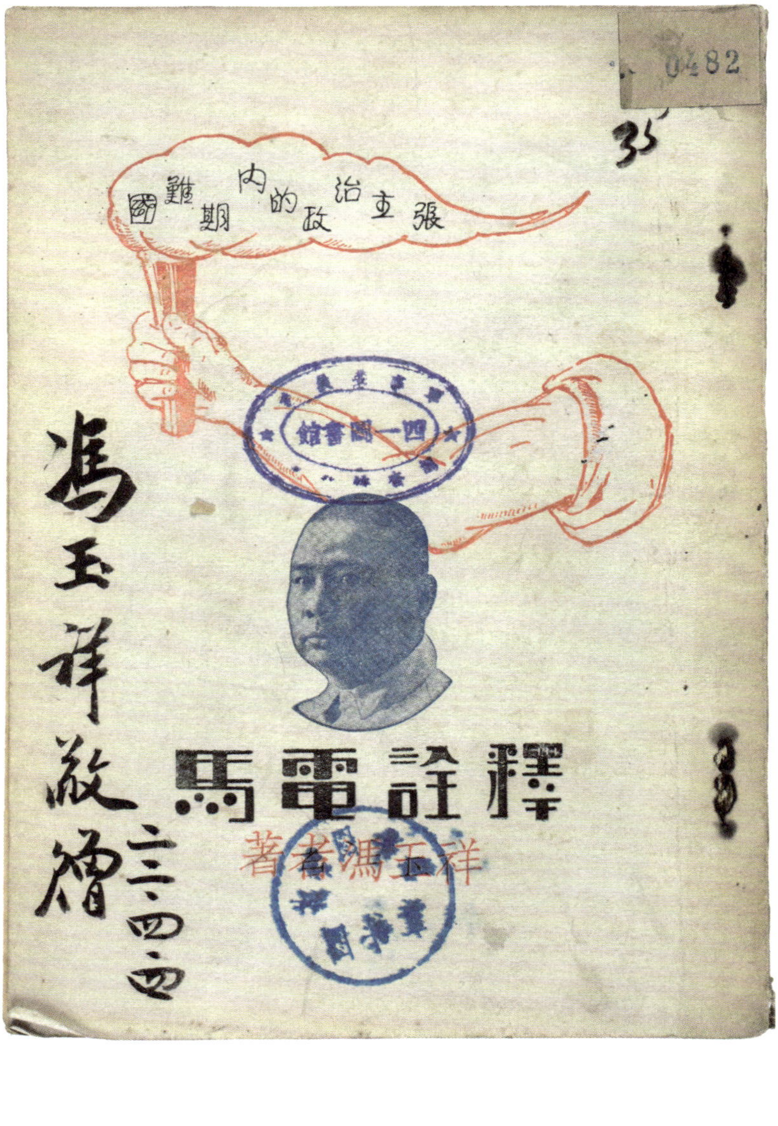

此書將馮玉祥答汪精衛諸先生的馬電原電印出，并附加説明。馮玉祥在書中還闡述了個人經歷以及對國事的態度與主張。

著者肖像

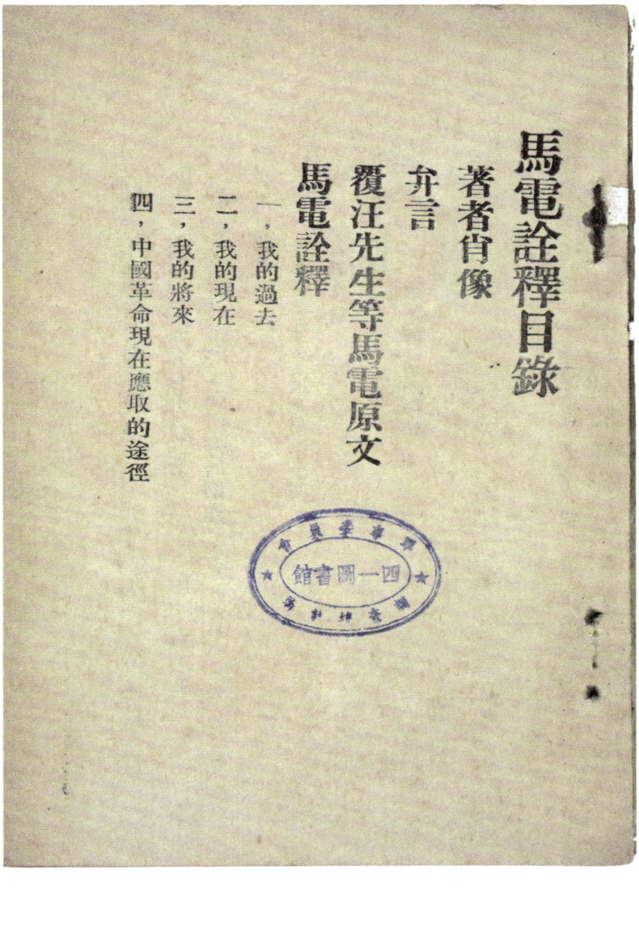

馬電詮釋目錄

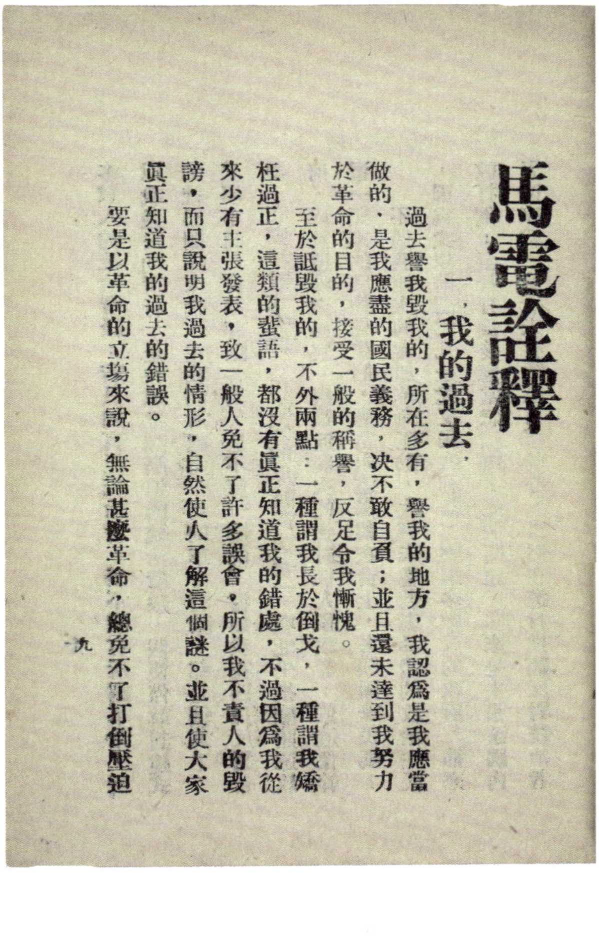

馬電詮釋

一，我的過去

過去譽我毀我的，所在多有，譽我的地方，我認爲是我應當做的，是我應盡的國民義務，決不敢自負；並且還未達到我努力於革命的目的，接受一般的稱譽，反足令我慚愧。

至於詆毀我的，不外兩點：一種謂我長於倒戈，一種謂我矯枉過正，這類的蜚語，都沒有眞正知道我的錯處，不過因爲我從來少有主張發表，致一般人免不了許多誤會。所以我不責人的毀謗，而只說明我過去的情形，自然使人了解這個謎。並且使大家眞正知道我的過去的錯誤。

要是以革命的立場來說，無論甚麽革命，總免不了打倒壓迫

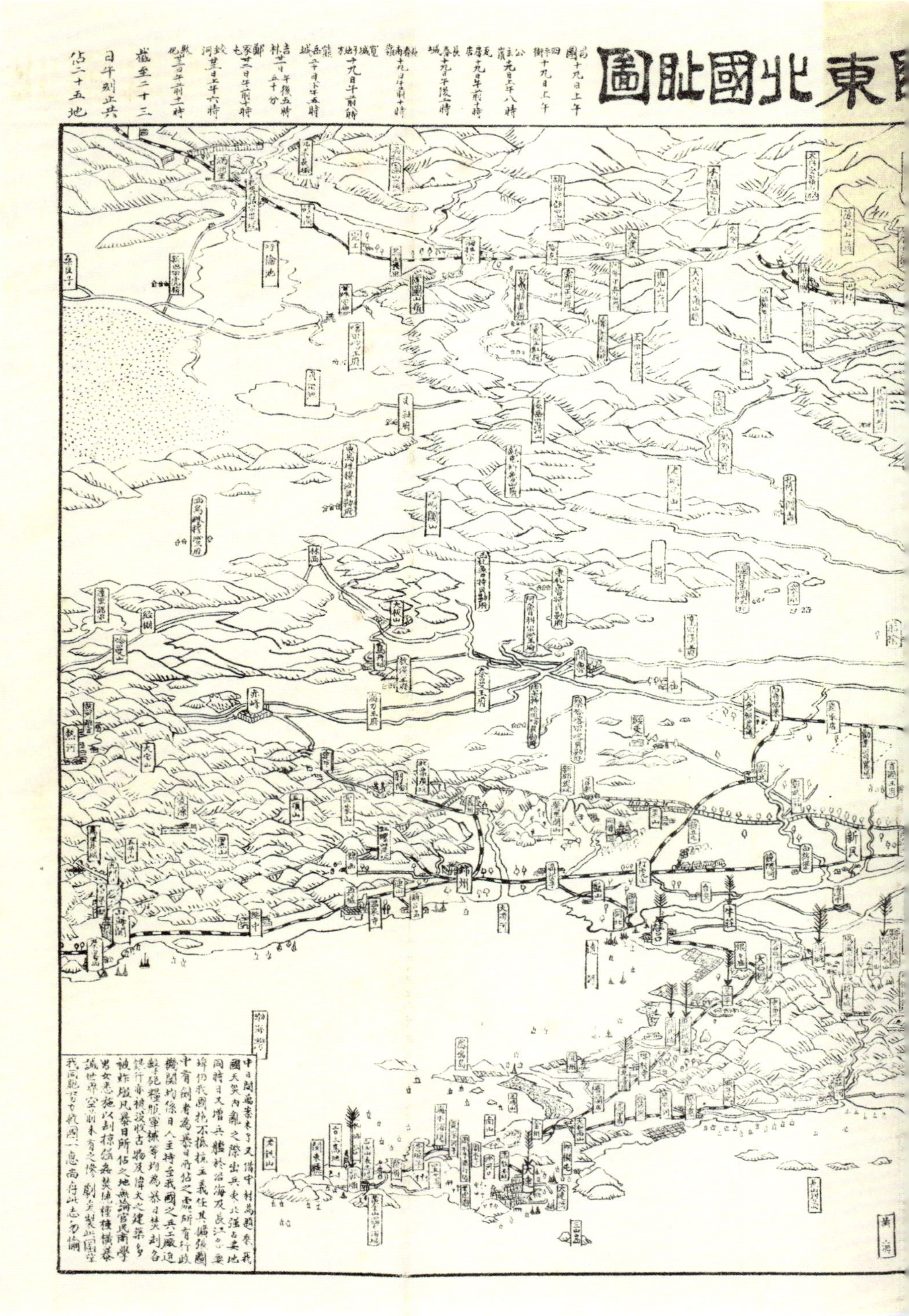
東北國恥圖

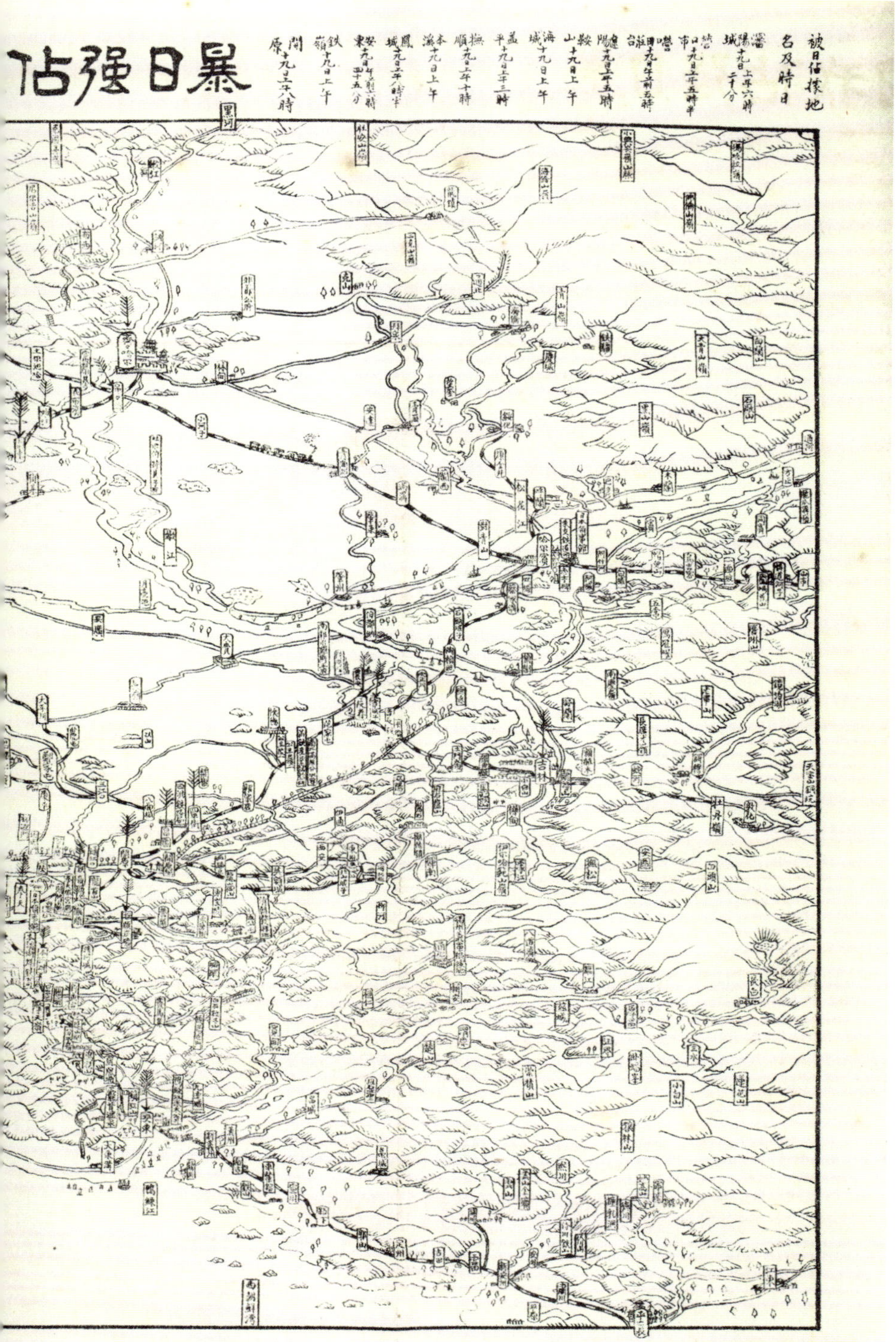
暴日強佔
被日佔據地名及時日
瀋陽城 十九日上午六時二十分
營口 十九日上午五時半
田莊台 十九日午前五時
遼陽 十九日上午五時
鞍山 十九日上午
海城 十九日上午
蓋平 十九日上午三時
撫順 十九日上午十時
本溪 十九日上午
鳳城 十九日上午八時半
安東
鐵嶺 十九日上午
開原 十九日上午八時
吉林

《毛澤東自傳》

〔美〕史諾筆録　汪衡譯　1937年11月文摘社出版

此書屬“文摘小叢書”，是一部極其珍貴的革命歷史文獻，是毛澤東向美國著名記者史諾（Edgar Snow）口述生平的真實記録。書中，毛澤東回憶了自己從一個農民的兒子成長爲一名馬克思主義者的歷程，書後附《毛澤東論中日戰爭》、《毛澤東夫人賀子珍小傳》。

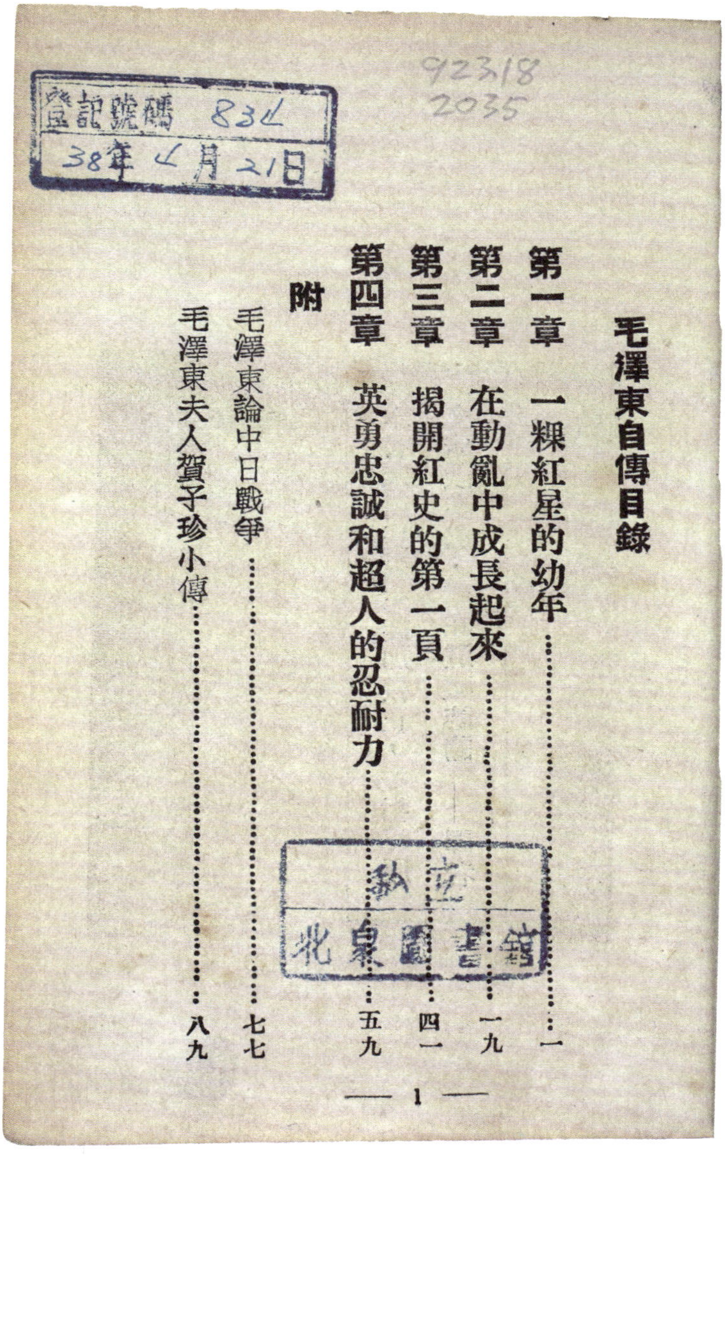

毛澤東自傳目錄

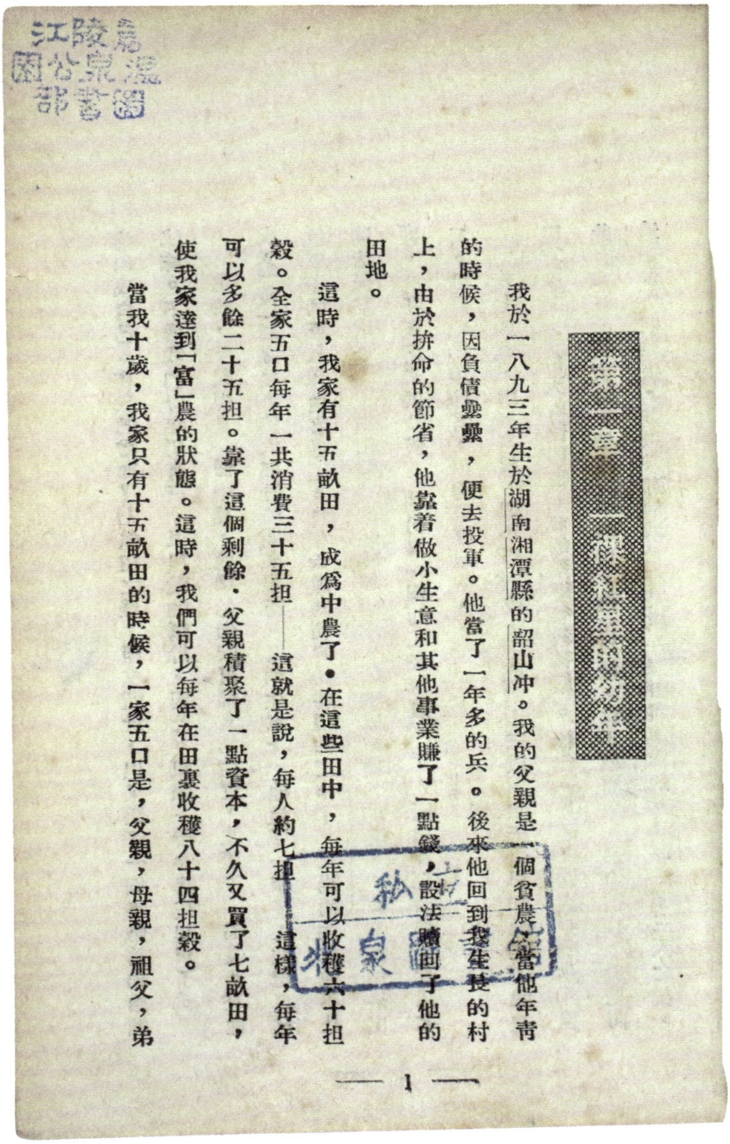

第一章 一個農家的幼年

我於一八九三年生於湖南湘潭縣的韶山冲。我的父親是一個貧農，當他年青的時候，因負債纍纍，便去投軍。他當了一年多的兵。後來他回到我生長的村上，由於拚命的節省，他靠着做小生意和其他事業賺了一點錢，設法贖回了他的田地。

這時，我家有十五畝田，成爲中農了。在這些田中，每年可以收穫六十担穀。全家五口每年一共消費三十五担——這就是說，每人約七担——這樣，每年可以多餘二十五担。靠了這個剩餘，父親積聚了一點資本，不久又買了七畝田，使我家達到「富」農的狀態。這時，我們可以每年在田裏收穫八十四担穀。

當我十歲，我家只有十五畝田的時候，一家五口是，父親，母親，祖父，弟

— 1 —

中華民國二十六年十一月一日初版
中華民國二十六年十一月二十日再版

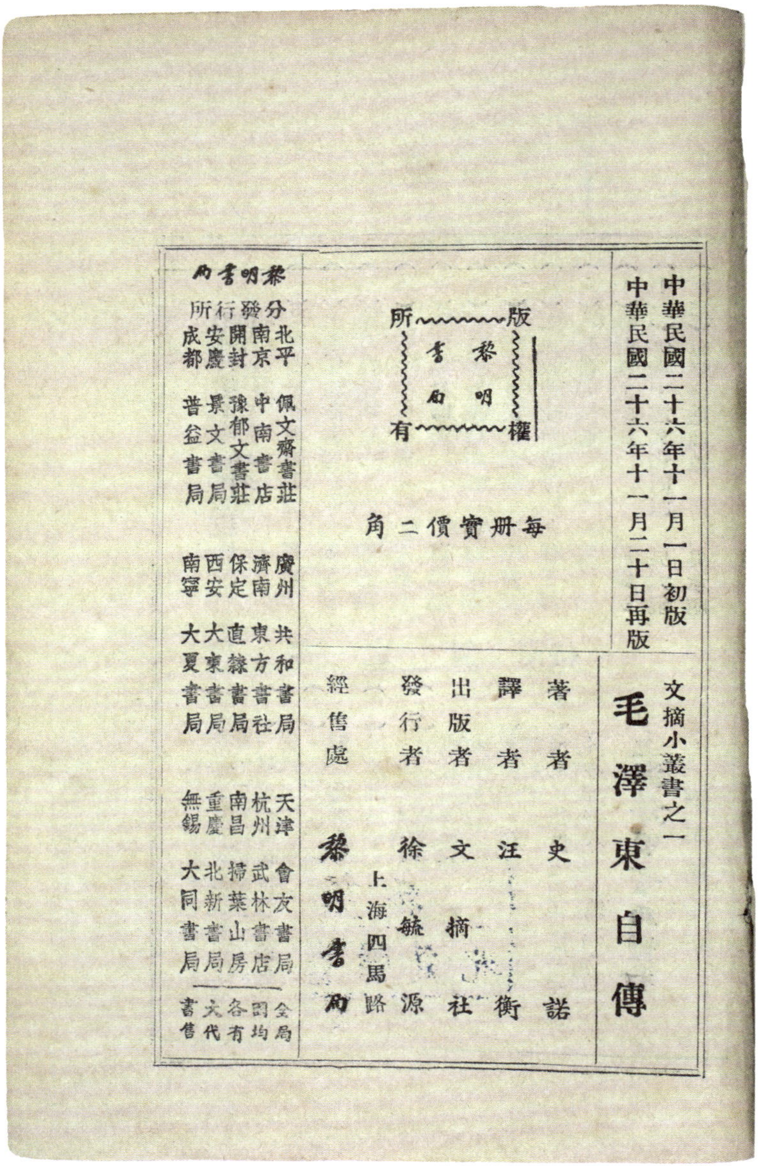

文摘小叢書之一

毛澤東自傳

著者 史諾
譯者 汪衡
出版者 文摘社
發行者 徐毓源
經售處 黎明書局 上海四馬路

每冊實價二角

黎明書局 分發行所
北平 佩文齋書莊
南京 中南書店
開封 豫郁文書莊
安慶 景文書局
成都 普益書局
廣州 共和書局
濟南 東方書社
保定 直隸書局
西安 大東書局
南寧 大夏書局
天津 會友書局
杭州 武林書店
南昌 掃葉山房
重慶 北新書局
無錫 大同書局
全國各大書局均有代售

《二萬五千里長征記——從江西到陝北》

大華編著　1937年12月復興出版社發行

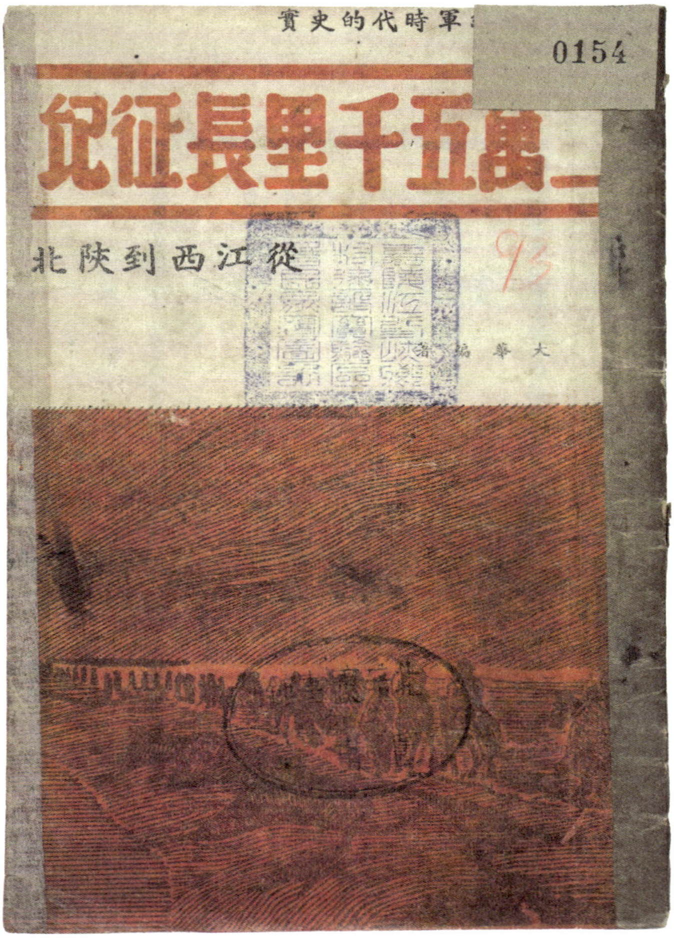

此書屬“復興叢書”，通過“紅軍大會合”、“艱苦而壯大的道路”、“圍剿之突破與長征之準備”、“二萬五千里長征紀程”、“搶橋”、“長征閒話”六個篇章，記述了紅軍從江西到陝北長征的全過程。書後附有“紅軍第一軍團西引中經過地點及里程一覽表”。

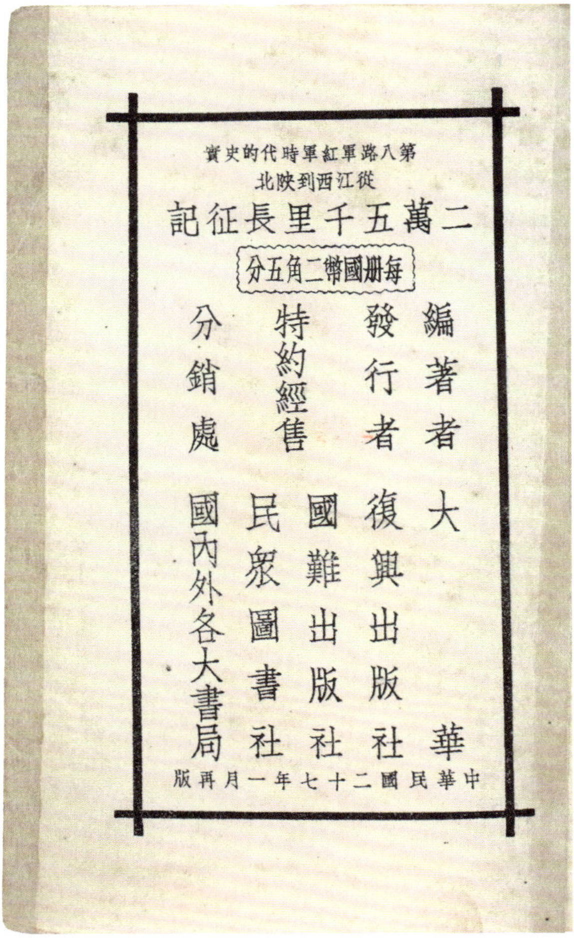

第八路軍紅軍時代的史實
從江西到陝北

二萬五千里長征記

每册國幣二角五分

編著者　大華
發行者　復興出版社
特約經售　國難出版社
　　　　　民衆圖書社
分銷處　國內外各大書局

中華民國二十七年一月再版

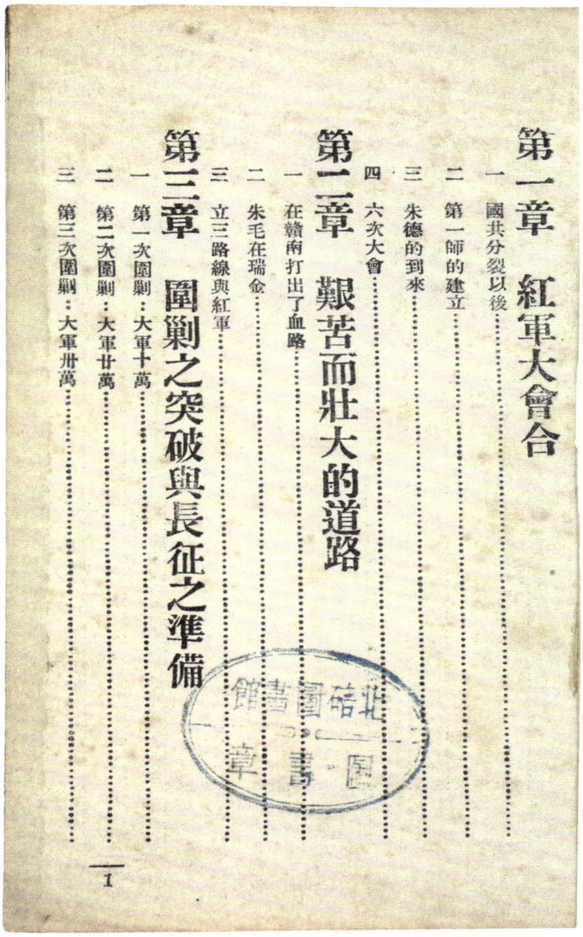

1

《西北散記》 〔美〕斯諾著 邱瑾譯 1938年2月戰時讀物編譯社初版

《一個美國人的塞上行》 〔美〕史諾著 佚名譯

1938年3月新生出版社發行

《西北散記》、《一個美國人的塞上行》均爲美國著名記者斯諾（Edgar Snow）最早的關於紅軍在陝北的報道，客觀地記載了當時抗日根據地的生活與鬥争。

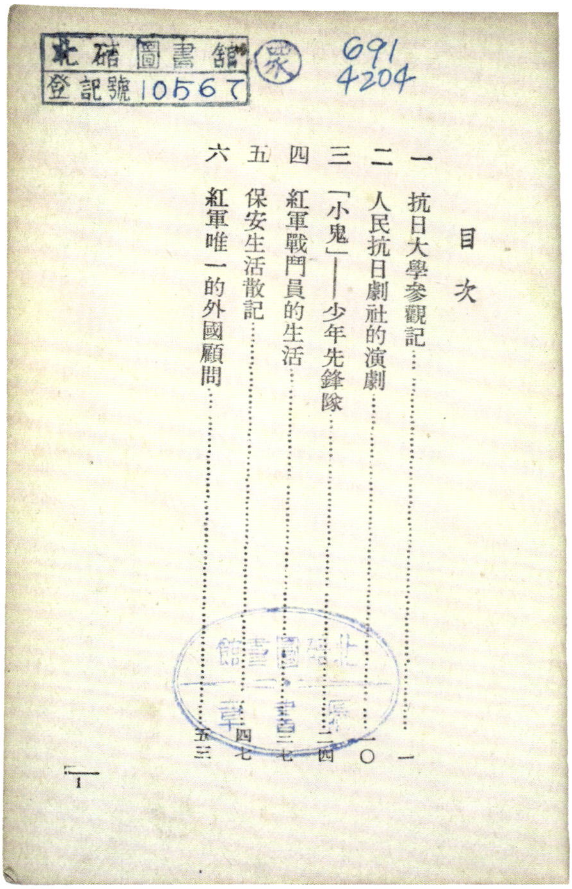

目次

1

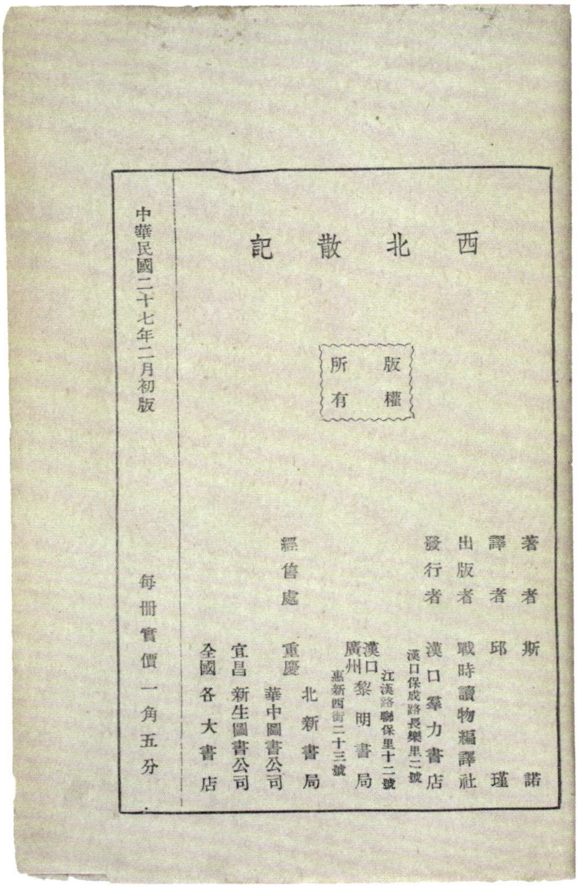
西北散記

版權所有

中華民國二十七年二月初版

著者 斯諾
譯者 邱瑾
出版者 戰時讀物編譯社
發行者 漢口羣力書店 漢口保成路長樂里二號
漢口 黎明書局 江漢路聯保里十二號
廣州 黎明書局 惠新西街二十三號
經售處 重慶 北新書局
華中圖書公司
宜昌 新生圖書公司
全國各大書店

每冊實價一角五分

一個美國人的
塞上行
史諾原著
新生出版社刊行

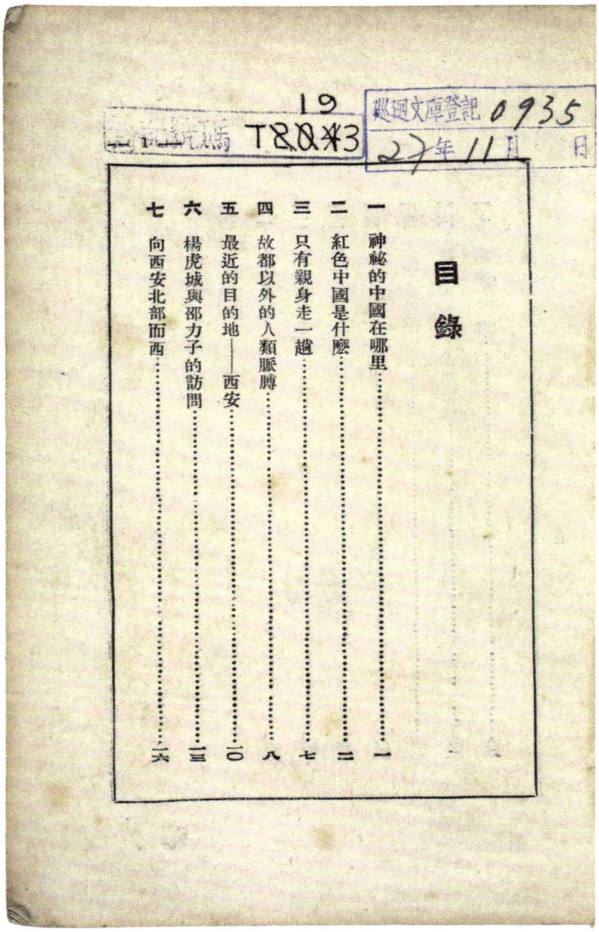

目錄

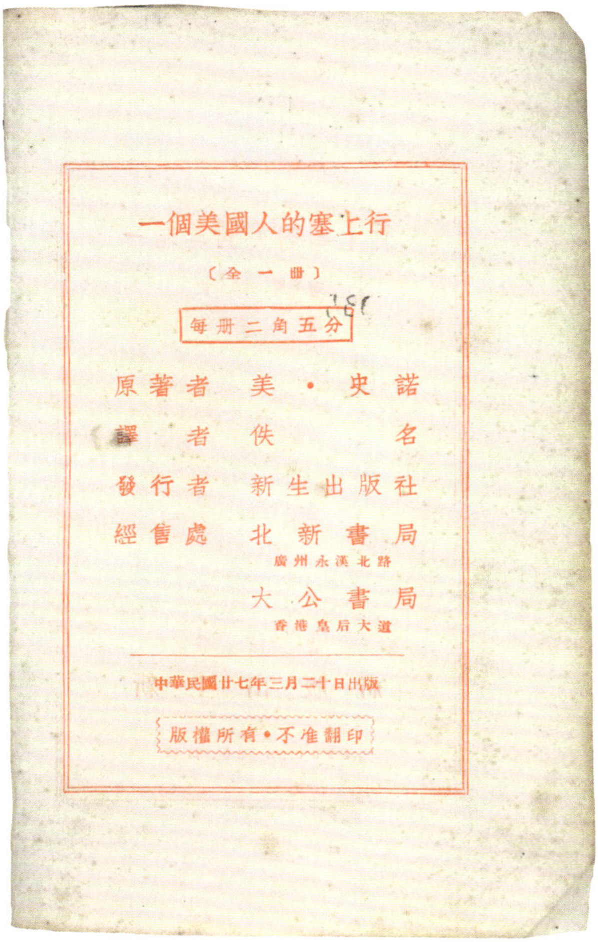

一個美國人的塞上行
〔全一冊〕
每冊二角五分
原著者 美·史諾
譯者 佚名
發行者 新生出版社
經售處 北新書局 廣州永漢北路
大公書局 香港皇后大道
中華民國廿七年三月二十日出版

《抗戰建國綱領及臨全代會宣言》　姜立誠編　1938年5月
《中共六中全會決議和宣言》　1938年12月新華日報館編輯并發行

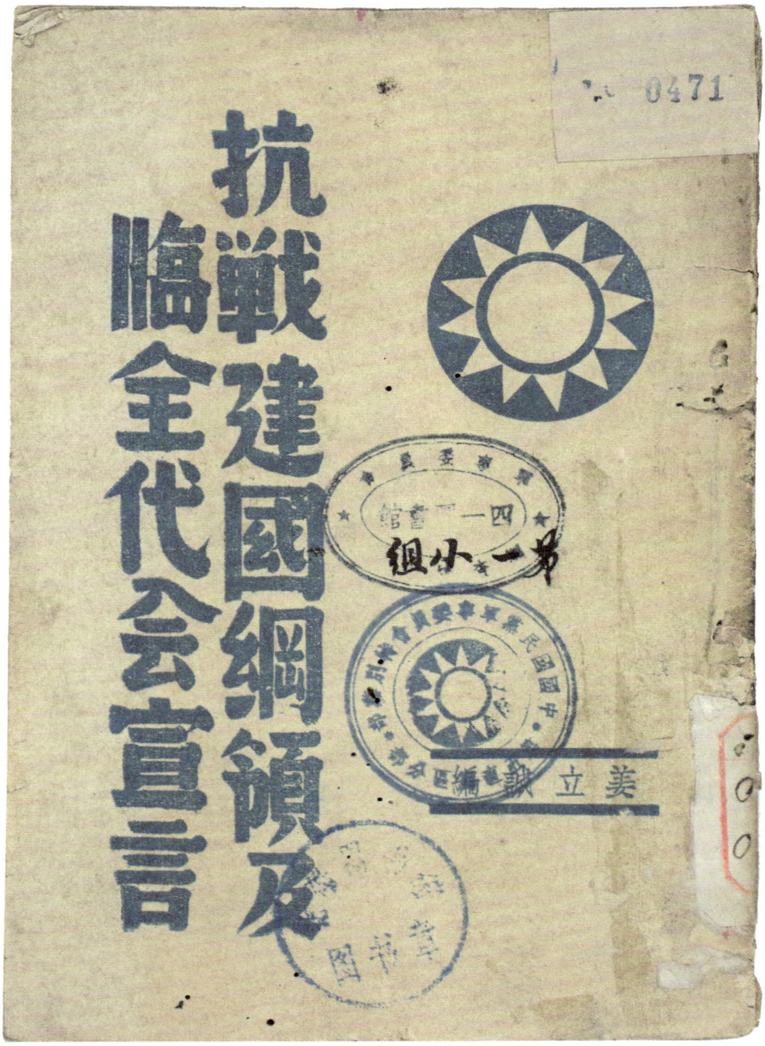

此兩份文獻的産生標誌着第二次國共合作局面的正式形成和全民抗戰新階段的開始。

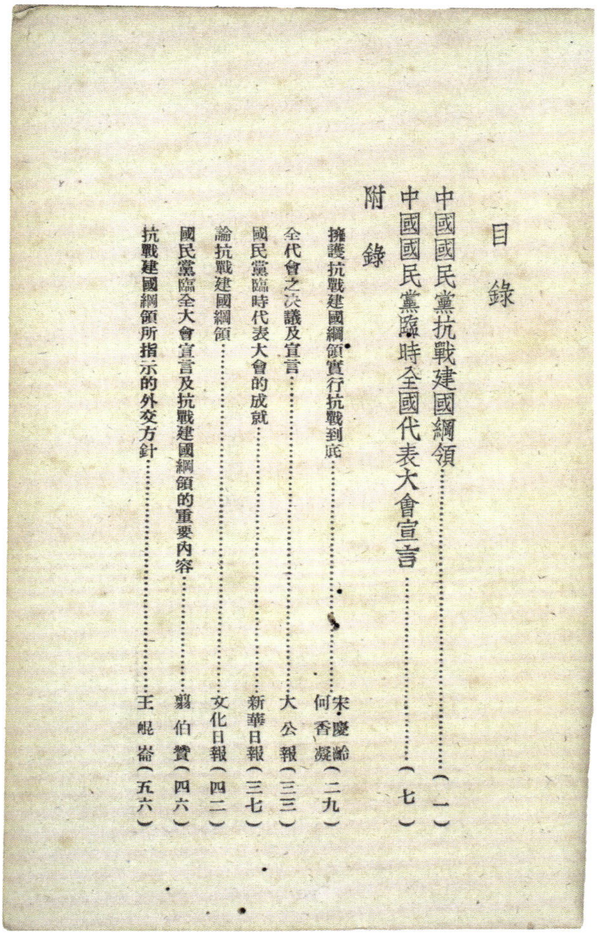

目錄

附錄

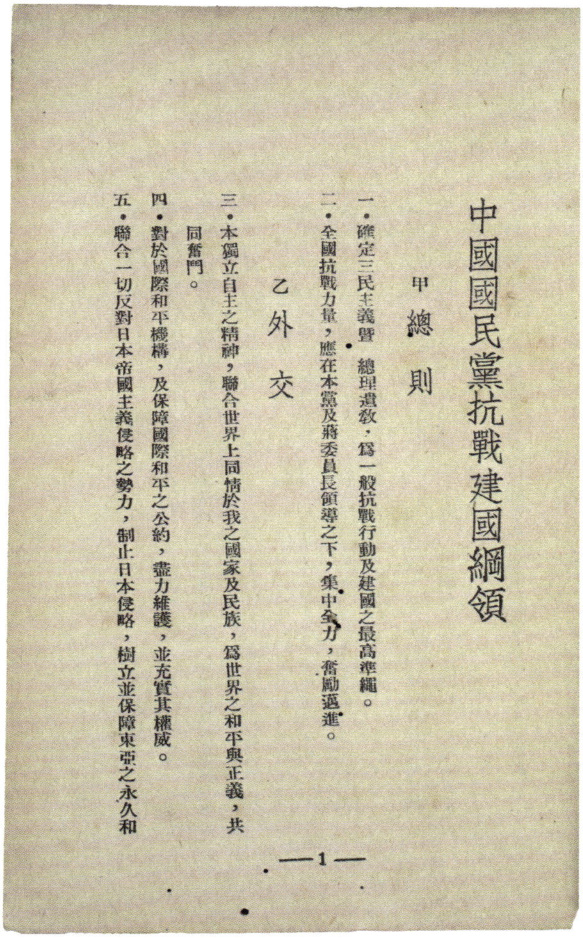

中國國民黨抗戰建國綱領

甲　總則

一•確定三民主義暨　總理遺敎，爲一般抗戰行動及建國之最高準繩。

二•全國抗戰力量，應在本黨及蔣委員長領導之下，集中全力，奮勵邁進。

乙　外交

三•本獨立自主之精神，聯合世界上同情於我之國家及民族，爲世界之和平與正義，共同奮鬥。

四•對於國際和平機構，及保障國際和平之公約，盡力維護，並充實其權威。

五•聯合一切反對日本帝國主義侵略之勢力，制止日本侵略，樹立並保障東亞之永久和

—1—

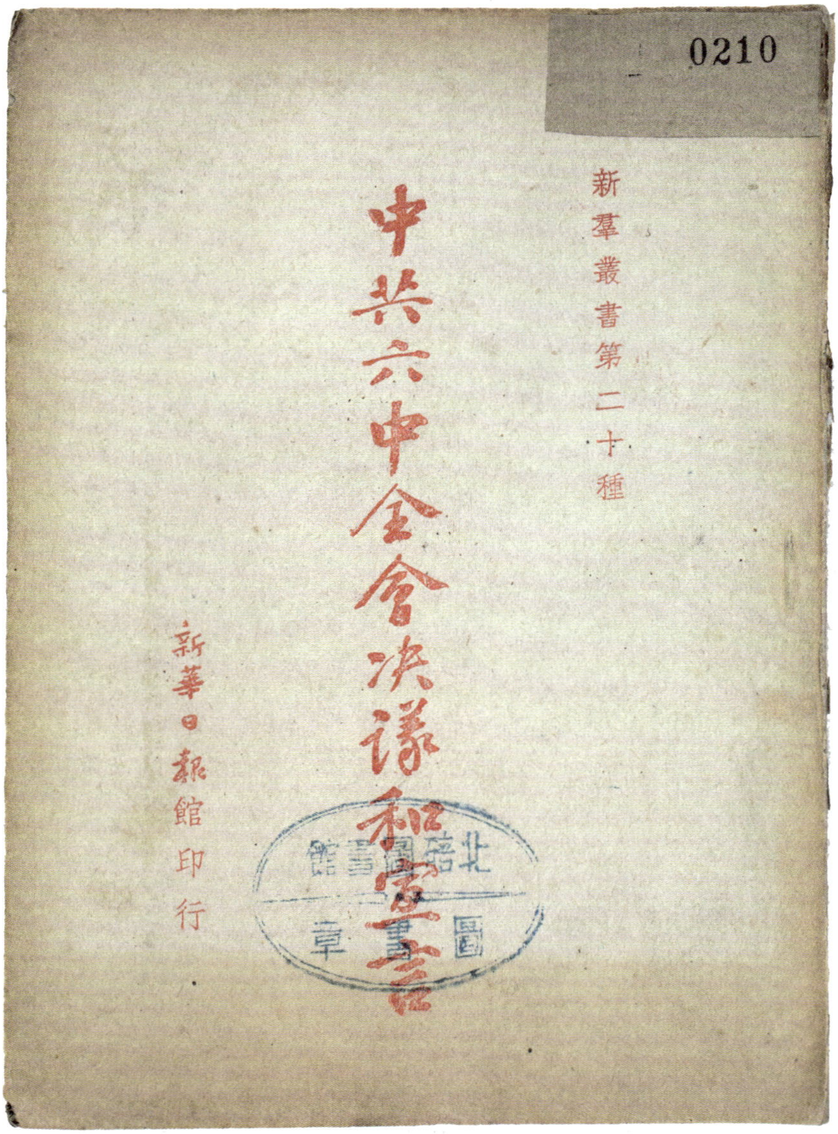
0210
新羣叢書第二十種
中共六中全會決議和宣言
新華日報館印行
北碚圖書館圖書章

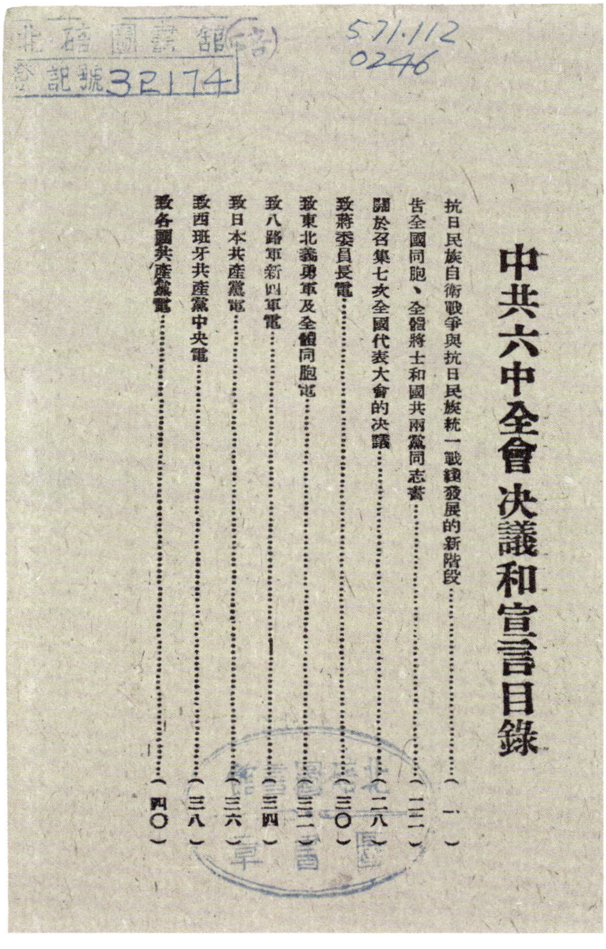

中共六中全會決議和宣言目錄

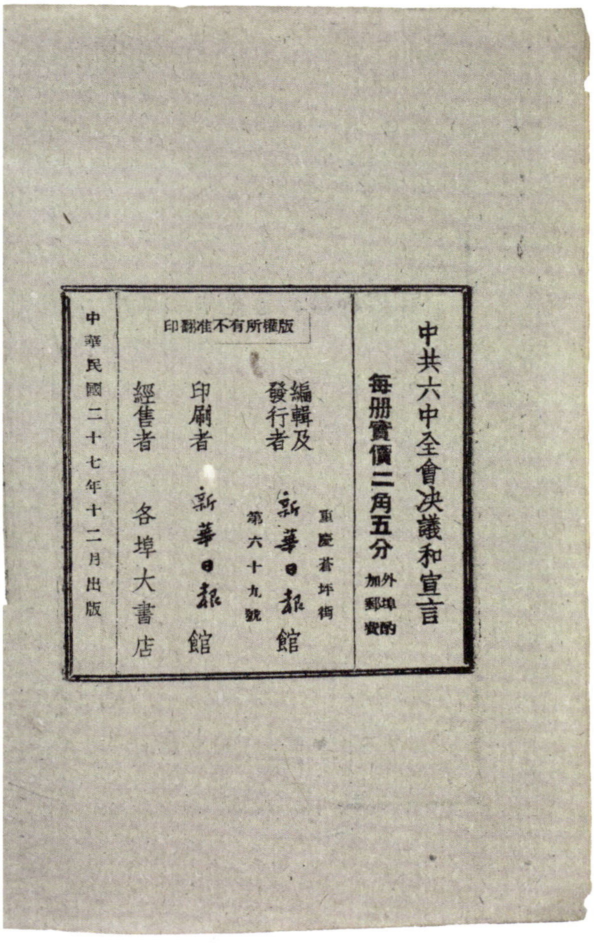
中共六中全會決議和宣言
每册實價二角五分 外埠酌加郵費

編輯及發行者 新華日報館 重慶蒼坪街第六十九號
印刷者 新華日報館
經售者 各埠大書店
中華民國二十七年十二月出版

《新民主主義的政治與新民主主義的文化》

毛澤東著　1940年1月新華書店發行

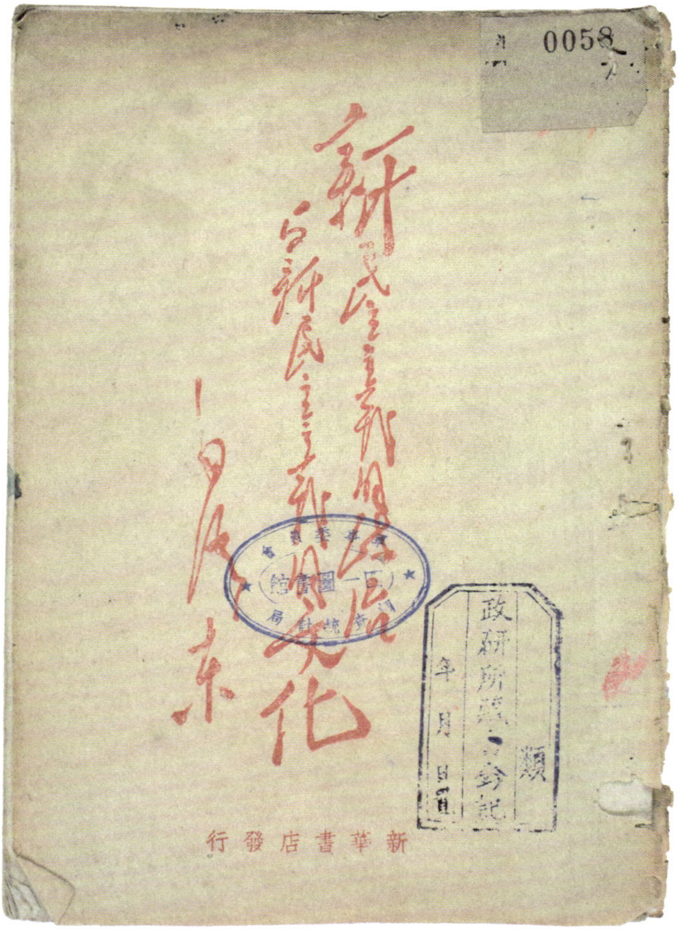

此爲《新民主主義論》的最初版本，全書十五節，各節無標題。

一

抗戰以來，全國人民有一種欣欣向榮的氣象，大家以爲有了出路，愁眉鎖眼的姿態爲之一掃。但是近來的妥協空氣，反共聲浪，忽又甚囂塵上，又把全國人民打入悶葫蘆裏了。特別是文化人與青年學生，感覺銳敏，首當其衝。於是怎麼辦？中國向何處去？又成爲問題了。因此，趁着『中國文化』的出版，說明一下中國政治與中國文化的動向問題，或者也是有益的。對於文化問題，我是門外漢，想研究一下，也方在開始。好在延安許多同志都有詳盡的文章，我的粗枝大葉的東西，就當作一番開台鑼鼓好了。對於全國先進的文化工作者，我們的東西，只當作引玉之磚，千慮之一得，希望共同討論，得出正確結論，適合我們民族的需要。科學的態度是『實事求是』，決不是『自以爲是』與『好爲人師』那樣狂妄的態度所能解決問題的。我們民族的災難深重極了，唯有科學的態度與負責的精神，能够引導我們民族到解放之路。眞理只有一個，而究竟誰是眞理，不依靠主觀的誇張而依靠客觀的實踐。只有千百萬人民的革命實踐，才是檢驗眞理的尺度。我想，這可以算作『中國文化』出版的態度。

《毛澤東言論選集》

毛澤東著　1942年3月新華書店晉察冀分店發行

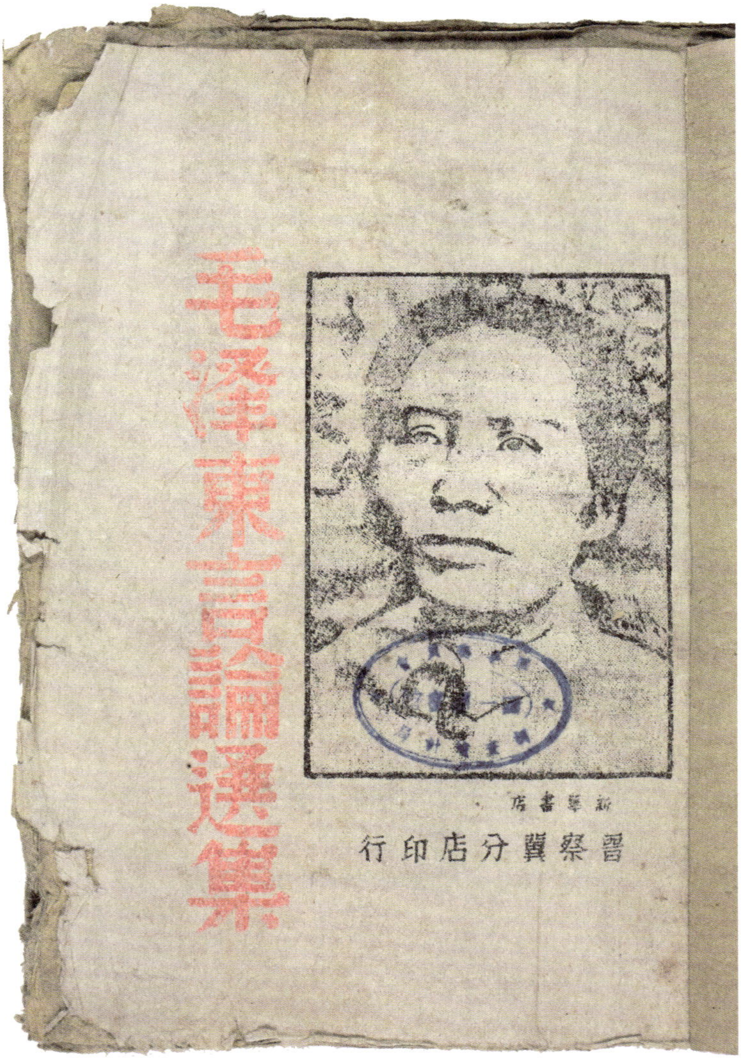

這是最早的毛澤東著作的選集本，收録了作者1937年9月到1940年間的五篇重要著作：《國共兩黨統一戰綫成立後中國革命的迫切任務》、《抗日遊擊戰爭的戰略問題》、《論持久戰》、《論新階段》、《新民主主義論》。

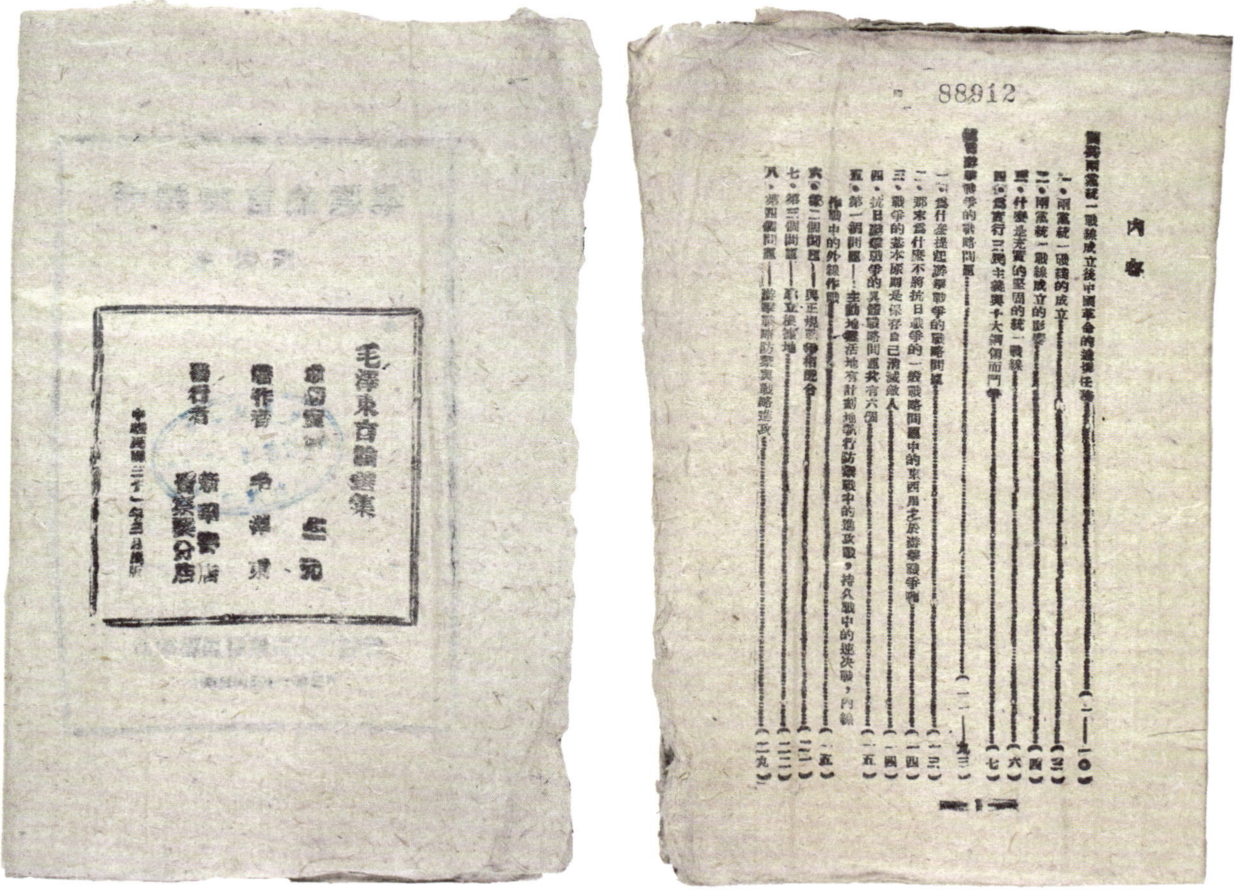
毛澤東言論選集
翻印者　出版
著作者　毛澤東
發行者　新華書店晉察冀分店
中華民國三十[illegible]年[illegible]月[illegible]版
88912
內容
論國共兩黨統一戰線成立後中國革命的迫切任務（一）——（一〇）
一、兩黨統一戰線的成立（三）
二、兩黨統一戰線成立的影響（四）
三、什麼是充實的堅固的統一戰線（六）
四、為實行三民主義與十大綱領而鬥爭（七）
論抗日游擊戰爭的戰略問題（一一）——九三）
一、為什麼提起游擊戰爭的戰略問題（一三）
二、那末為什麼不將抗日戰爭的一般戰略問題中的東西用之於游擊戰爭呢（一四）
三、戰爭的基本原則是保存自己消滅敵人（一四）
四、抗日游擊戰爭的具體戰略問題共有六個（一五）
五、第一個問題——主動地靈活地有計劃地執行防禦戰中的進攻戰，持久戰中的速決戰，內線作戰中的外線作戰（一五）
六、第二個問題——與正規戰爭相配合（二一）
七、第三個問題——建立根據地（二三）
八、第四個問題——游擊戰爭的防禦與戰略進攻（二九）
—1—

《文藝問題》

毛澤東著　1943年10月解放社出版

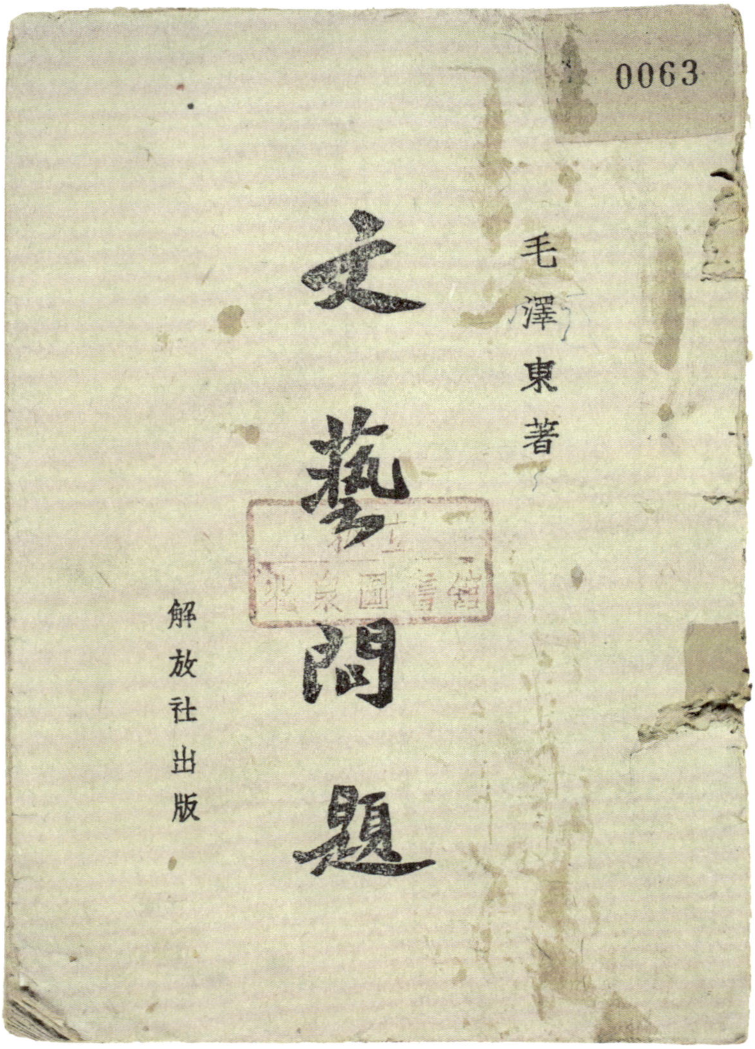

此文獻爲1942年5月2日、5月23日《毛澤東在延安文藝座談會上的講話》最初出版版本。

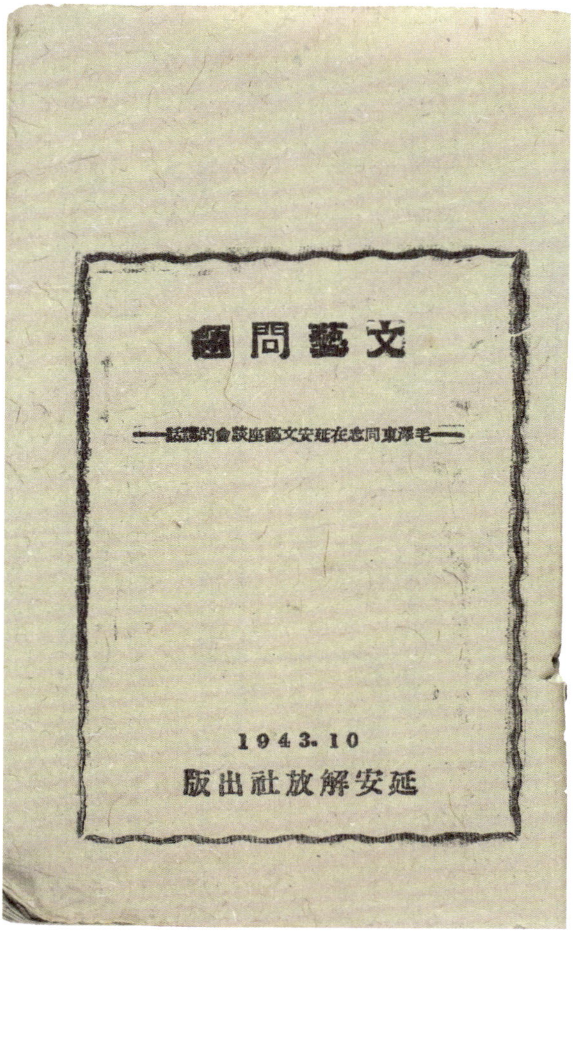
文藝問題
—毛澤東同志在延安文藝座談會的講話—
1943.10
延安解放社出版

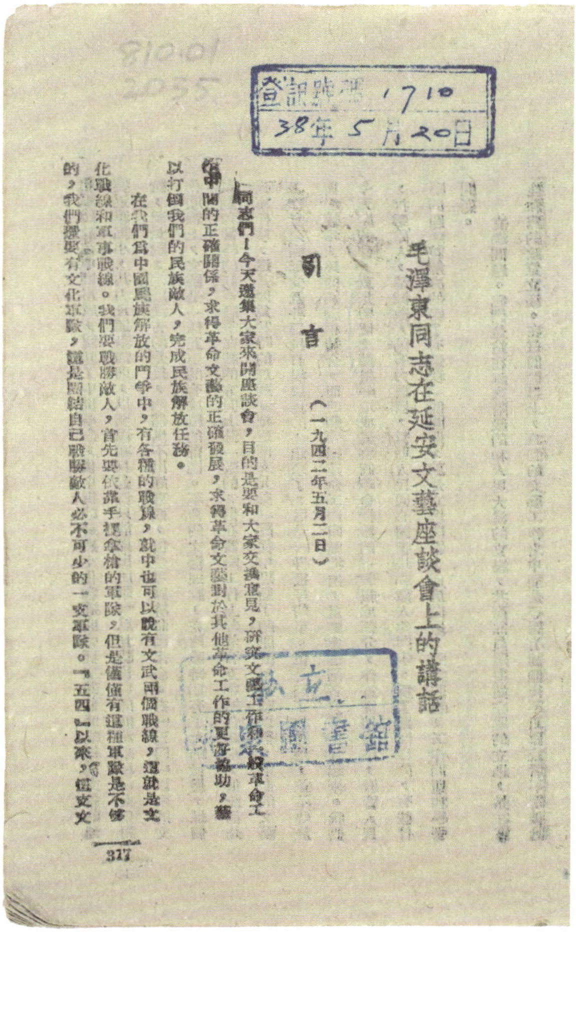
810.01
2055
登記號碼 1710
38年5月20日
毛澤東同志在延安文藝座談會上的講話
引言
（一九四二年五月二日）
同志們！今天邀集大家來開座談會，目的是要和大家交換意見，研究文藝工作和一般革命工作間的正確關係，求得革命文藝的正確發展，求得革命文藝對於其他革命工作的更好協助，藉以打倒我們的民族敵人，完成民族解放任務。
在我們爲中國民族解放的鬥爭中，有各種的戰線，就中也可以說有文武兩個戰線，這就是文化戰線和軍事戰線。我們要戰勝敵人，首先要依靠手裏拿槍的軍隊，但是僅僅有這種軍隊是不夠的，我們還要有文化軍隊，這是團結自己戰勝敵人必不可少的一支軍隊。『五四』以來，這支文
圖書館
317

《中國之命運》

1943年正中書局印行

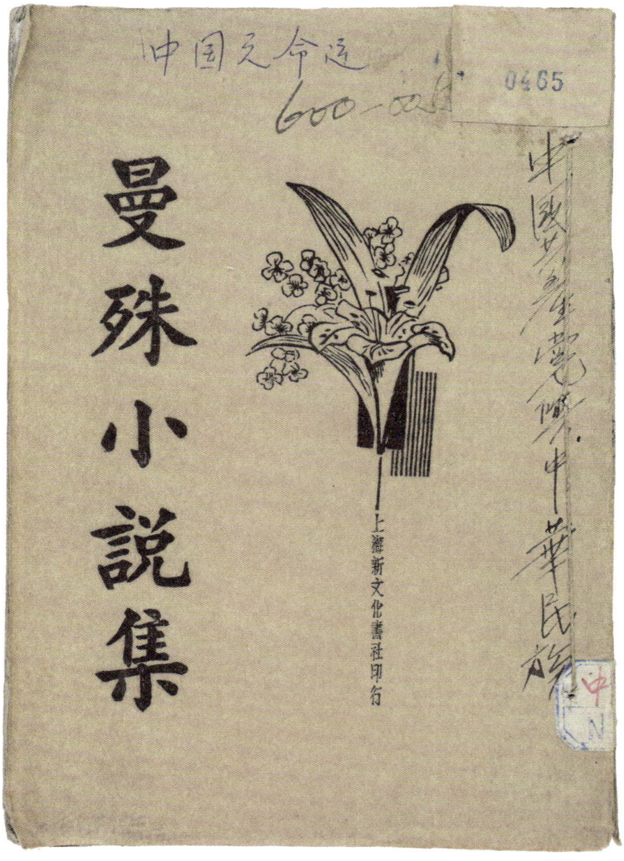

此書封面題爲“曼殊小説集”、“上海新文化書社印行”，扉頁則題“中國之命運”、“正中書局印行”。書中内容爲“中國共産黨與中華民族”、“評‘中國之命運’”、“没有中國共産黨就没有中國”等文章。這是一本爲躲避國民黨審查而巧妙僞裝的中共地下出版物。

目次

中國共產黨與中華民族

（爲中共二十二週年紀念而作，三二年七月一日解放日報社論）

（一）

我國資本主義經濟的發展，是一八四〇年鴉片戰爭後才開始的。一八四〇年以前封建制度下的我國，是一定要向資本主義社會發展的。整個經濟發展的過程，推動着人們去消滅封建制度，建立民主主義的新中國，造成生產力順暢發展的條件。由於我國生產力很低，國家就很貧弱，帝國主義就來欺侮，帝國主義的侵略，推動着人們爲民族的生存而鬥爭。要使民族強盛繁榮起來，歸根結蒂還是要發展生產力。發展生產力的要求，是一切社會進化的動力，也是近百年來我們民族所進行的反帝國主義反封建的革命運動的基本動力。這個動力是如此強大，除非任務解決，誰想消除它都是枉然。從太平革命到辛亥革命，經歷六十年，我國志士仁人，斷頭流血，推翻了滿清政府。

1

抗戰版圖書

抗戰版圖書即抗日戰爭時期（1937年7月至1945年8月）出版的圖書文獻。抗戰時期，隨着國民政府遷都重慶，北碚成爲重要遷建區，遷至北碚的民國政府中央部級以上單位13個，科研、文化、宣傳、教育、新聞機構52個，國立、私立大專院校16所。郭沫若、老舍、梁實秋、顧毓秀等名流接踵而至，留下了《棠棣之花》、《四世同堂》、《雅舍小品》等傳世之作。這段特殊的歷史讓北碚圖書館收藏的抗戰文獻頗具特色，如抗戰時期國統區中央、延安根據地、地方政府以及軍事機構編輯出版的抗戰圖書等。這些抗戰版圖書真實記録了中華民族在世界反法西斯戰爭中的地位與作用，全面揭示了中國人民不屈不撓的民族解放鬥爭，具有較高的史料價值。北碚圖書館現藏抗戰版圖書三萬三千餘册，本書介紹其中具有代表性的部分文獻。

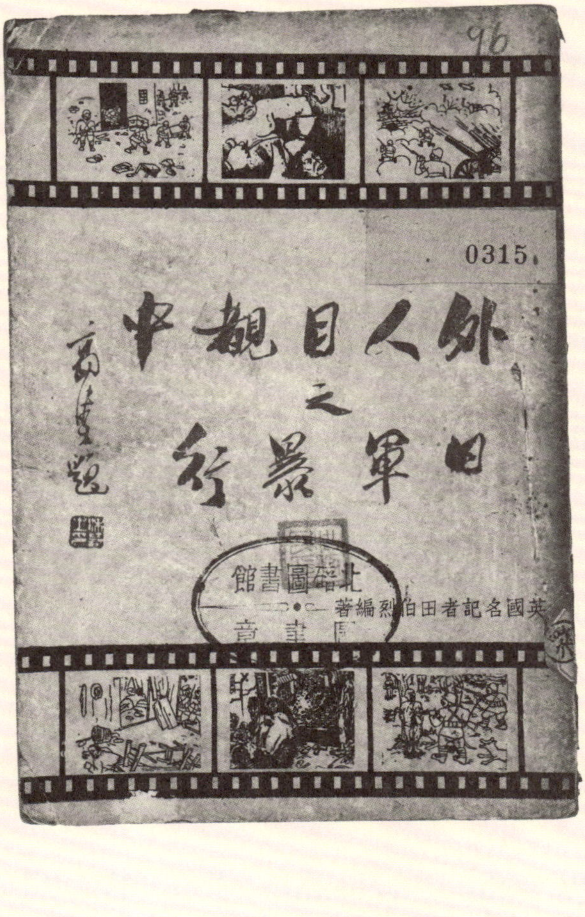

《上海抗戰全史》第一編

憾廬編輯　1937年10月宇宙風社初版

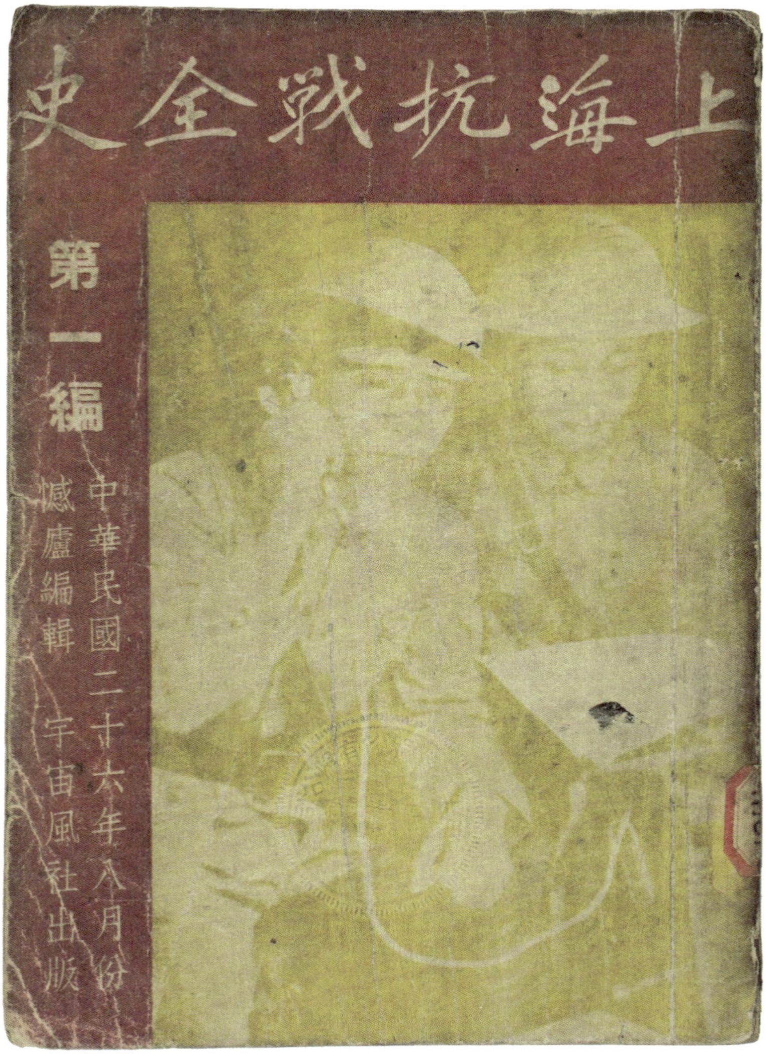

此書真實全面地記録了淞滬抗戰的整個進程及全國各方積極支援的動人場面。

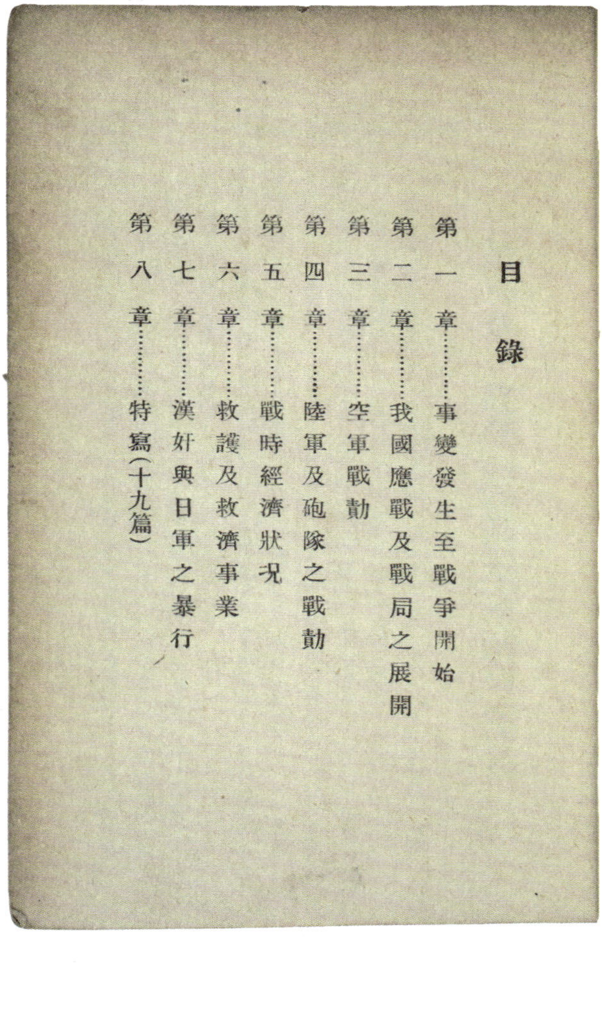

目錄

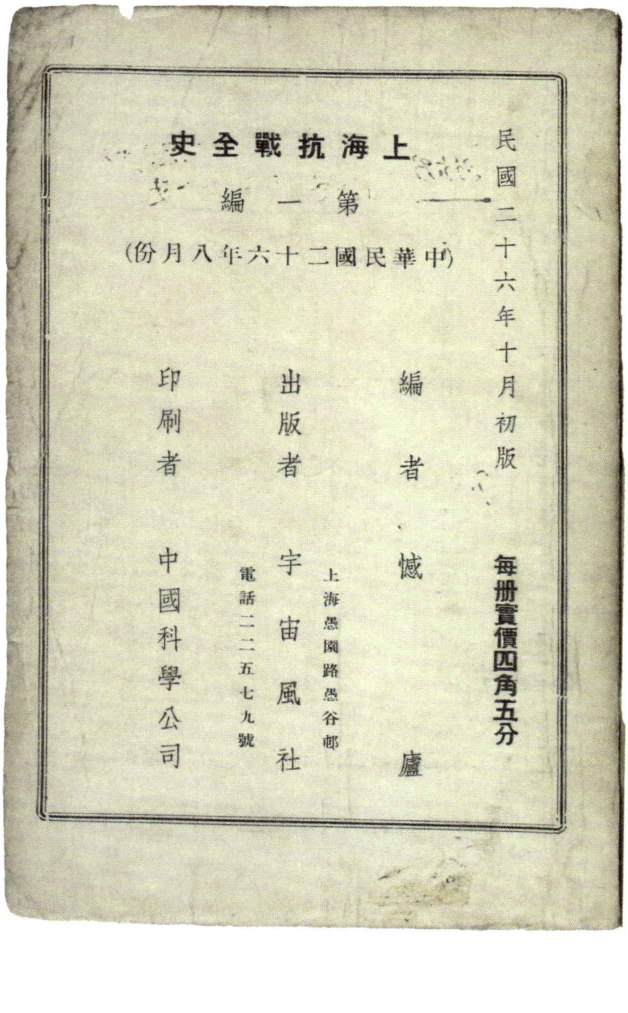

民國二十六年十月初版

上海抗戰全史

第一編

(中華民國二十六年八月份)

編者 憾廬
出版者 宇宙風社
上海愚園路愚谷邨
電話二一二五七九號
印刷者 中國科學公司

每冊實價四角五分

《蘇聯革命與中國抗戰》

胡愈之編　1937年12月生活書店總經售

此書收録了宋慶齡、何香凝、陳望道、胡愈之等三十多位文化界人士紀念十月革命二十周年的文章。

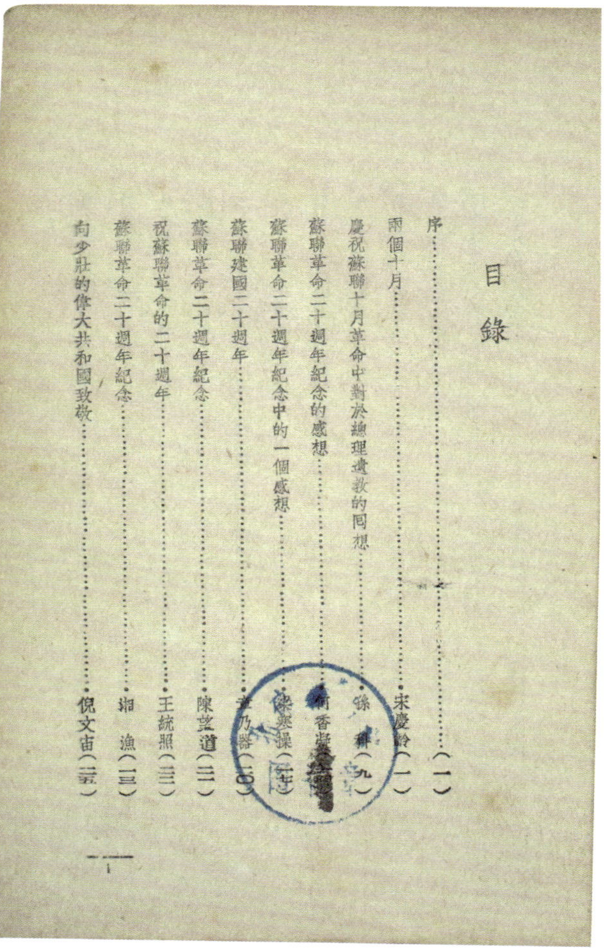

目錄

1

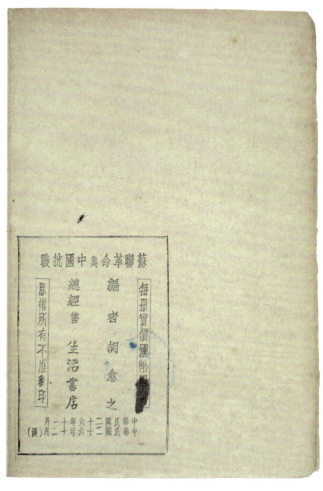

蘇聯革命與中國抗戰
每冊實價國幣[redacted]
編者 胡愈之
總經售 生活書店
版權所有不准翻印
中華民國二十六年十一月
中華民國二十六年十二月（漢）

《我的抗戰意見》

陳獨秀著　1938年3月華中圖書公司初版

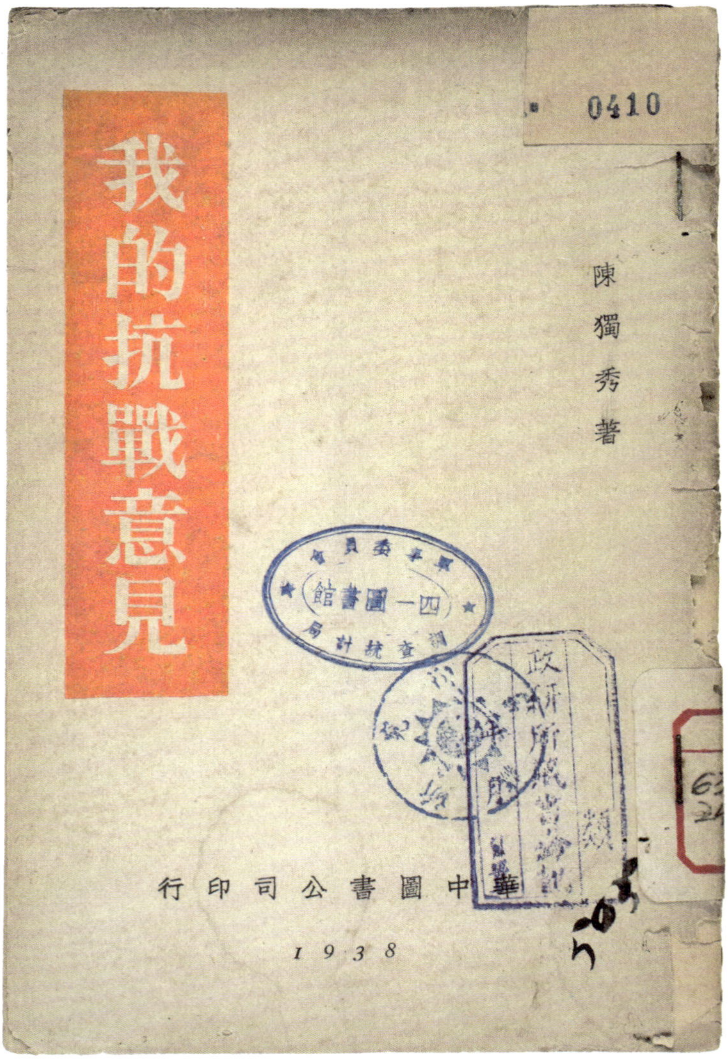

此書版權頁上的書名爲“我對於抗戰的意見”。抗戰爆發後，剛剛出獄的陳獨秀即提筆撰述，爲抗戰呼喊，此書即爲當時的著述之一。書中詳細闡述了作者積極抗戰、全面抗戰的主張。

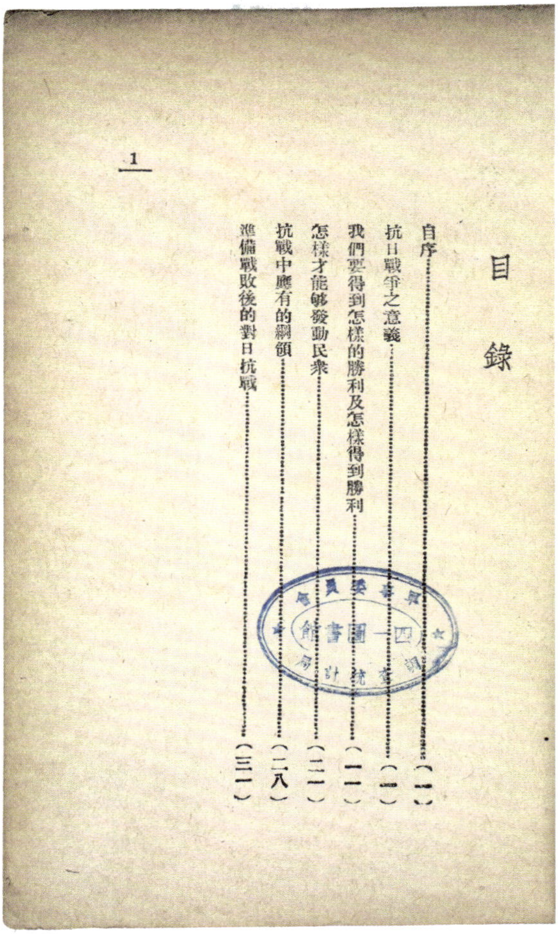
1

目錄

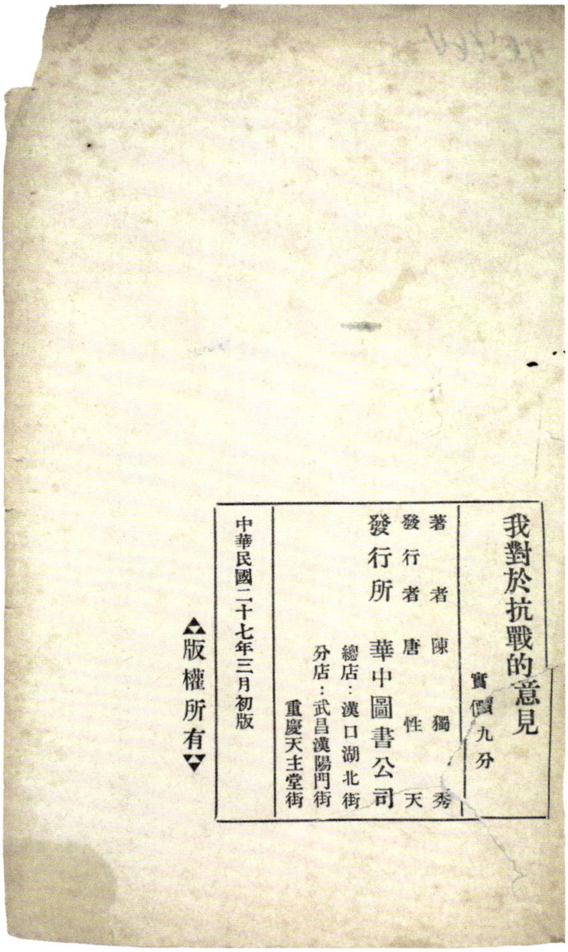
我對於抗戰的意見

實價九分

著者 陳獨秀
發行者 唐性天
發行所 華中圖書公司
總店：漢口湖北街
分店：武昌漢陽門街
重慶天主堂街

中華民國二十七年三月初版

《農民抗戰與農村建設》晏陽初著　1938年5月中華平民教育促進會印

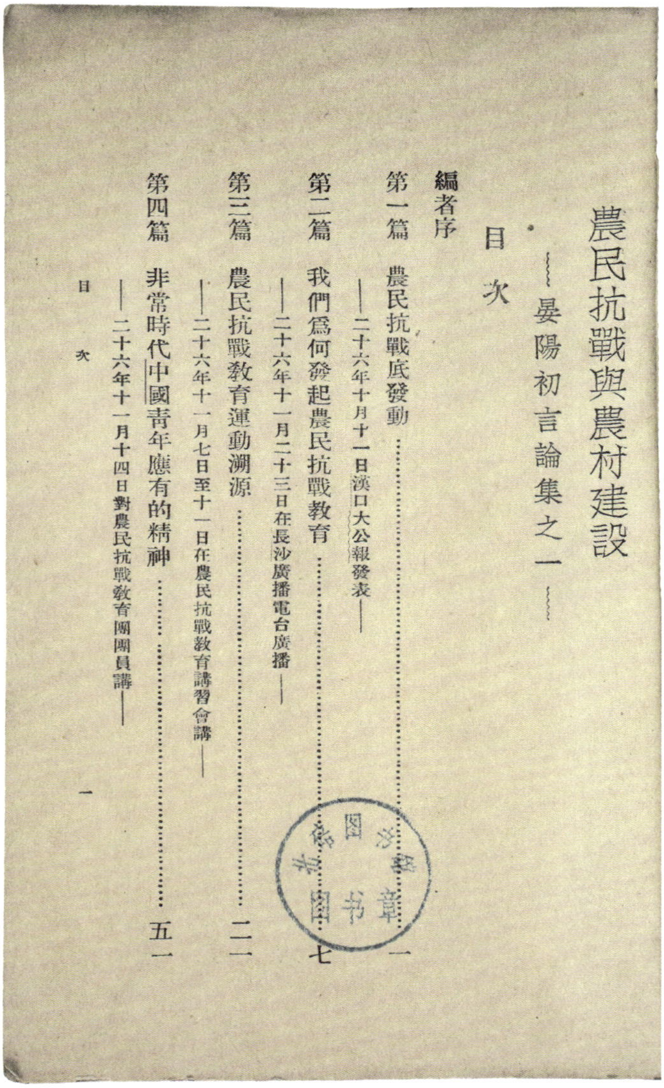

農民抗戰與農村建設

——晏陽初言論集之一——

目次

目次　一

此書爲“晏陽初言論集之一”，選載了晏陽初先生於抗戰爆發後有關農村建設的講演文稿共十篇，闡述了平民教育運動的原動力及其背後精神。通過此書可窺見平民教育家晏陽初先生的教育思想特點，明瞭平民教育與農村建設相輔相成的關係及意義。

農民抗戰與農村建設

農民抗戰底發動

一

偉大的時代已經來到，中國民族正在開始寫他真正歷史的第一頁！

幾千年來中國人所懷抱的觀念是「天下」是「家族」，近代西方的民族意識和國家觀念，始終沒有打入我們老百姓的骨髓中。直到現在，敵人攻進來的巨炮和重彈，纔轟醒了我們的民族意識，南北數千里延燒的戰線，纔激動了我們全面抗禦同仇敵愾的精神。我們從亡國滅種的危機中開始覺悟了中國民族的整全性和不可分性，生則俱生，死則俱死，存則俱存，亡則俱亡。這是民族自覺史的開端，是真正的新中國國家的序幕。

《中國全面抗戰大事記》

1938年7月美商華美出版公司發行初版

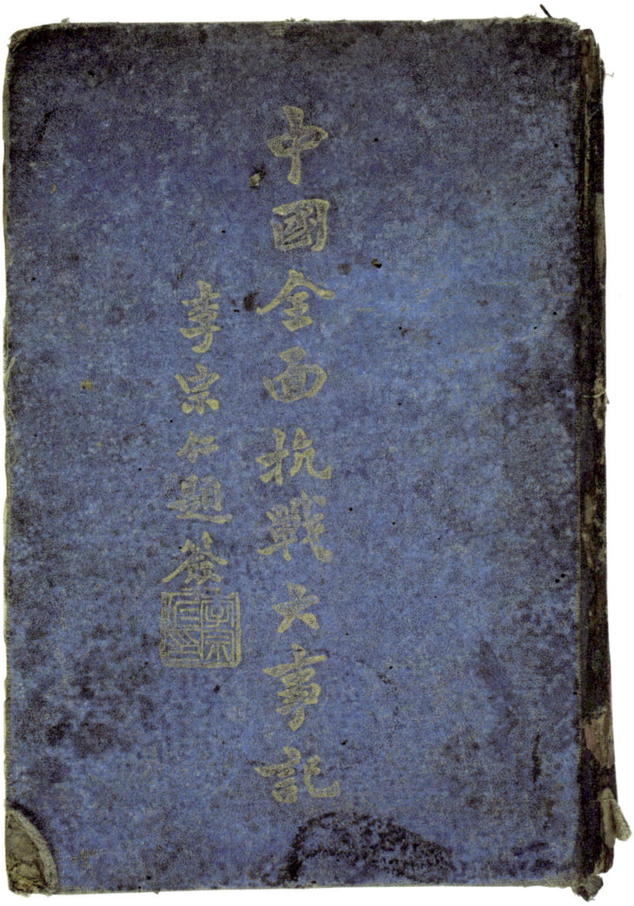

此書以第三者中立的態度，採用正式函件，“華美晚報”專業記者、訪員的採訪實録，以及各國報章雜誌資料的譯述，詳盡地記載了1937年7月7日至12月31日中華民族全民抗戰的典型事件，并附刊許多珍貴照片，是最早記載抗戰初期全貌的著作。

中國全面抗戰大事記目錄

中國全面抗戰大事記按月提綱

七月份

事件	日期	頁碼
盧溝橋事件爆發	七日	一
中國外交部向駐京日大使館提抗議	八日	四
日重視盧溝橋事件舉行四相會議	九日	五
宋哲元由山東故鄉遄返北平	十一日	七
日令香月代替田代任華北駐屯軍司令	十一日	七
平西財神廟八寶山發生戰事	十二日	八
國民政府公布軍事徵用法	十二日	一〇
中日兩軍在豐台發生衝突	十三日	二〇
英駐華大使許閣森抵京準備調停	十五日	二三

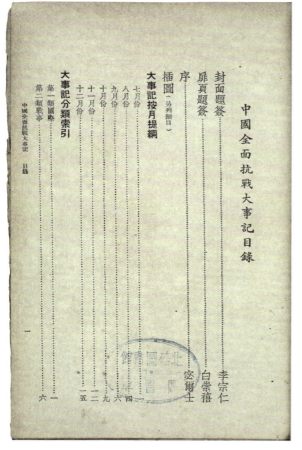

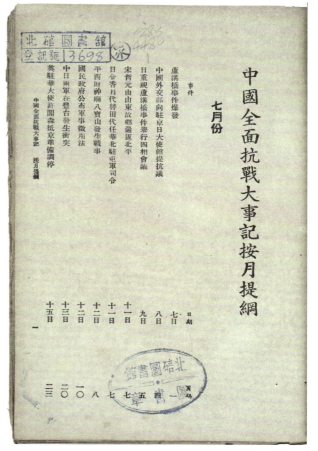

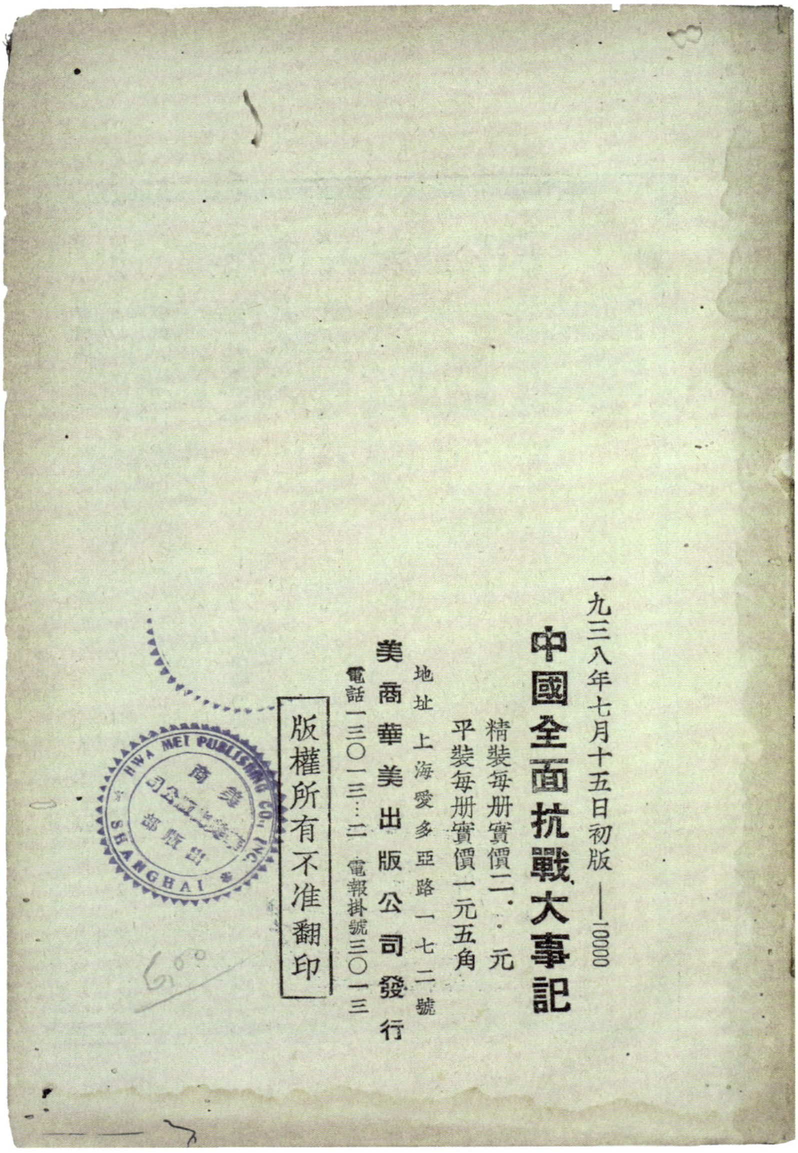

一九三八年七月十五日初版 ——1000

中國全面抗戰大事記

精裝每册實價二元

平裝每册實價一元五角

地址 上海愛多亞路一七二號

美商華美出版公司發行

電話一三〇一三…二 電報掛號三〇一三

版權所有不准翻印

《外人目睹中之日軍暴行》

〔英〕田伯烈編著　楊明譯

1938年7月國民出版社初版

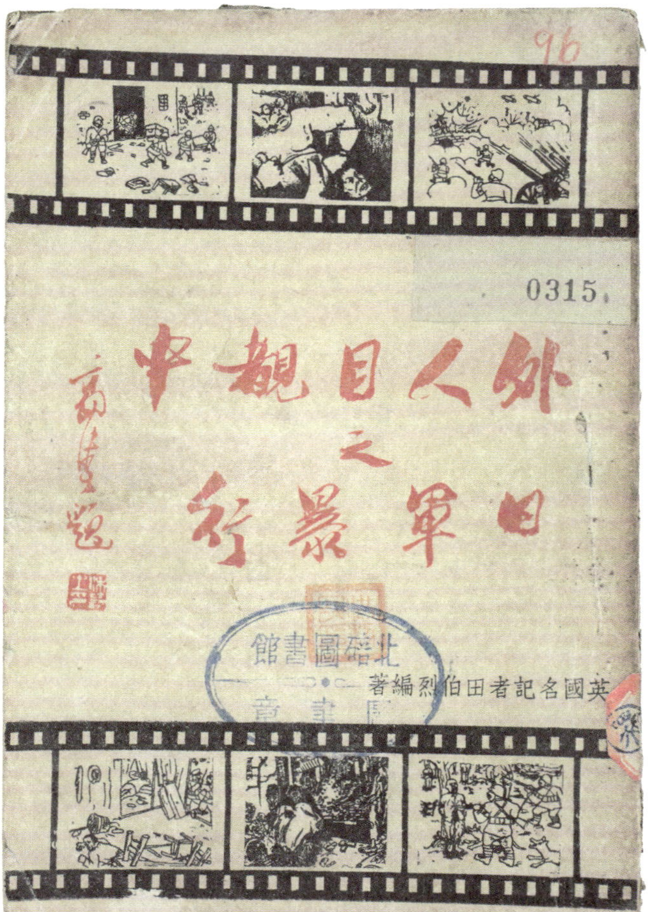

英國《孟卻斯德導報》（*Manchester Guardian*，今譯作“曼徹斯特衛報”）的駐華名記者田伯烈（Harold John Timperley）以力求真實、不存偏見的原則，搜集了許多紀録、報告、照片和文件等（如：南京安全區國際委員會的日軍罪行報告，第三國人士貝德士、費吴生等目擊者的書信、日記，書中所有私人信函均照原文抄録）編成此書。此書是世界上最有影響、最早全面地揭露日軍1937年12月攻陷南京後對中國平民施行暴行的圖書，可謂是一份具有極高史料價值的歷史文獻。

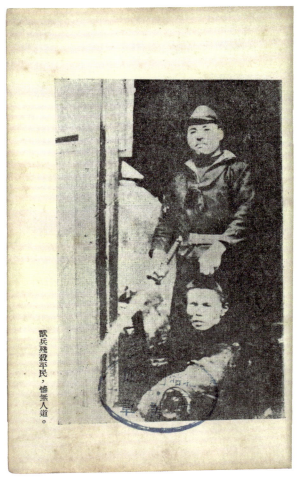

目錄

1

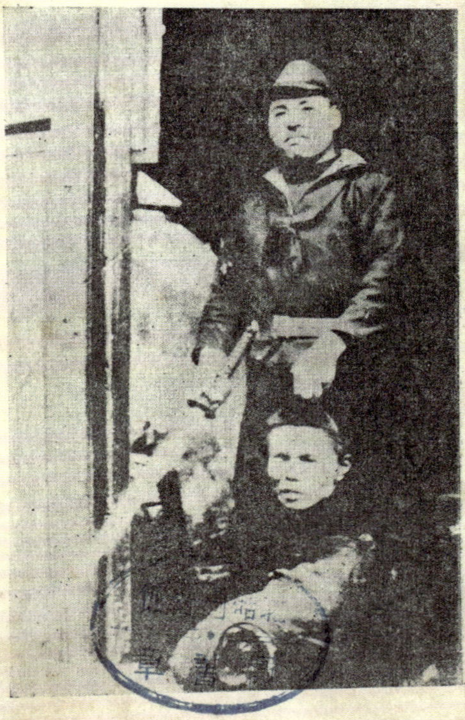

獸兵殘殺平民，慘無人道。

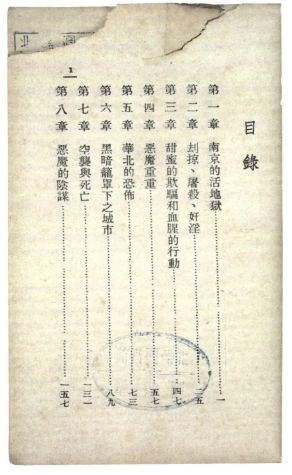

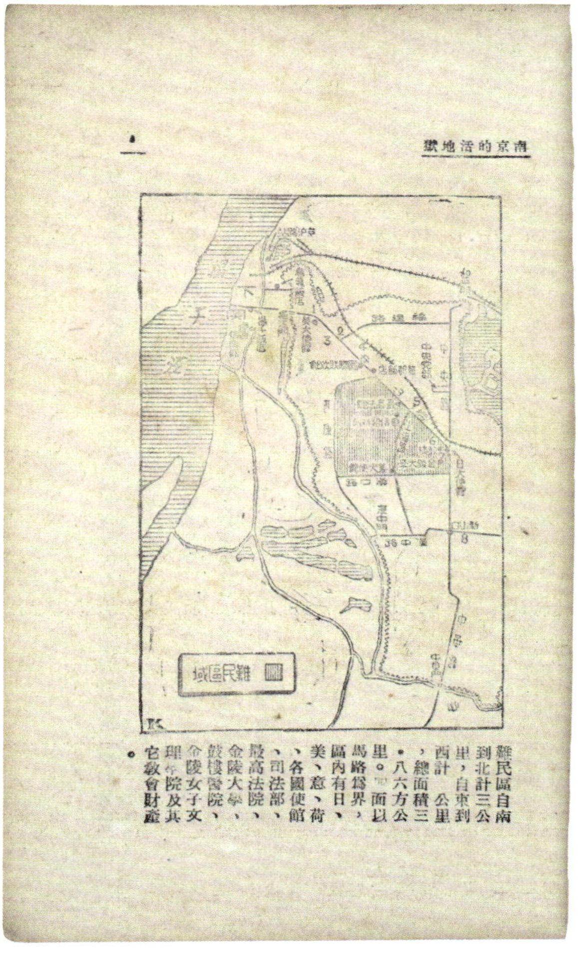

難民區自南到北計三公里，自東到西計　公里，總面積三•八六方公里。四面以馬路爲界，區內有日、美、意、荷、各國使館、司法部、最高法院、金陵大學、鼓樓醫院、金陵女子文理學院及其它教會財產。

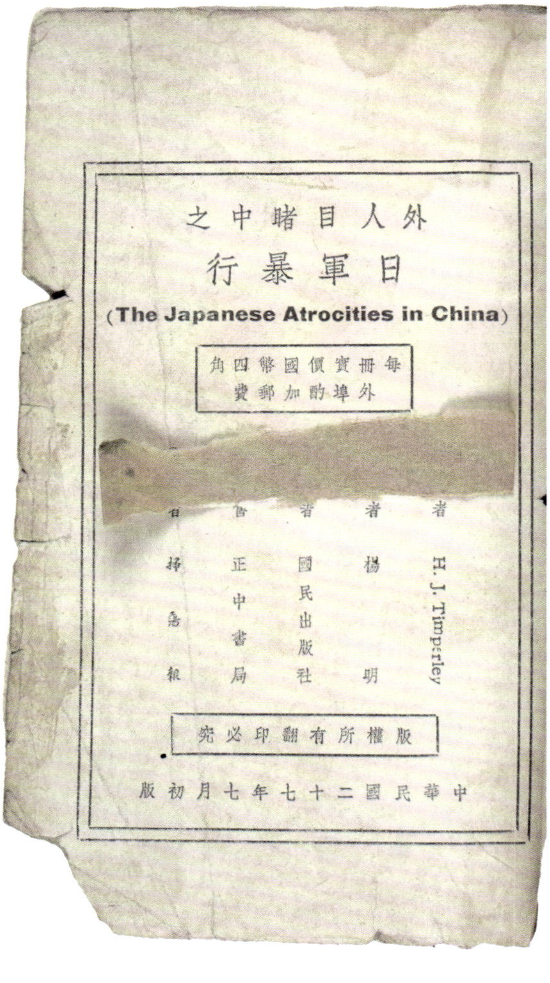

外人目睹中之

日軍暴行

(The Japanese Atrocities in China)

每冊實價國幣四角
外埠酌加郵費

者 H. J. Timperley

者 楊明

者 國民出版社

者 正中書局

掃蕩報

中華民國二十七年七月初版

《論遊擊戰》

朱德、毛澤東等著　1939年3月華社初版

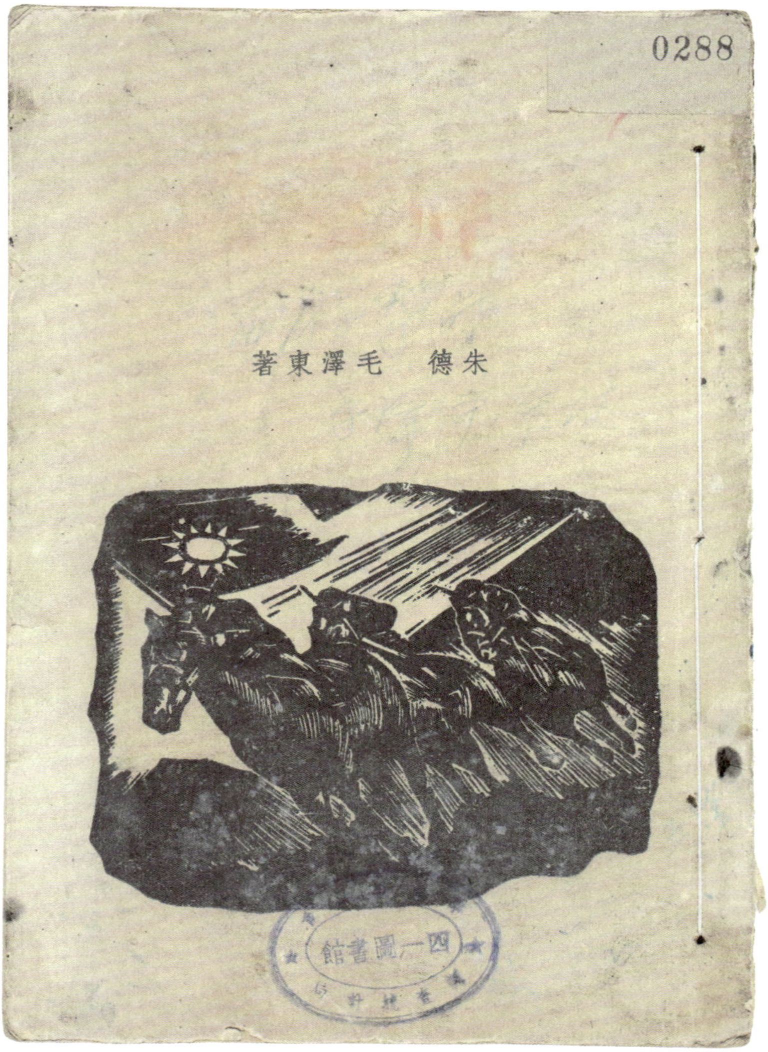

此書收録了朱德、毛澤東、郭化若、陳伯鈞、肖克五人關於遊擊戰的戰術、戰略方針及開展遊擊戰的意義、作用等方面的論述，對遊擊戰作了較全面的總結。

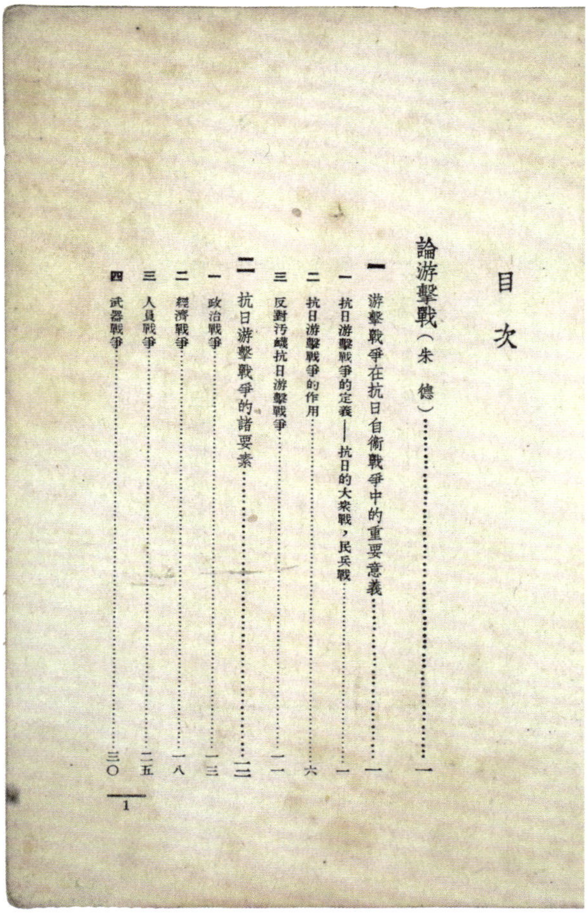

目次

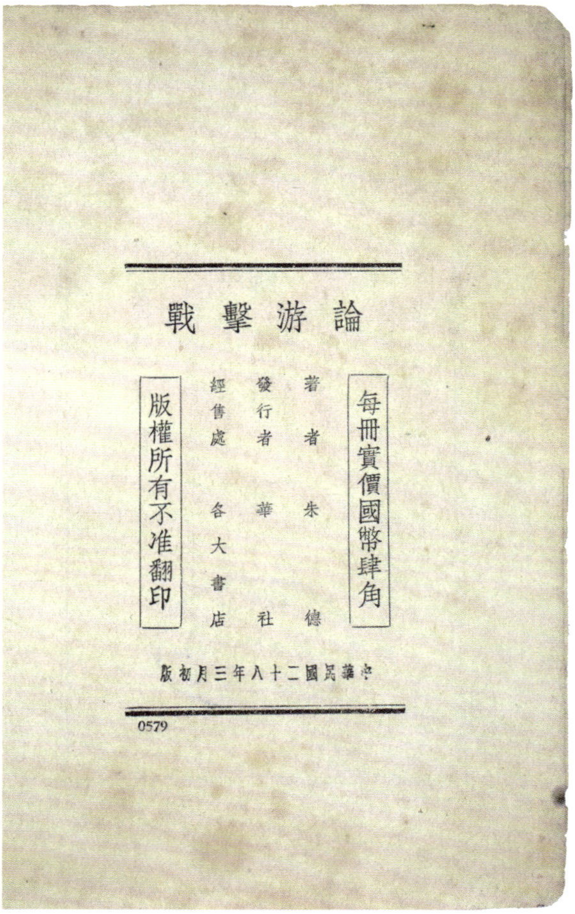

論游擊戰

每冊實價國幣肆角
著者 朱德
發行者 華社
經售處 各大書店

中華民國二十八年三月初版
0579

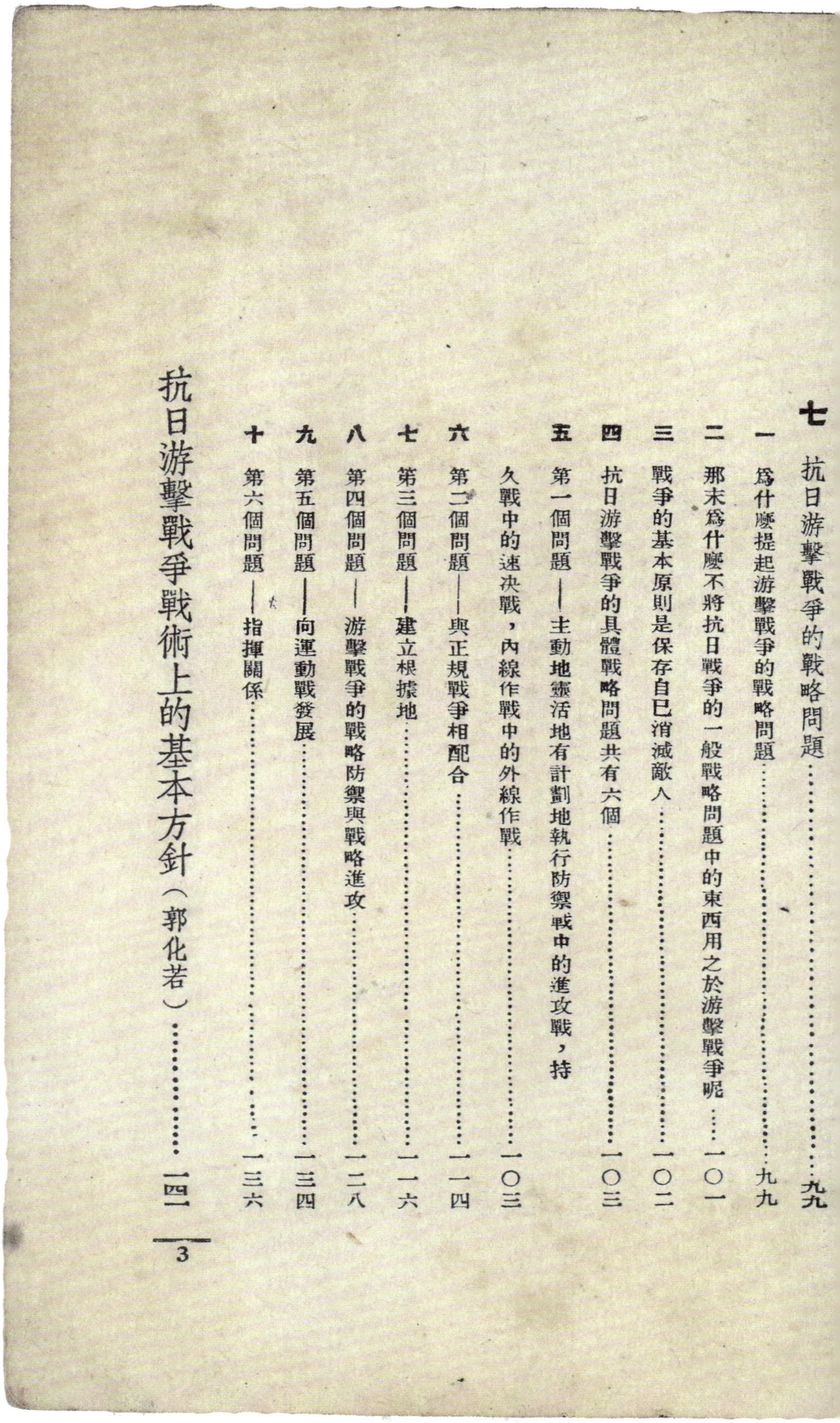

《論第二次世界大戰》

邵荃麟著　1939年11月充實叢書社初版

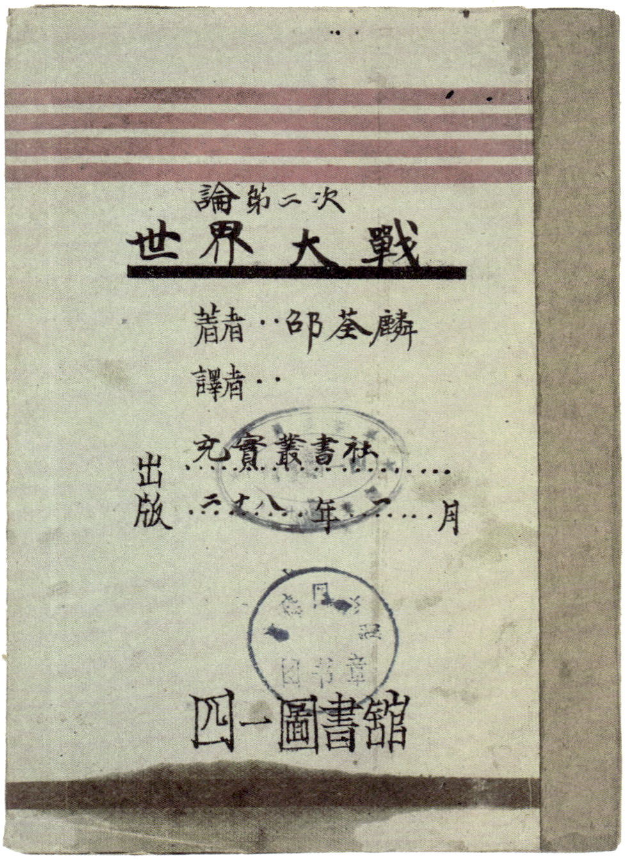

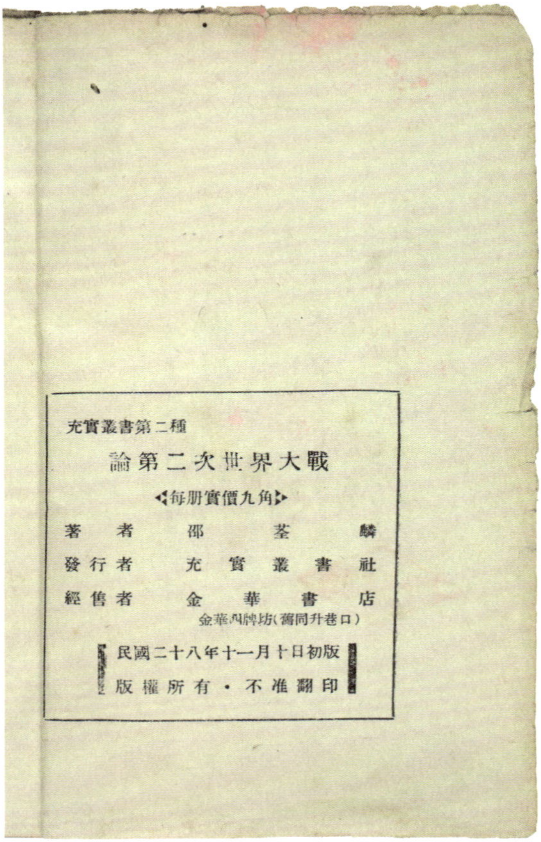
充實叢書第二種

論第二次世界大戰

（每册實價九角）

著者　邵荃麟
發行者　充實叢書社
經售者　金華書店
金華四牌坊（舊同升巷口）

民國二十八年十一月十日初版
版權所有·不准翻印

此書爲“充實叢書第二種”。作者從資本主義發展的政治經濟各種矛盾來分析第二次世界大戰，并將中國抗戰作爲第二次世界大戰重要的一部分進行研究，在最後一章專門討論中國抗戰進入相持階段的問題。此書後附駱耕漠的《第二次世界大戰與中國經濟》一文，具有一定理論水準和現實意義。

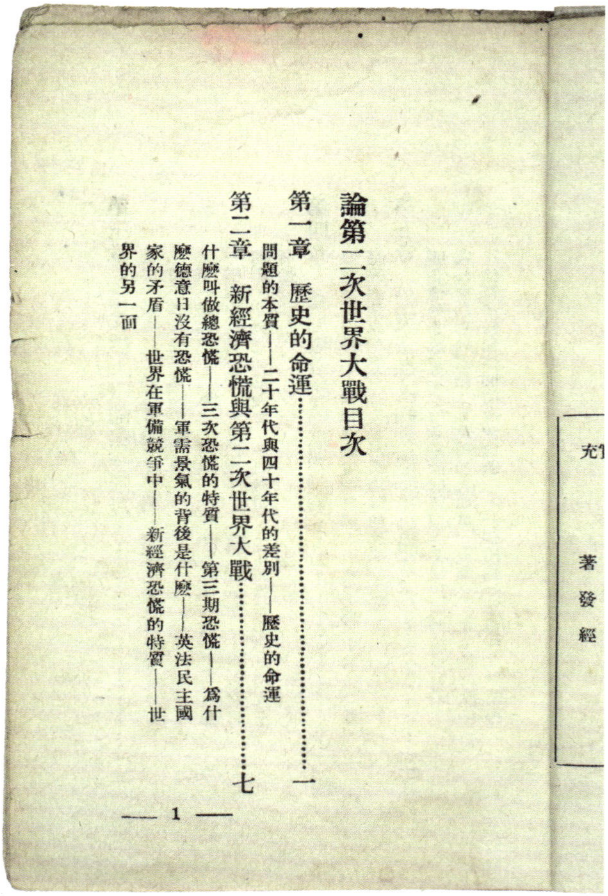

論第二次世界大戰目次

— 1 —

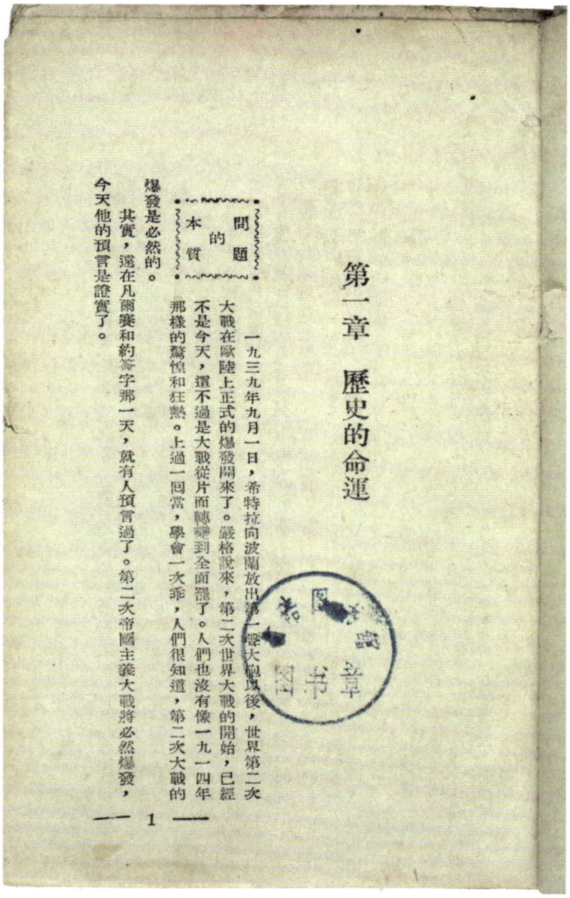

第一章　歷史的命運

問題的本質

一九三九年九月一日，希特拉向波蘭放出第一聲大砲以後，世界第二次大戰在歐陸上正式的爆發開來了。嚴格說來，第二次世界大戰的開始，已經不是今天，還不過是大戰從片面轉變到全面罷了。人們也沒有像一九一四年那樣的驚惶和狂熱。上過一回當，學會一次乖，人們很知道，第二次大戰的爆發是必然的。

其實，還在凡爾賽和約簽字那一天，就有人預言過了。第二次帝國主義大戰將必然爆發，今天他的預言是證實了。

— 1 —

《八路軍百團大戰特輯》

國民革命軍第十八集團軍（八路軍）政治部編輯　1941年3月八路軍軍政雜誌社初版

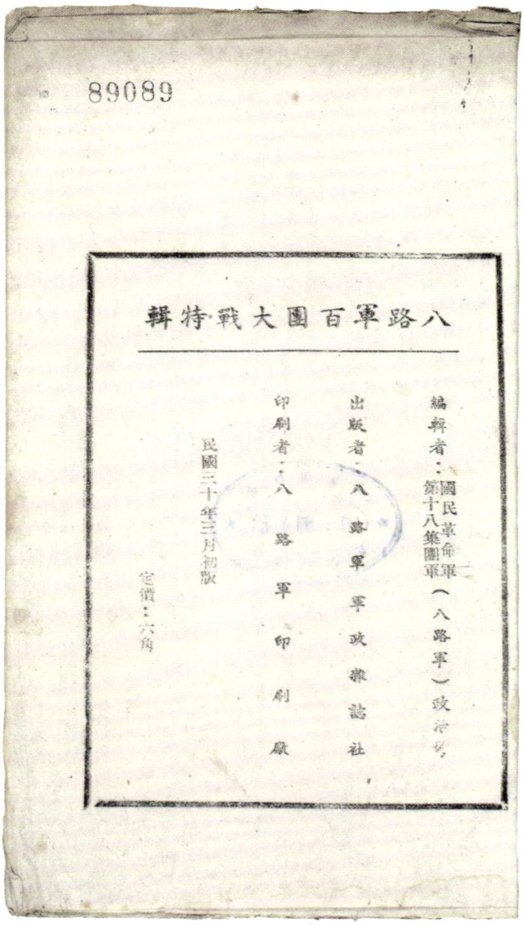

此書收録了朱德、彭德懷、賀龍、劉伯承、聶榮臻、楊尚昆、左權、蕭向榮、郭化若、陳漫遠等人對八路軍百團大戰的評述以及百團大戰戰報，全面記録了1940年8月20日至12月5日八路軍百團會戰三個階段的作戰情況，有較高的史料價值。

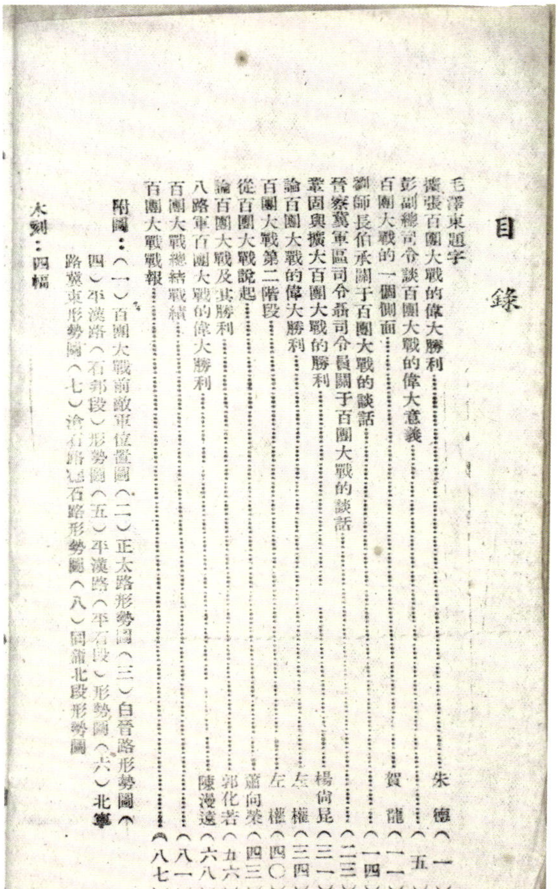

目錄

百團大戰前敵軍位置圖

《抗戰三年要覽》
《抗戰四年》

中國國民黨中央執行委員會宣傳部印行

1941年8月軍事委員會政治部編印

兩書主要記載了1940—1941年抗日戰爭在軍事上的進展與成就，以及政治、經濟、科學、文化等方面爲争取抗戰勝利而努力奮鬥的真實情況。

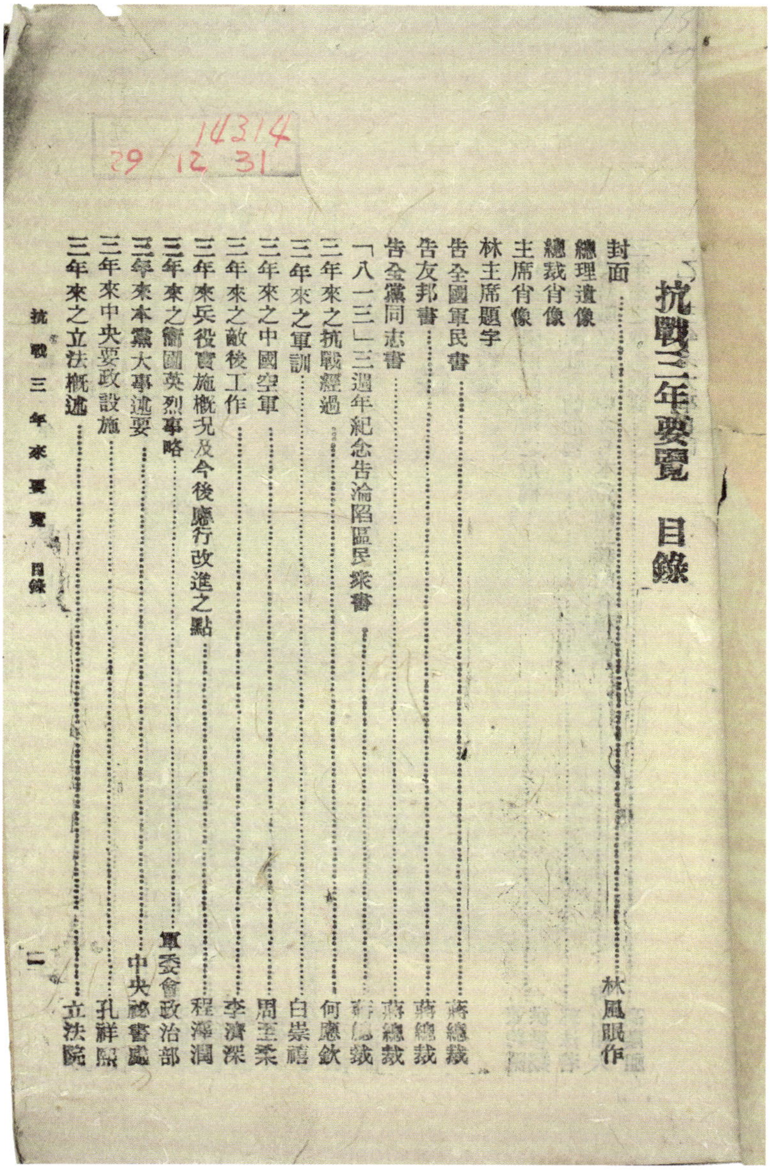

抗戰三年要覽 目錄

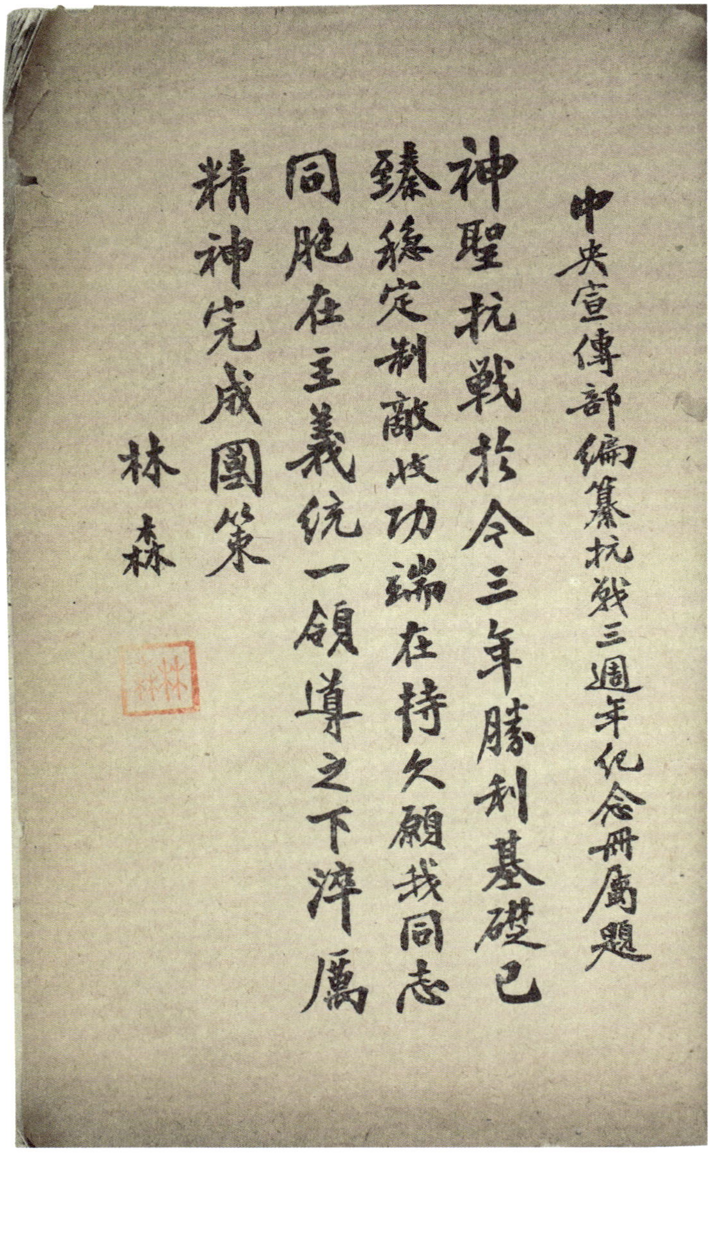

中央宣傳部編纂抗戰三週年紀念冊屬題

神聖抗戰於今三年勝利基礎已
臻穩定制敵收功端在持久願我同志
同胞在主義統一領導之下淬厲
精神完成國策

林森

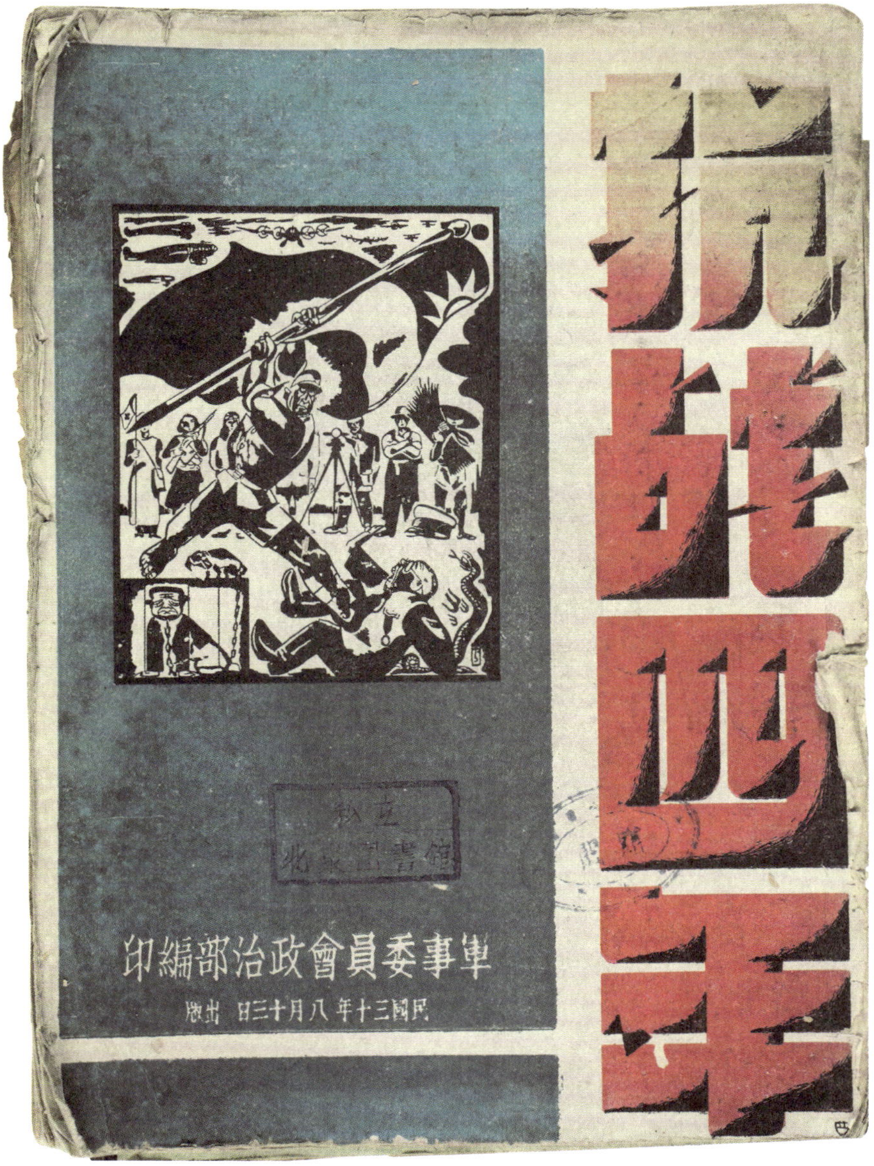
抗戰四年
軍事委員會政治部編印
民國三十年八月十三日出版

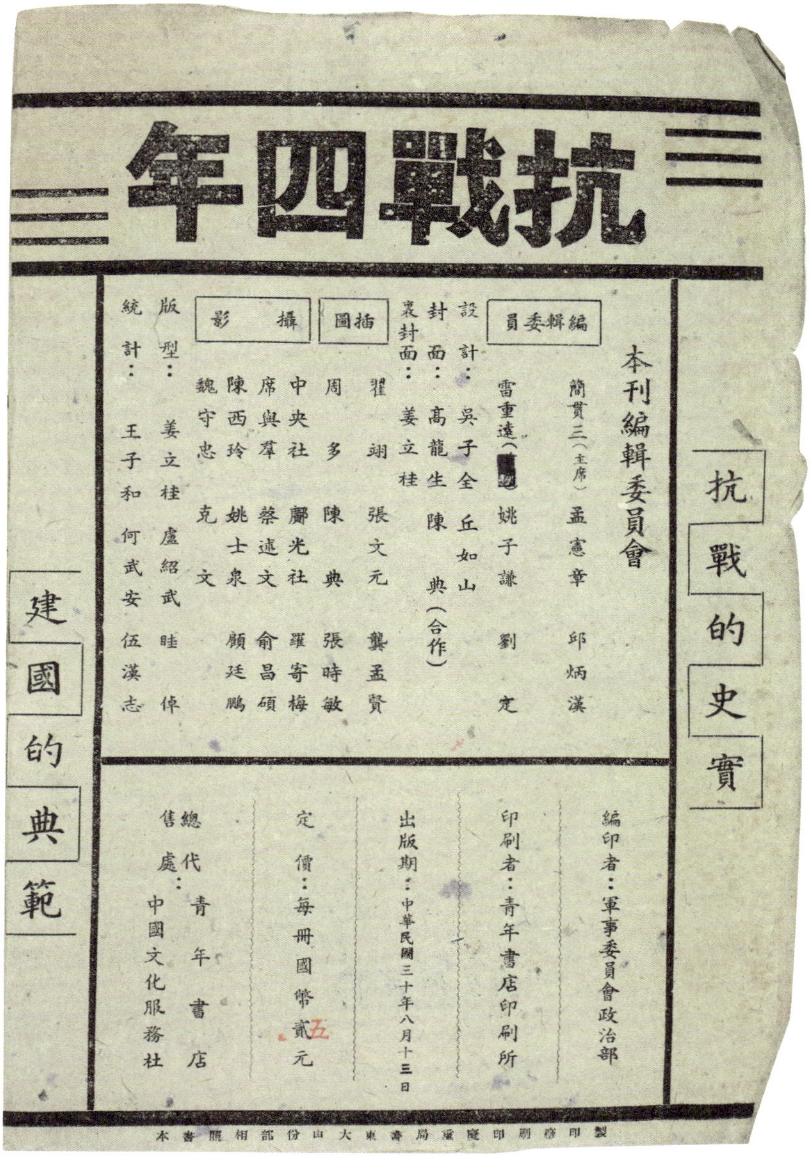

抗戰四年

抗戰的史實

建國的典範

本刊編輯委員會

簡貫三（主席）　孟憲章　邱炳漢

雷重遠（[redacted]）　姚子謙　劉定

編輯委員

設計：吳子全　丘如山

封面：高龍生　陳典（合作）

裏封面：姜立桂

插圖

瞿翊　張文元　龔孟賢

周多　陳典　張時敏

攝影

中央社　酈光社　羅寄梅

席與羣　蔡遠文　俞昌碩

陳西玲　姚士泉　顧廷鵬

魏守忠　克文

版型：姜立桂　盧紹武　眭倬

統計：王子和　何武安　伍漢志

編印者：軍事委員會政治部

印刷者：青年書店印刷所

出版期：中華民國三十年八月十三日

定價：每冊國幣貳元（五）

總代售處：青年書店　中國文化服務社

本書照相部份由大東書局重慶印刷廠印製

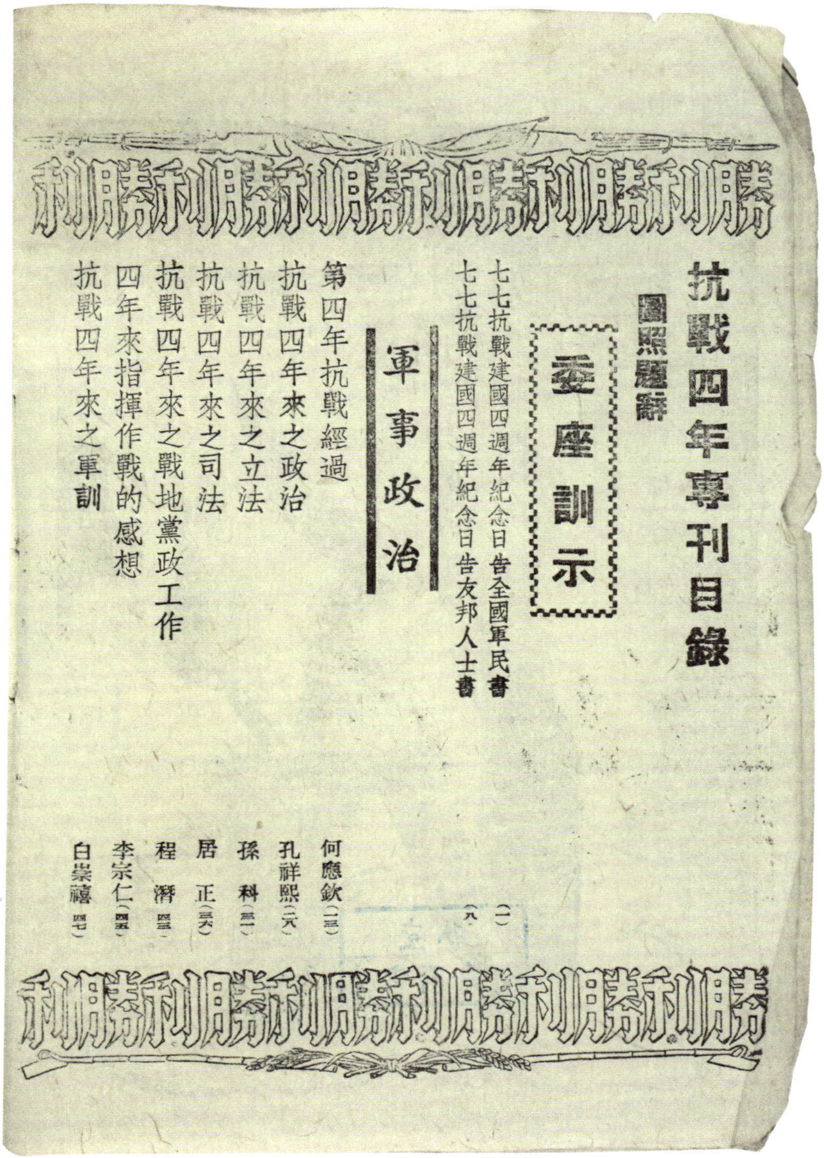

抗戰四年專刊目錄

圖照題辭

委座訓示

七七抗戰建國四週年紀念日告全國軍民書 （一）

七七抗戰建國四週年紀念日告友邦人士書 （八）

軍事政治

第四年抗戰經過 何應欽（一三）

抗戰四年來之政治 孔祥熙（一八）

抗戰四年來之立法 孫科（三一）

抗戰四年來之司法 居正（三六）

抗戰四年來之戰地黨政工作 程潛（四三）

四年來指揮作戰的感想 李宗仁（四五）

抗戰四年來之軍訓 白崇禧（四七）

《抗戰第一年》

王叔明編　1941年商務印書館發行

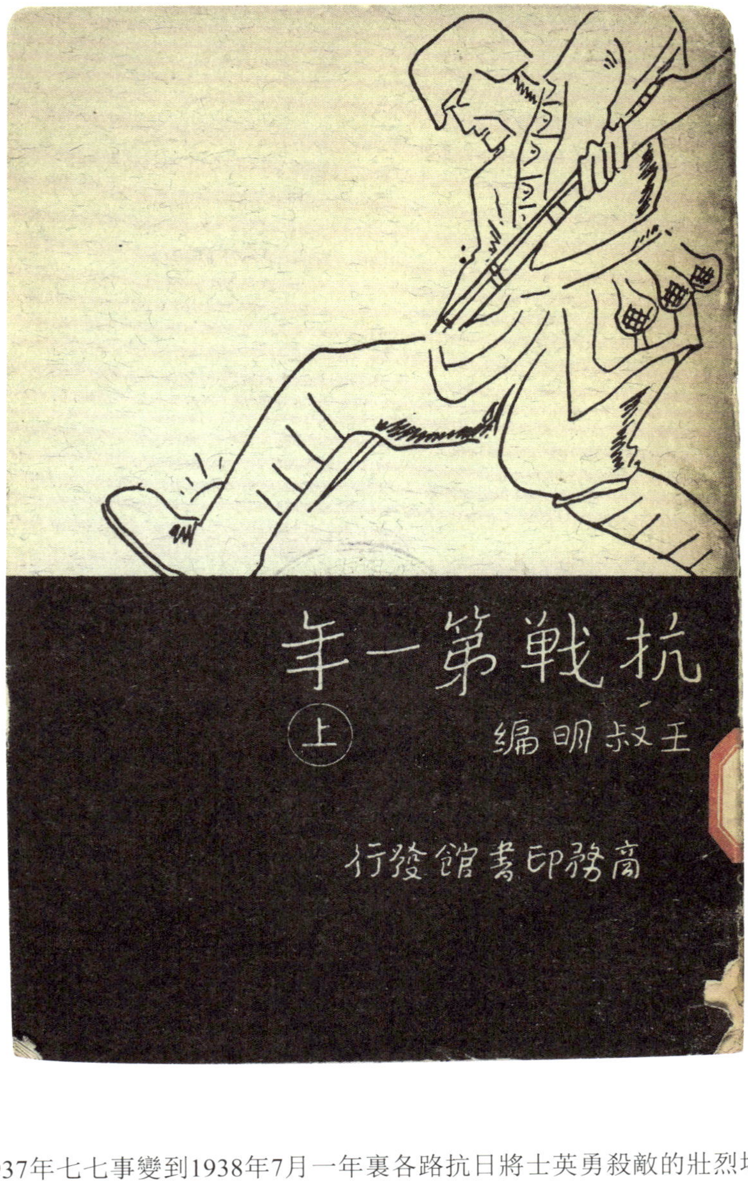

此書記載了1937年七七事變到1938年7月一年裏各路抗日將士英勇殺敵的壯烈場面。取材多是戰地實録、與軍事家的談話、戰地通訊等，書中所選文章都用原作者姓名，如無原作者姓名時，即署以某某日報，或轉載某某日報字樣，編排層次以時間先後爲序。

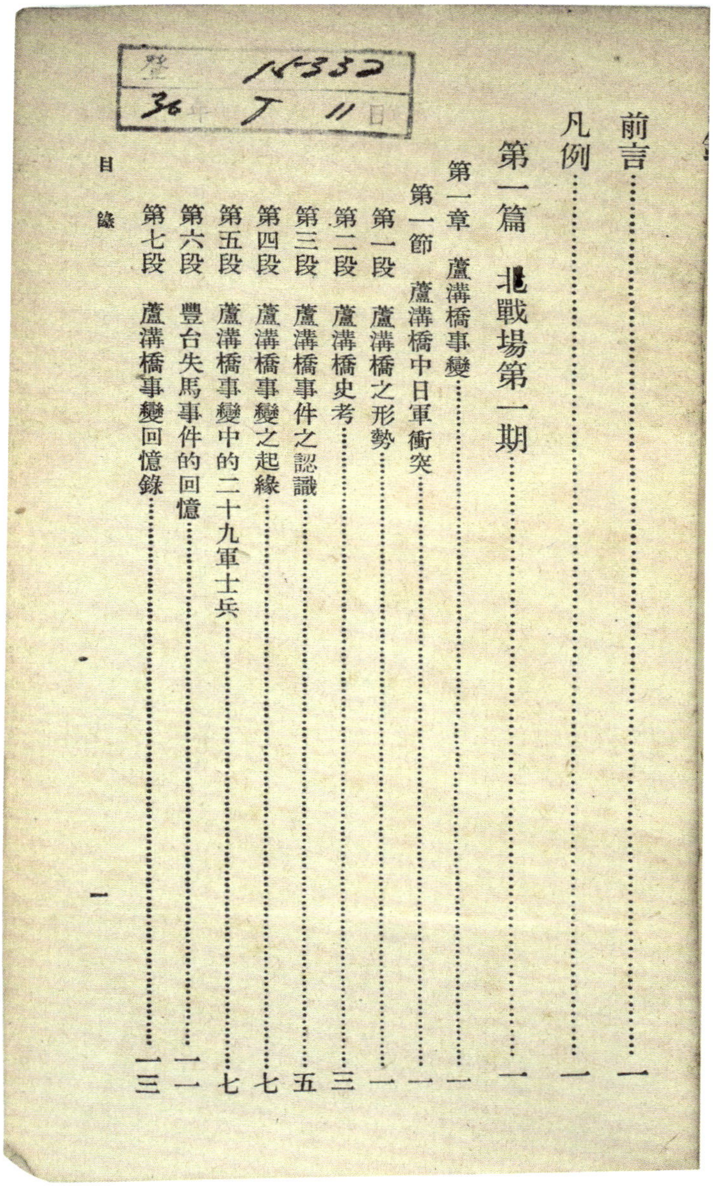

《抗戰第五周年紀念册》

1942年7月中國國民黨中央執行委員會宣傳部編印

《抗戰第七周年紀念册》

1944年7月中國國民黨中央執行委員會宣傳部編印

《抗戰第八周年紀念册》

1945年7月中國國民黨中央執行委員會宣傳部編印

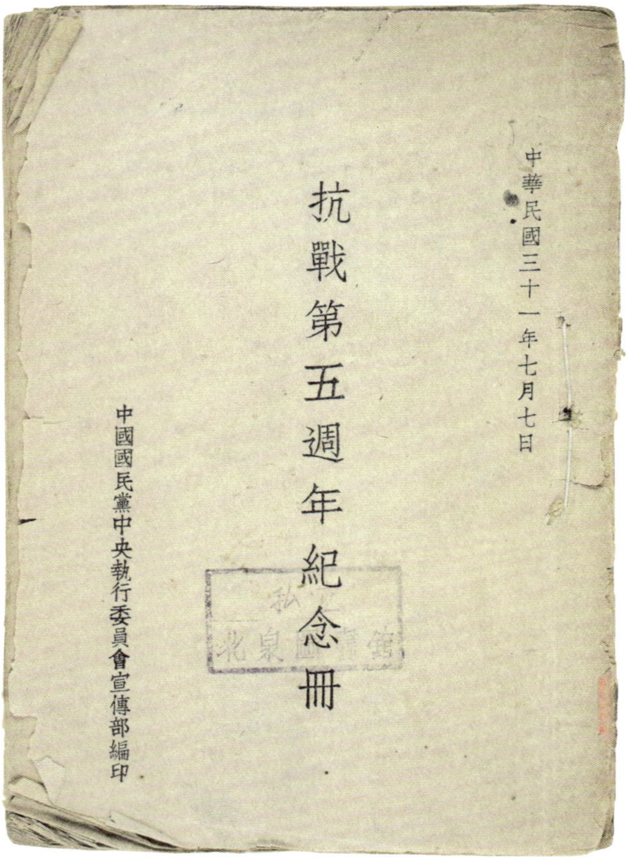

三書反映了1942年至1945年抗戰情況。由於國民黨正面戰場處於被動防禦，表現在抗戰紀念册上的主要爲文獻選輯、文獻彙編等，戰況報導較少。

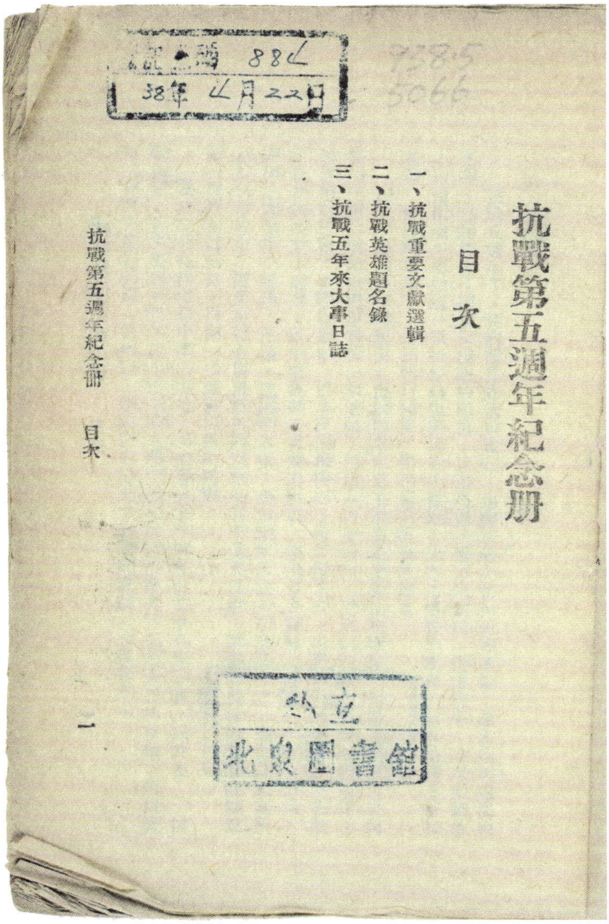

抗戰第五週年紀念册

目次

抗戰第五週年紀念册　目次　一

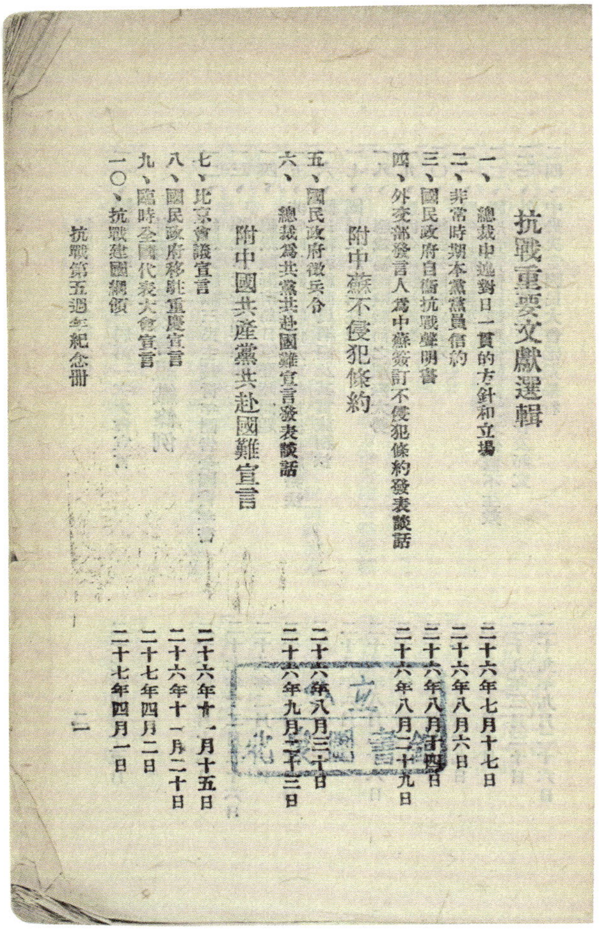

抗戰重要文獻選輯

一、總裁申述對日一貫的方針和立場	二十六年七月十七日
二、非常時期本黨黨員信約	二十六年八月六日
三、國民政府自衛抗戰聲明書	二十六年八月十四日
四、外交部發言人爲中蘇簽訂不侵犯條約發表談話	二十六年八月二十九日
附中蘇不侵犯條約	
五、國民政府徵兵令	二十六年八月三十日
六、總裁爲共黨共赴國難宣言發表談話	二十六年九月二十三日
附中國共產黨共赴國難宣言	
七、北京會議宣言	二十六年十一月十五日
八、國民政府移駐重慶宣言	二十六年十一月二十日
九、臨時全國代表大會宣言	二十七年四月二日
一〇、抗戰建國綱領	二十七年四月一日

抗戰第五週年紀念册　二

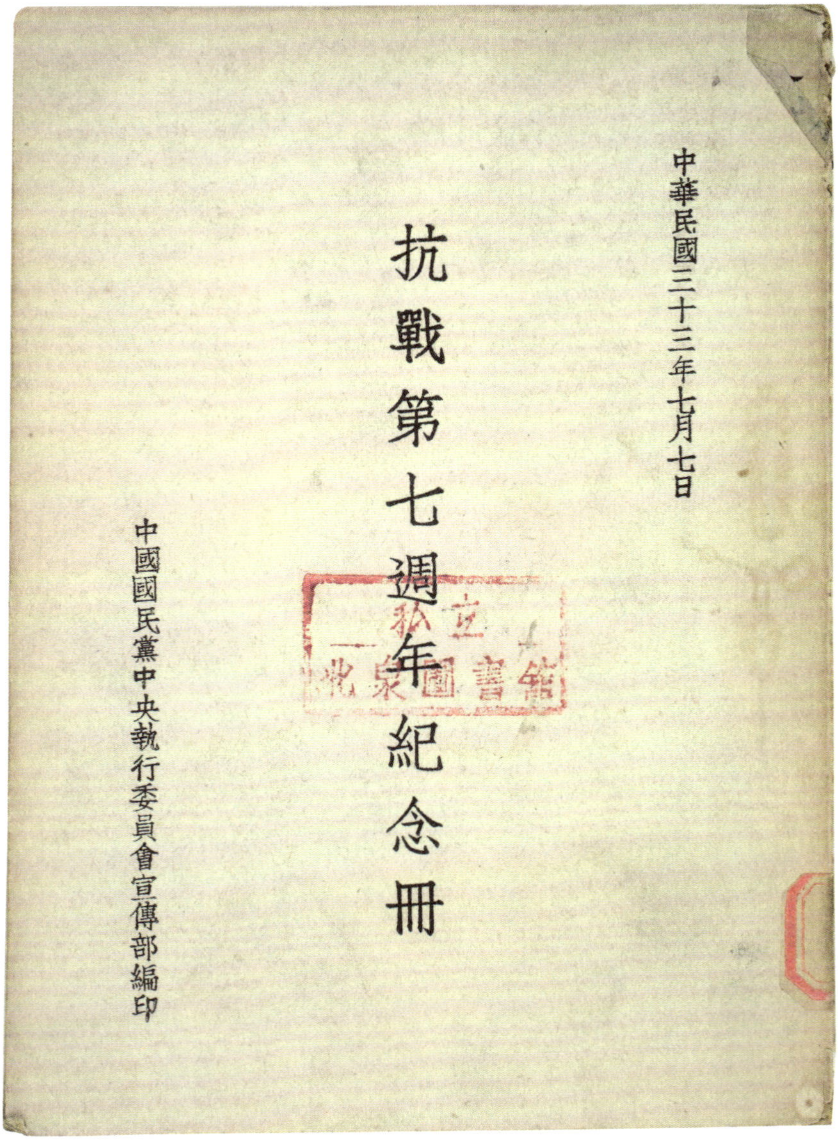
中華民國三十三年七月七日
抗戰第七週年紀念冊
私立北泉圖書館
中國國民黨中央執行委員會宣傳部編印

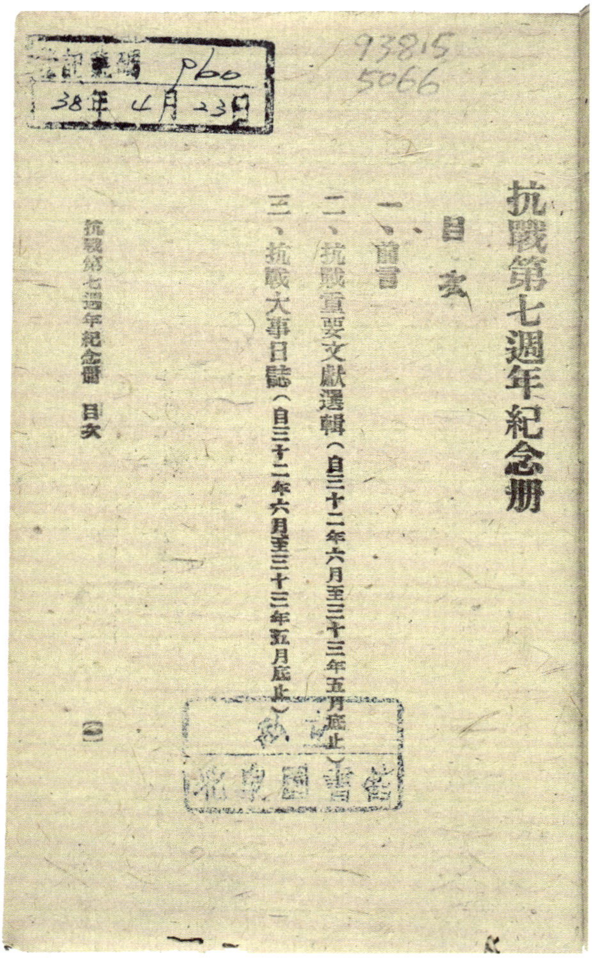

抗戰第七週年紀念冊

目次

一、前言

二、抗戰重要文獻選輯（自三十二年六月至三十三年五月底止）

三、抗戰大事日誌（自三十二年六月至三十三年五月底止）

抗戰第七週年紀念冊 目次 （一）

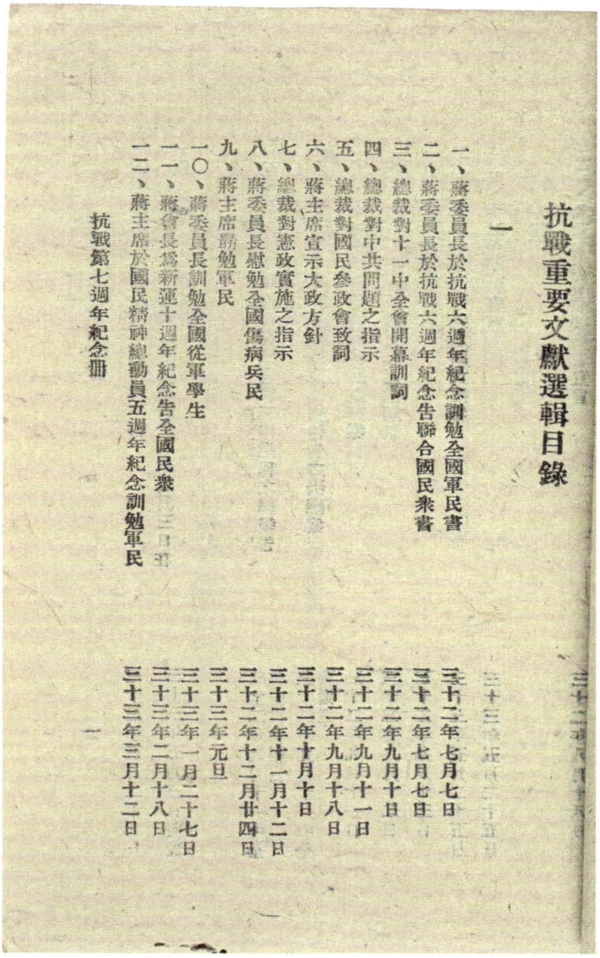

抗戰重要文獻選輯目錄

抗戰第七週年紀念冊 一

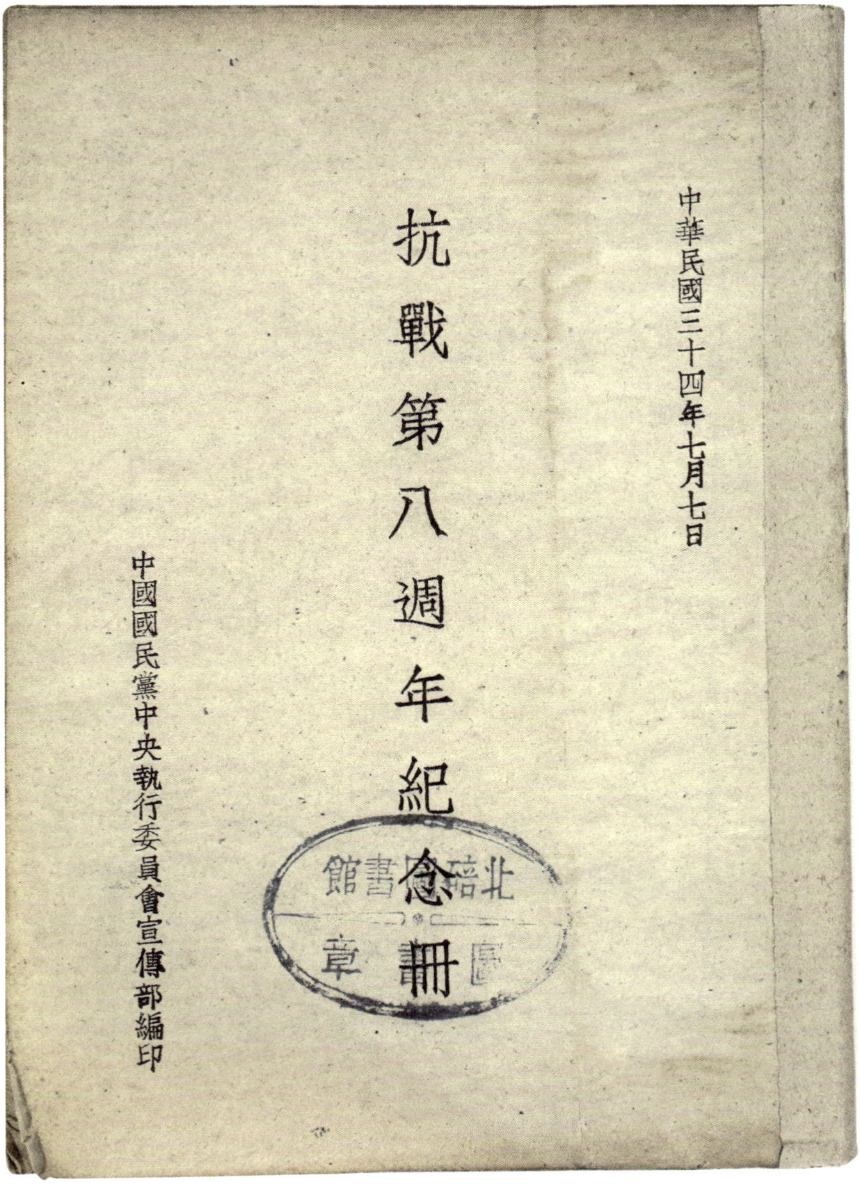
中華民國三十四年七月七日
抗戰第八週年紀念冊
中國國民黨中央執行委員會宣傳部編印

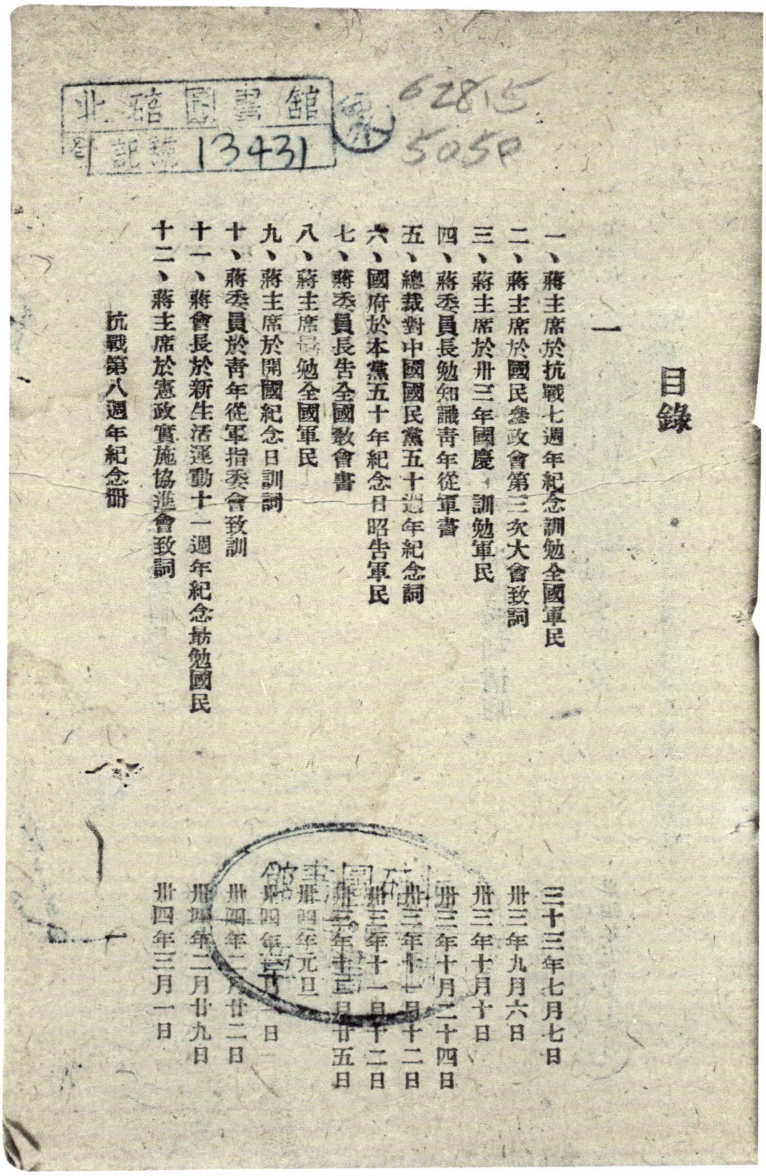

目錄

一

抗戰第八週年紀念册

《中國人》

王誌之著　1942年8月大江出版社再版

此書爲“含沙文叢”之一。這是一部以抗日戰争爲題材的長篇小説，以河北張家口的抗日運動爲背景，生動描摹了一群真正的中國人形象。

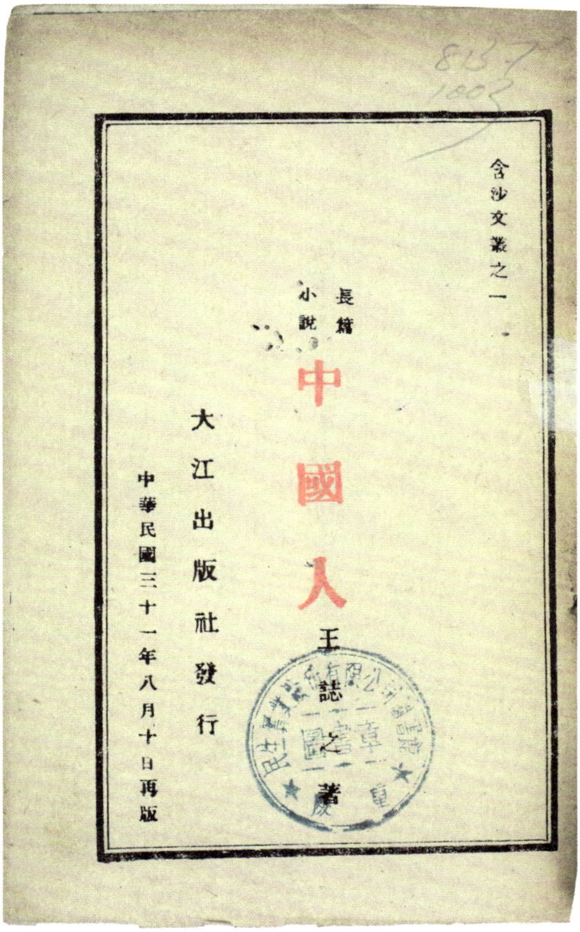

含沙文叢之一

長篇小說

中國人

王誌之著

大江出版社發行

中華民國三十一年八月十日再版

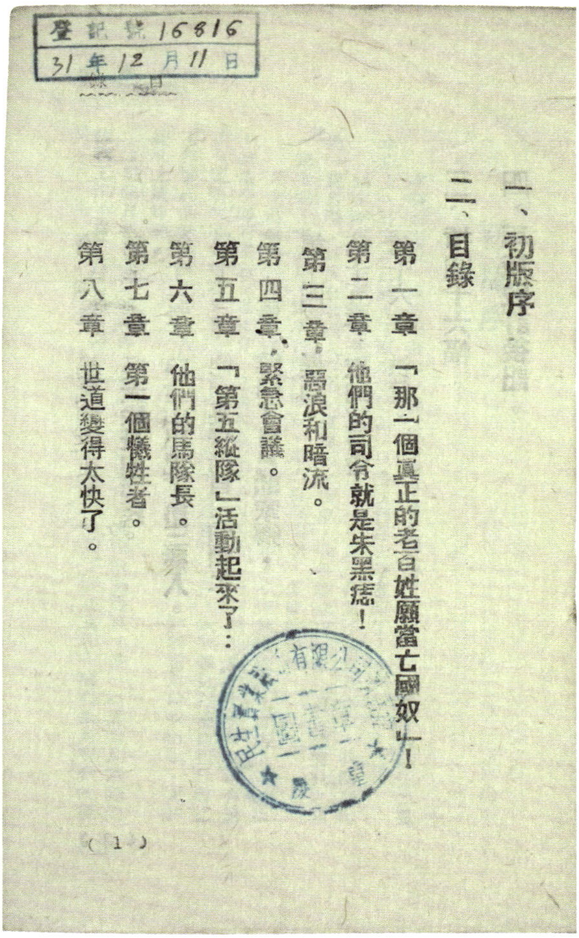

一、初版序

二、目錄

（1）

《我們在敵後幹些什麽》

劉少奇著　1942年11月路西總文抗翻印

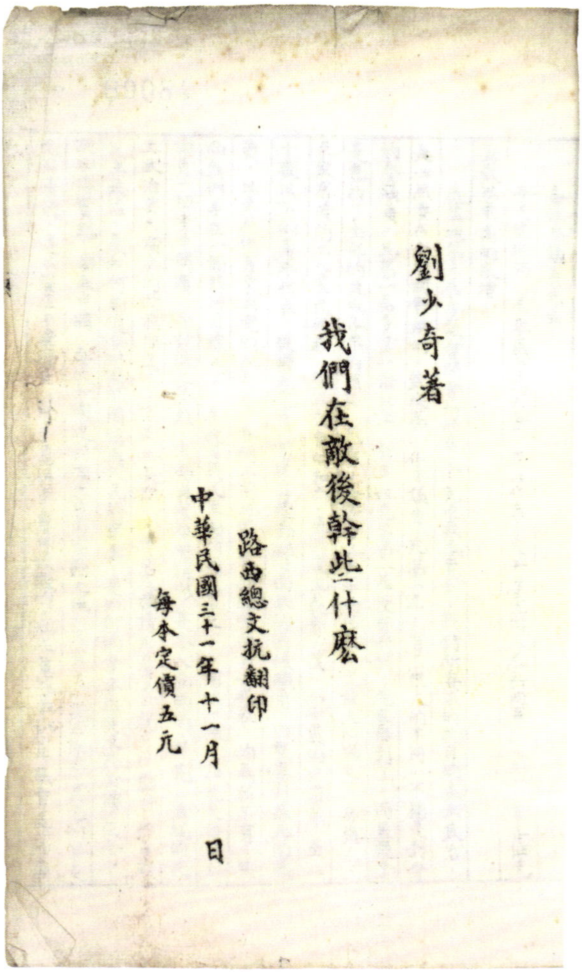
劉少奇著
我們在敵後幹些什麽
路西總文抗翻印
中華民國三十一年十一月　日
每本定價五元

此文獻爲劉少奇在鹽城第二届參議會上的講演稿，着重强調了聯合抗戰的重要性。

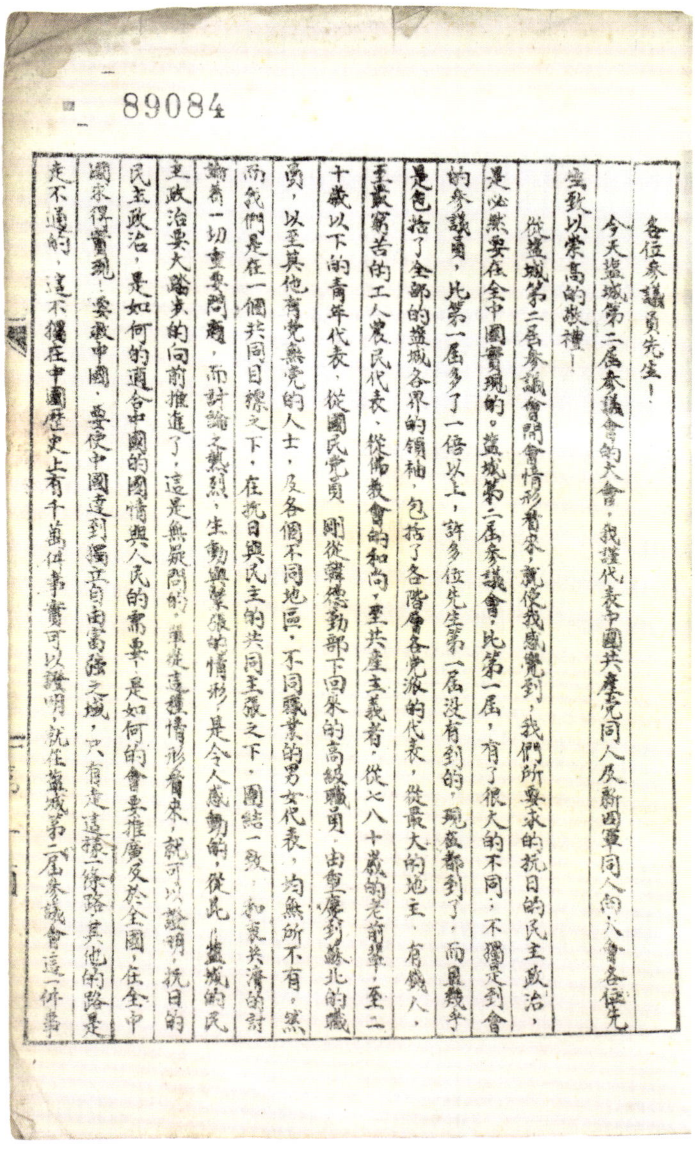

89084

各位參議員先生！

今天鹽城第二屆參議會的大會，我謹代表中國共產党同人及新四軍同人向大會各位先生致以崇高的敬禮！

從鹽城第二屆參議會開會情形看來，就使我感覺到，我們所要求的抗日的民主政治，是必然要在全中國實現的。鹽城第二屆參議會，比第一屆，有了很大的不同，不獨是到會的參議員，比第一屆多了一倍以上，許多位先生第一屆沒有到的，現在都到了，而且幾乎是包括了全部的鹽城各界的領袖，包括了各階層各党派的代表，從最大的地主、有錢人，至最窮苦的工人農民代表，從佛教會的和尚，至共產主義者，從七八十歲的老前輩，至二十歲以下的青年代表，從國民党員剛從韓德勤部下回來的高級職員，由重慶到蘇北的職員，以至其他有党無党的人士，及各個不同地區，不同職業的男女代表，均無所不有。然而我們是在一個共同目標之下，在抗日與民主的共同主張之下，團結一致，和衷共濟的討論着一切重要問題，而討論之熱烈，生動與緊張的情形，是令人感動的，從此，鹽城的民主政治要大踏步的向前推進了，這是無疑問的。单從這種情形看來，就可以證明，抗日的民主政治，是如何的適合中國的國情與人民的需要，是如何的會要推廣及於全國，在全中國來得實現。要救中國，要使中國達到獨立自由富強之域，只有走這樣一條路，其他的路是走不通的，這不獨在中國歷史上有千萬件事實可以證明，就在鹽城第二屆參議會這一件事

《八路軍抗戰烈士紀念册》

1942年十八集團軍政治部出版

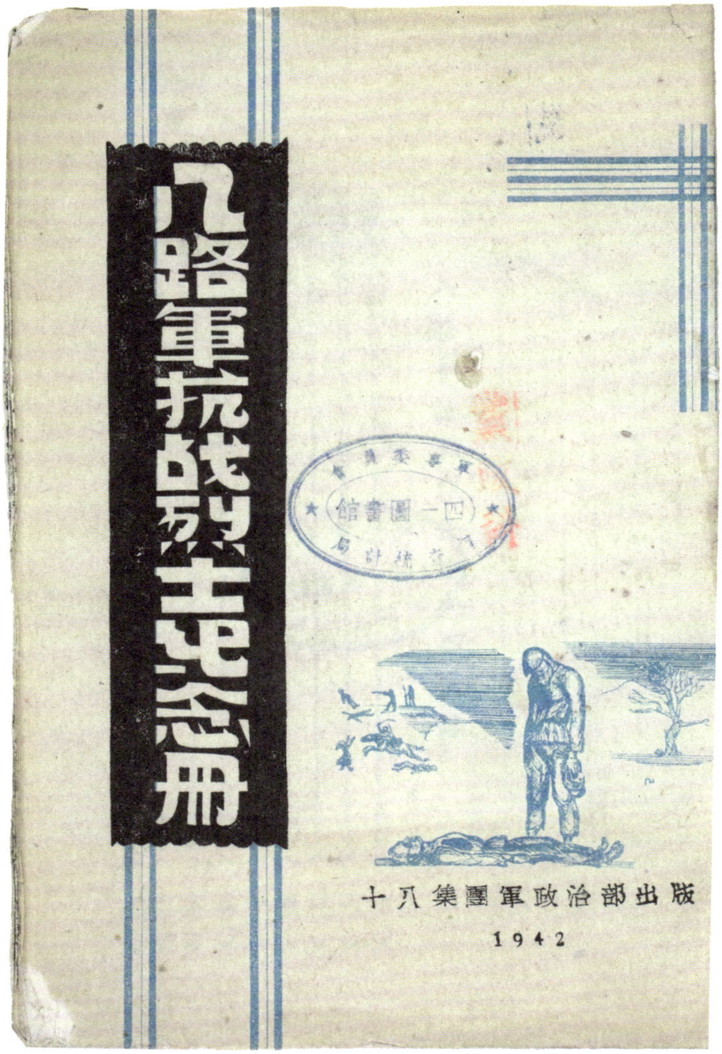

此書收録了毛澤東、王稼祥、葉劍英等人爲悼念八路軍抗戰烈士所題的字或所撰寫的文章，記載了犧牲的八路軍中高級幹部的英雄事蹟與生平以及近千名抗戰烈士的姓名。

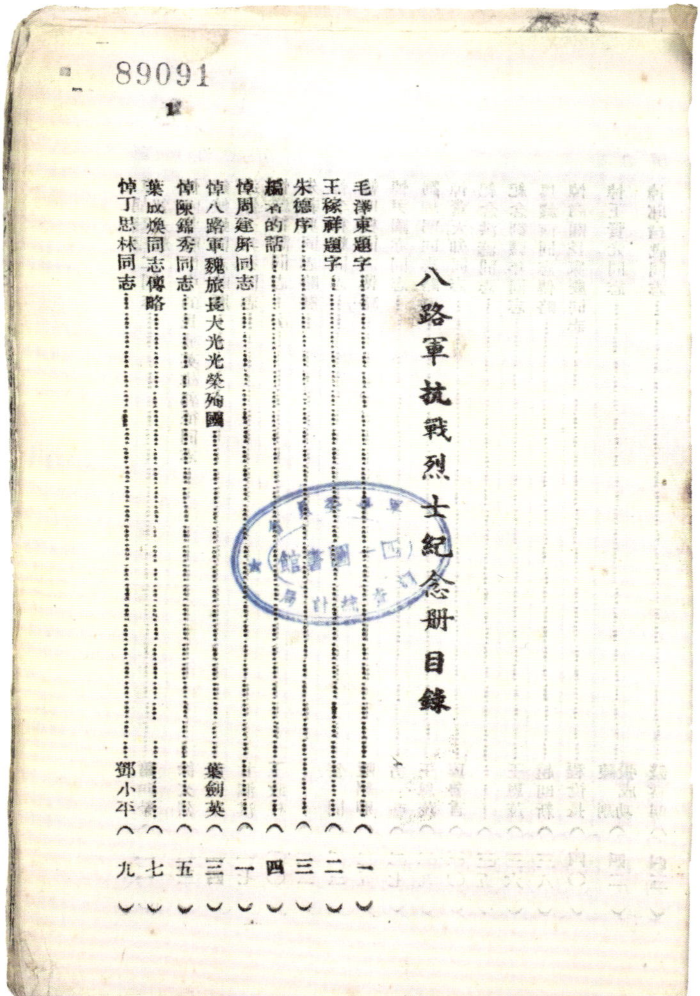

八路軍抗戰烈士紀念冊目錄

晉察冀軍區抗戰殉國的連級幹部題名

146

145

職別	姓名	年齡	籍貫
連長	譚海清	二〇	湖南
同	高永清	三四	安徽
同	王廷鑒	二五	江西
同	湯廷清	二四	同
同	郭位珠	二六	湖南
同	李健民	二六	湖北
同	陳亮華	二七	湖北
同	侯振位	二九	河北
同	魏新祺	三〇	河南
同	趙爲丁	三一	四川
政指	熊有三	二五	安徽
同	楊潤山	二七	陝西
同	彭特	二四	江西
同	李子南	二七	同
同	黄三元	一八	河南

職別	姓名	年齡	籍貫
政指	王勝業	三四	陝西
同	李憲文	二四	河北
副連長	吳吉清	二九	河南
同	田新春	二六	河北
同	孫仲義	二九	同
同	趙振會	二〇	山東
同	張成顔	二六	陝西
同	鄭雲	二五	江西
副政指	史成業	二八	山西
政指	吳水週		江西
連副	吳記清		河南
連長	譚海清		湖南
同	郭七金		江西
同	郭東財		江西
同	李天交		河北

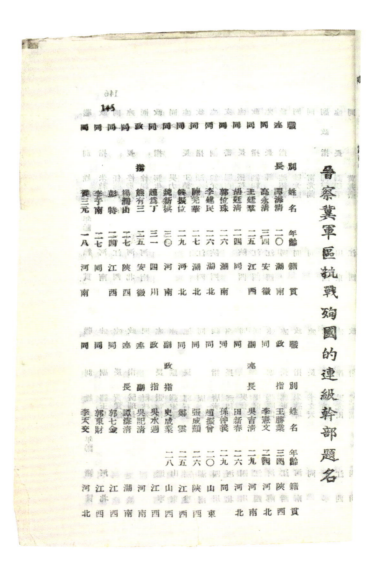

《抗戰六年來之軍事》 1943年7月中國國民黨中央執行委員會宣傳部編印

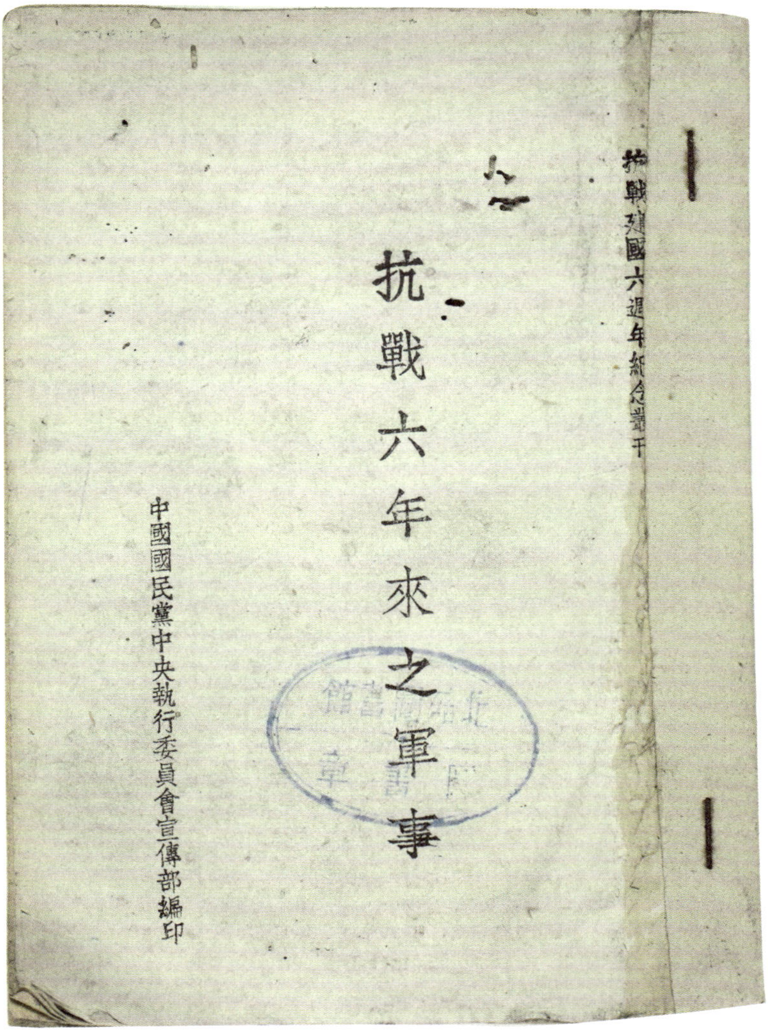

此書爲“抗戰建國六周年紀念叢刊”，主要記載了國民黨抗戰以來軍政設施、軍隊事務、後勤保障、軍事教育等方面内容。

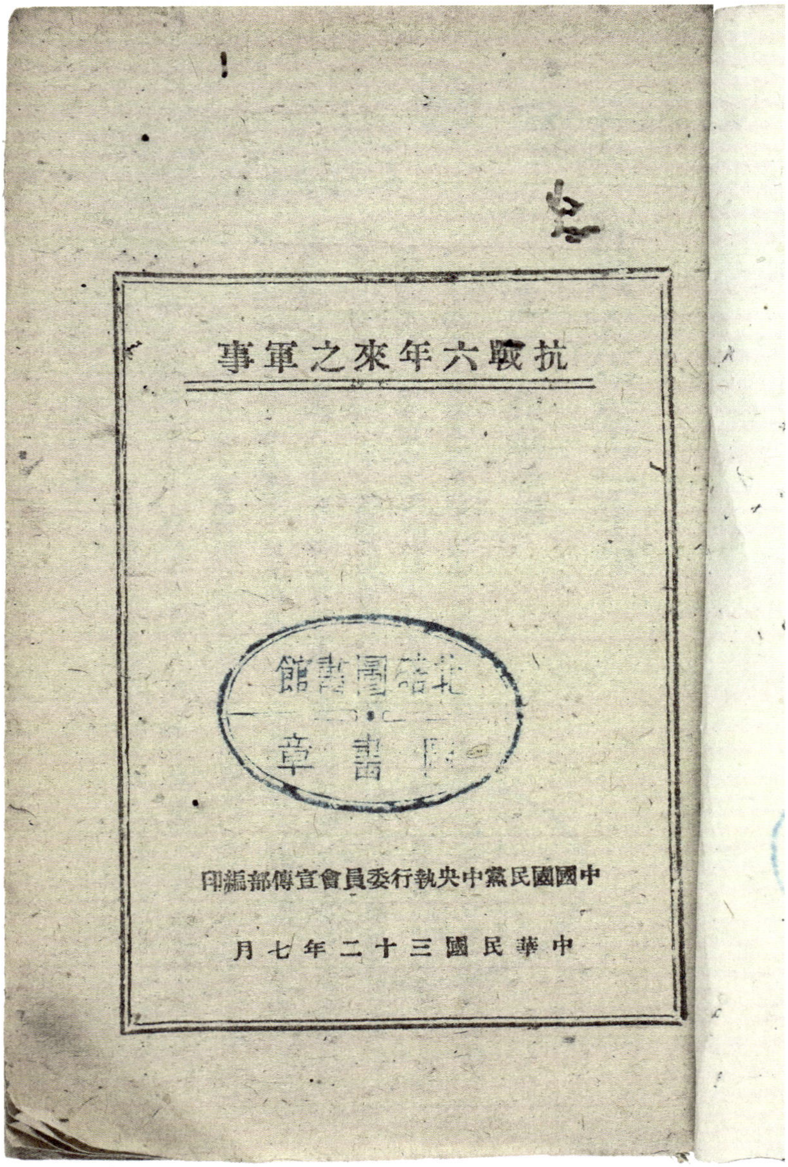
抗戰六年來之軍事

中國國民黨中央執行委員會宣傳部編印

中華民國三十二年七月

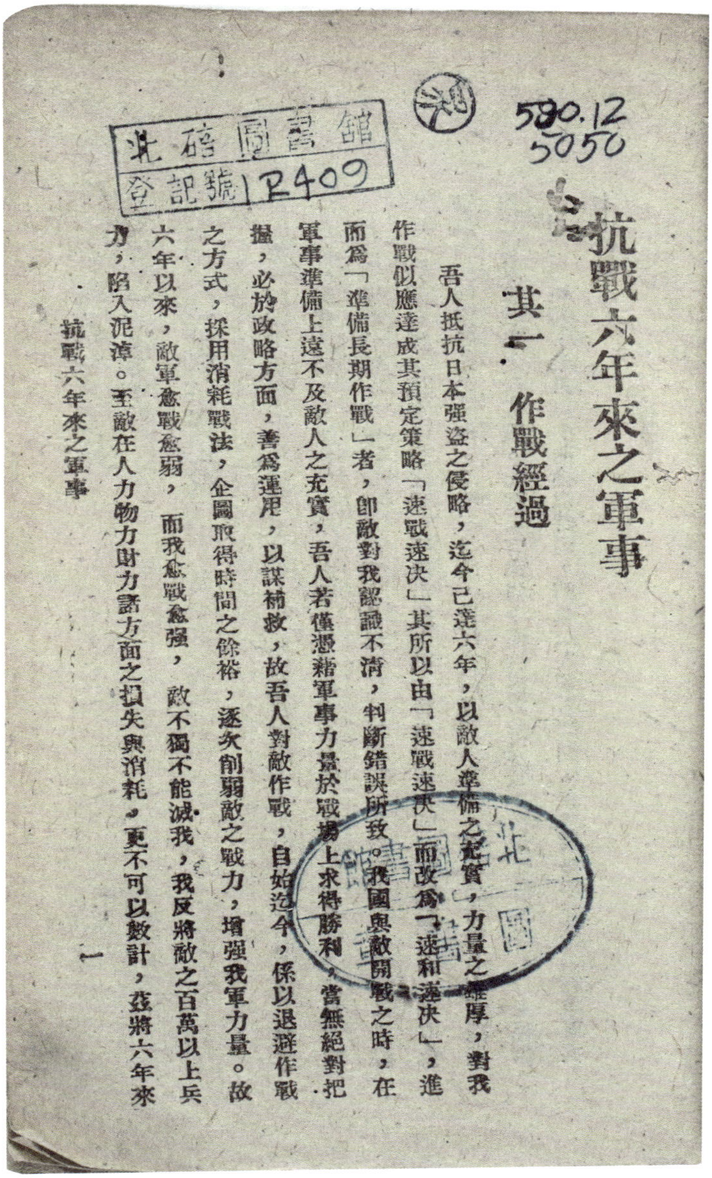

抗戰六年來之軍事

其一　作戰經過

吾人抵抗日本强盜之侵略，迄今已達六年，以敵人準備之充實，力量之雄厚，對我作戰似應達成其預定策略「速戰速決」其所以由「速戰速決」而改爲「速和速決」，進而爲「準備長期作戰」者，卽敵對我認識不清，判斷錯誤所致。我國與敵開戰之時，在軍事準備上遠不及敵人之充實，吾人若僅憑藉軍事力量於戰場上求得勝利，當無絕對把握，必於政略方面，善爲運用，以謀補救，故吾人對敵作戰，自始迄今，係以退避作戰之方式，採用消耗戰法，企圖取得時間之餘裕，逐次削弱敵之戰力，增强我軍力量。故六年以來，敵軍愈戰愈弱，而我愈戰愈强，敵不獨不能滅我，我反將敵之百萬以上兵力，陷入泥淖。至敵在人力物力財力諸方面之損失與消耗，更不可以數計，玆將六年來

《抗戰人物志》

史諾等著　戰時出版社出版

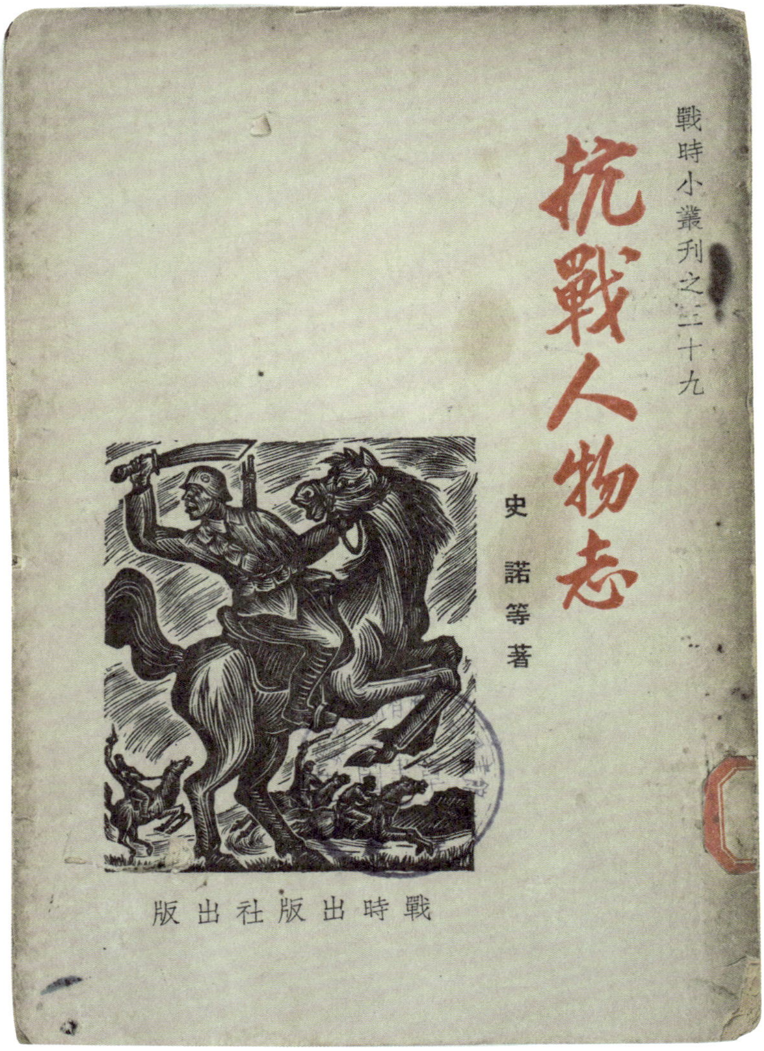

此書爲“戰時小叢刊”之一種，彙録了各地新聞工作者採訪蔣介石、毛澤東等三十多位國共領導人、將領的報導，作者有史諾（Edgar Snow）、田漢、范長江等。

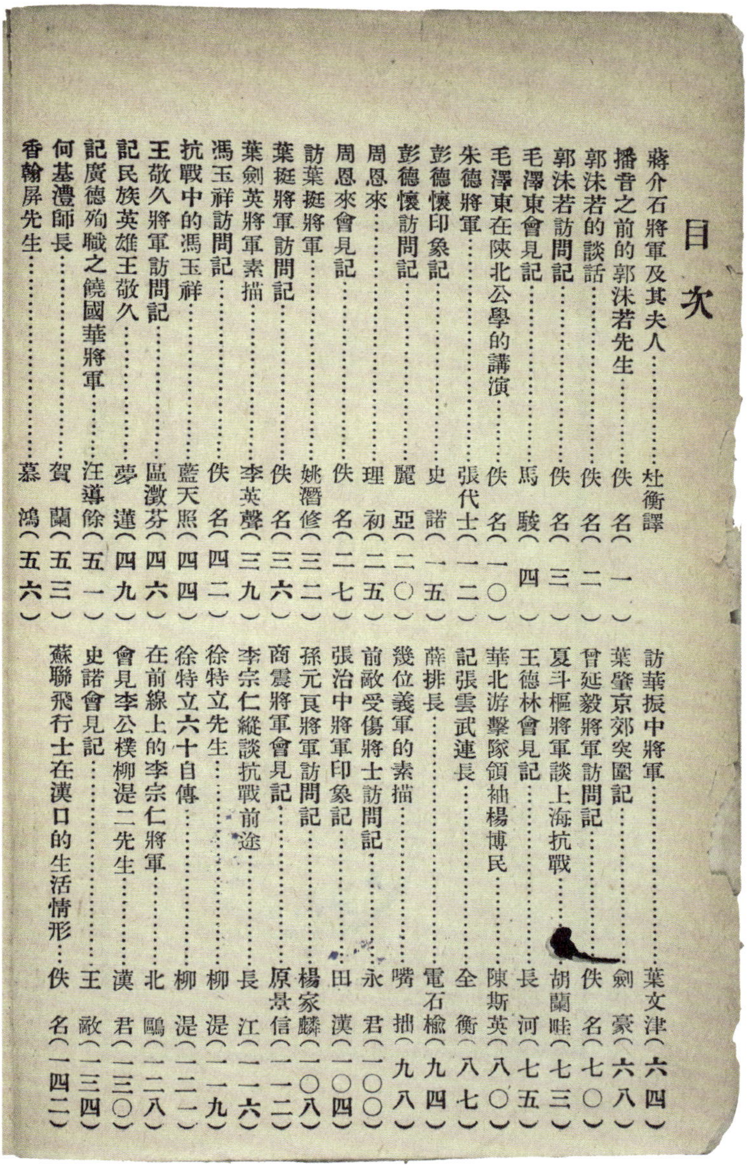

目次

《民衆與抗戰》

漆淇生等著　戰時出版社出版

此書爲“戰時小叢刊”之一種，收録胡繩、鄧穎超、漆淇生等關於喚起民衆抗戰的文章共十九篇，較深入地探討了全民抗戰的意義與作用。

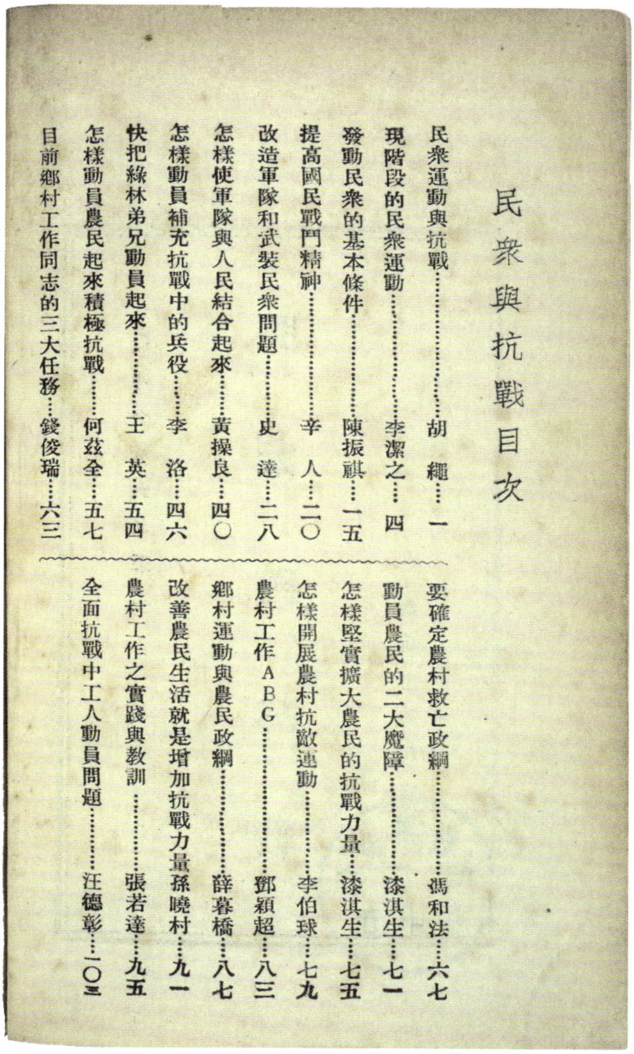

民衆與抗戰目次

地方文獻

20世紀30年代，針對我國鄉村社會嚴重衰落的局面，知識精英發起了一場聲勢浩大的“鄉村建設”運動。其中著名的有1929—1937年梁漱溟及山東鄉村建設研究院探索的“鄒平模式”、1928—1937年晏陽初和中華平民教育促進會探索的“定縣模式”、1927年至解放初期盧作孚和嘉陵江三峡鄉村建設實驗區探索的“北碚模式”等。盧作孚在北碚領導的鄉村改造運動長達22年，其中涉及政治、經濟、文化、教育、科學技術等各個方面，是在維護國家現存制度和秩序條件下的一場自覺的對如何實現鄉村現代化的社會改良實驗和探索，注入了諸多現代鄉村建設思想，引導鄉村社會向現代化的方向轉型。特别是抗戰期間，“平民教育”和“鄉村建設”兩大運動的領軍人物晏陽初、梁漱溟、陶行知等聚集在北碚，分别開辦中國鄉村建設學院、勉仁文學院、育才學校，使北碚的實驗區産生了國際性影響。1948年，北碚被聯合國教科文組織確定爲“基本教育實驗區”。北碚圖書館着重收藏了北碚地方建設的相關文獻資料，這裏介紹部分館藏。

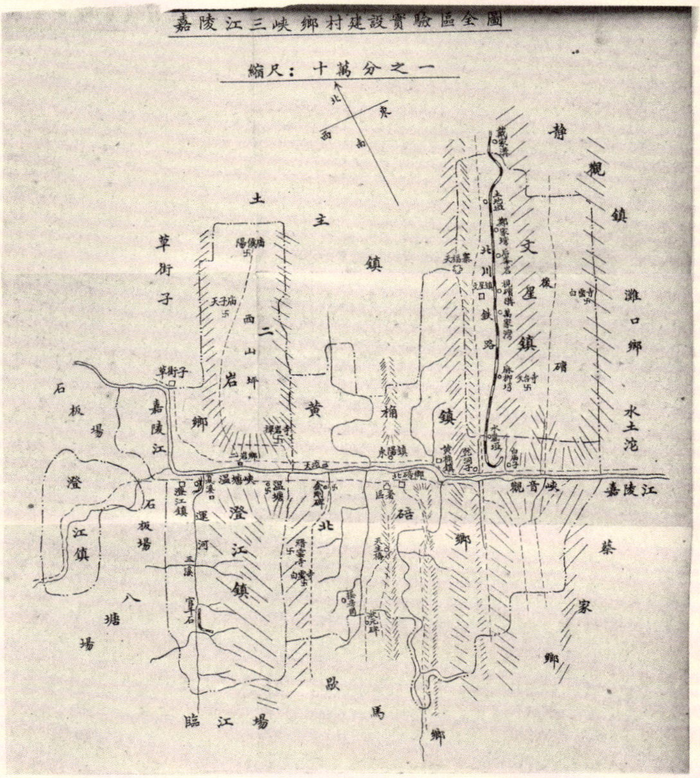

《我們兩年來的經營》
《兩年來的峽防局》

1929年4月江巴壁合四縣峽防團務局印發

1929年9月江巴壁合四縣峽防團務局印發

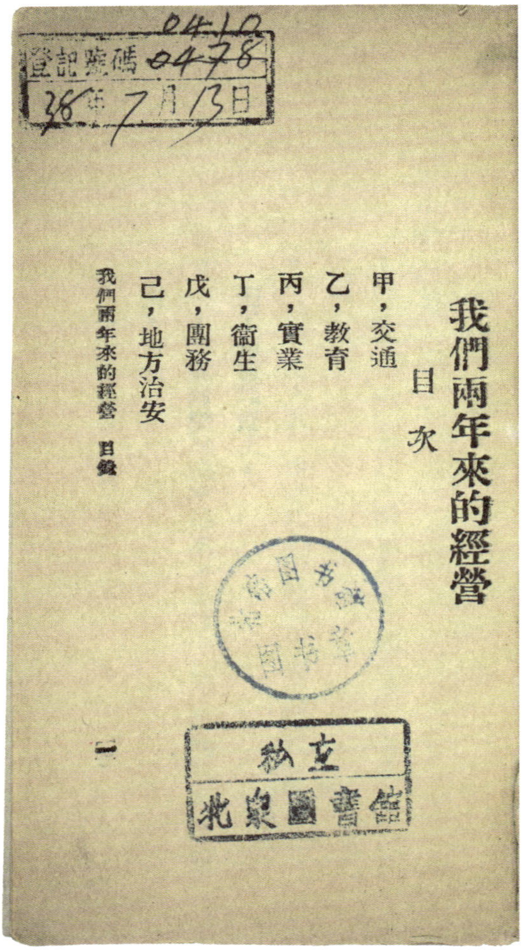

江巴璧合四縣峽防團務局於1923年正式成立，爲北碚地區的地方行政機構，盧作孚於1927年任峽防局局長。這兩本書反映了1927年到1930年間北碚地區在交通、教育、實業、衛生、團務、地方治安、市政、公衆娛樂等方面的發展概貌。

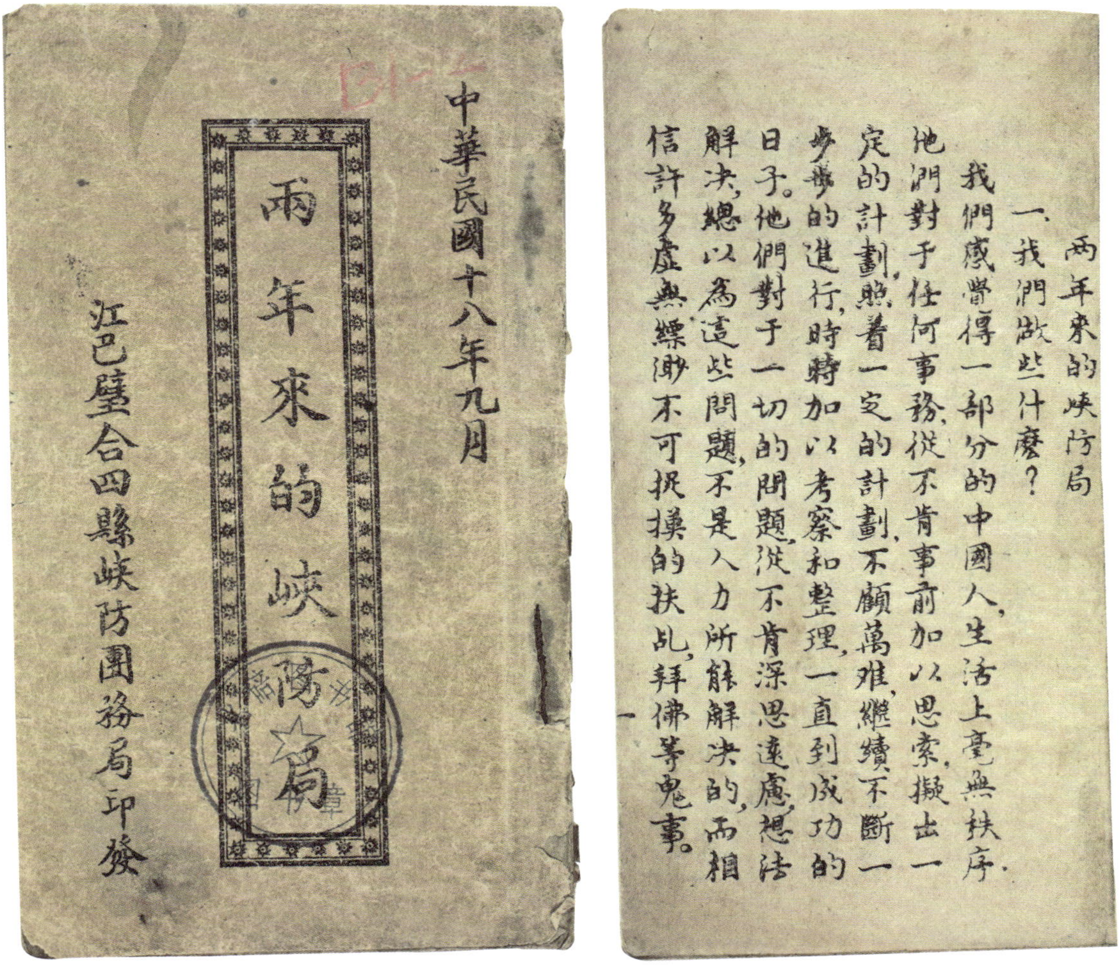
中華民國十八年九月

兩年來的峽防局

江巴璧合四縣峽防團務局印發

兩年來的峽防局

一、我們做些什麼？

我們感覺得一部分的中國人生活上毫無秩序，他們對于任何事務，從不肯事前加以思索，擬出一定的計劃，照着一定的計劃，不顧萬難，繼續不斷一步步的進行，時時加以考察和整理，一直到成功的日子。他們對于一切的問題，從不肯深思遠慮，想法解決，總以為這些問題，不是人力所能解決的，而相信許多虛無縹渺不可捉摸的扶乩，拜佛等鬼事。

《江巴璧合特組峽防團務局概況一覽》

1930年12月印

江巴璧合特組峡防團務局概況一覽

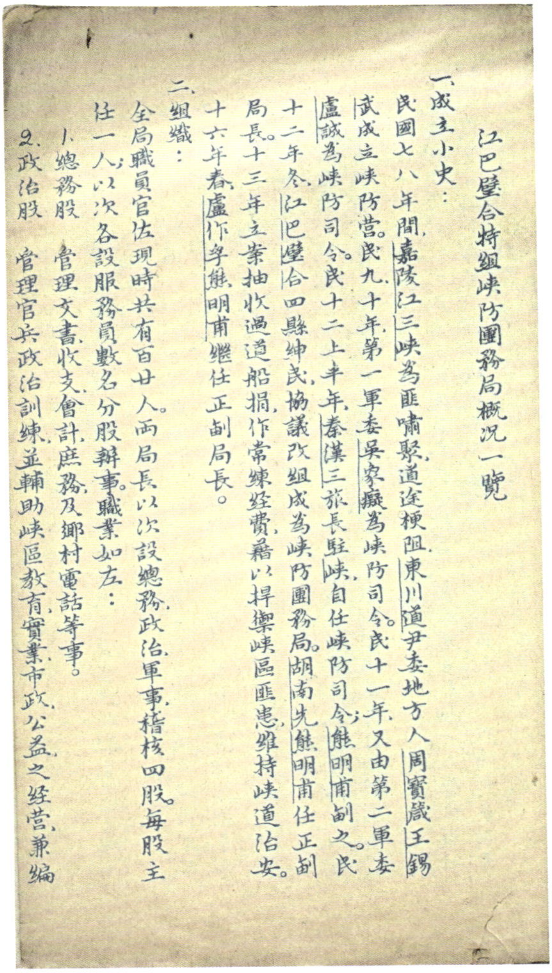

江巴璧合特組峡防團務局概況一覽

一、成立小史：

民國七八年間，嘉陵江三峡為匪嘯聚，道途梗阻，東川道尹委地方人周寶箴、王錫武成立峡防營。民九、十年，第一軍委吳家癡為峡防司令。民十一年，又由第二軍委盧誠為峡防司令。民十二上半年，秦漢三旅長駐峡，自任峡防司令；熊明甫副之。民十二年冬，江巴璧合四縣紳民協議改組成為峡防團務局，胡南先、熊明甫任正副局長。十三年立案抽收過道船捐，作常練經費，藉以捍禦峡區匪患，維持峡道治安。十六年春，盧作孚、熊明甫繼任正副局長。

二、組織：

全局職員官佐現時共有百廿人。正副局長以次設總務、政治、軍事、稽核四股。每股主任一人；以次各設服務員數名，分股辦事。職掌如左：

1. 總務股 管理文書、收支、會計、庶務及鄉村電話等事。
2. 政治股 管理官兵政治訓練，並輔助峡區教育、實業、市政、公益之經營，兼編

此書分别從“成立小史”、“組織”、“附設社會事業機關”、“輔助經營事業機關”、“附設事業”、“我們的生活”六部分對江巴璧合特組峽防團務局進行了概述。

《世界佛學苑漢藏教理院開學紀念特刊》

漢藏教理院編輯　1932年12月漢藏教理院發行

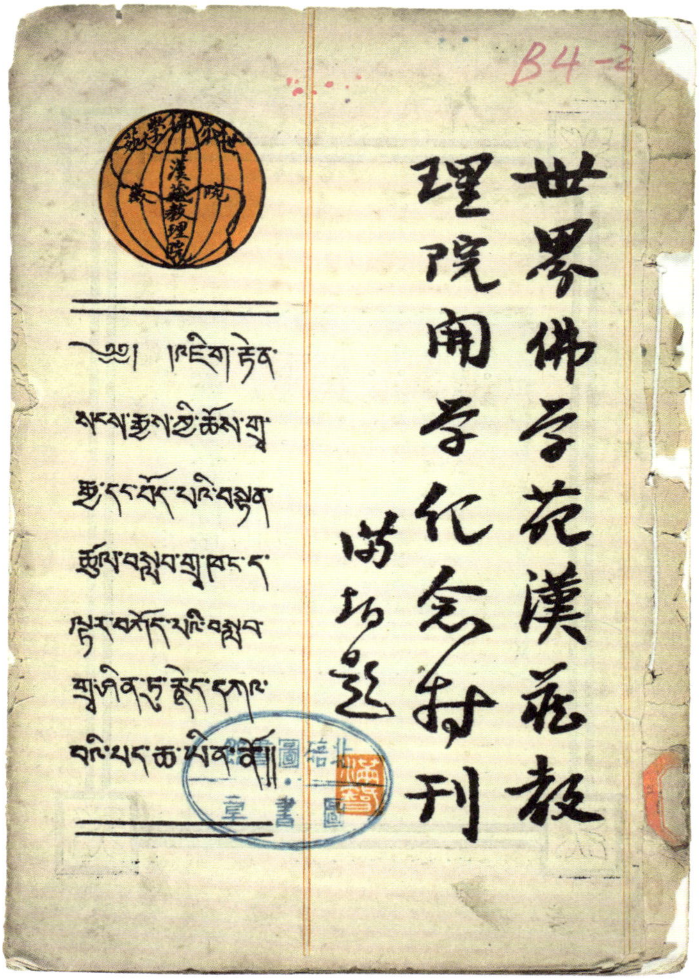

此書收集了與漢藏教理院有關的演講詞、紀事、文件。

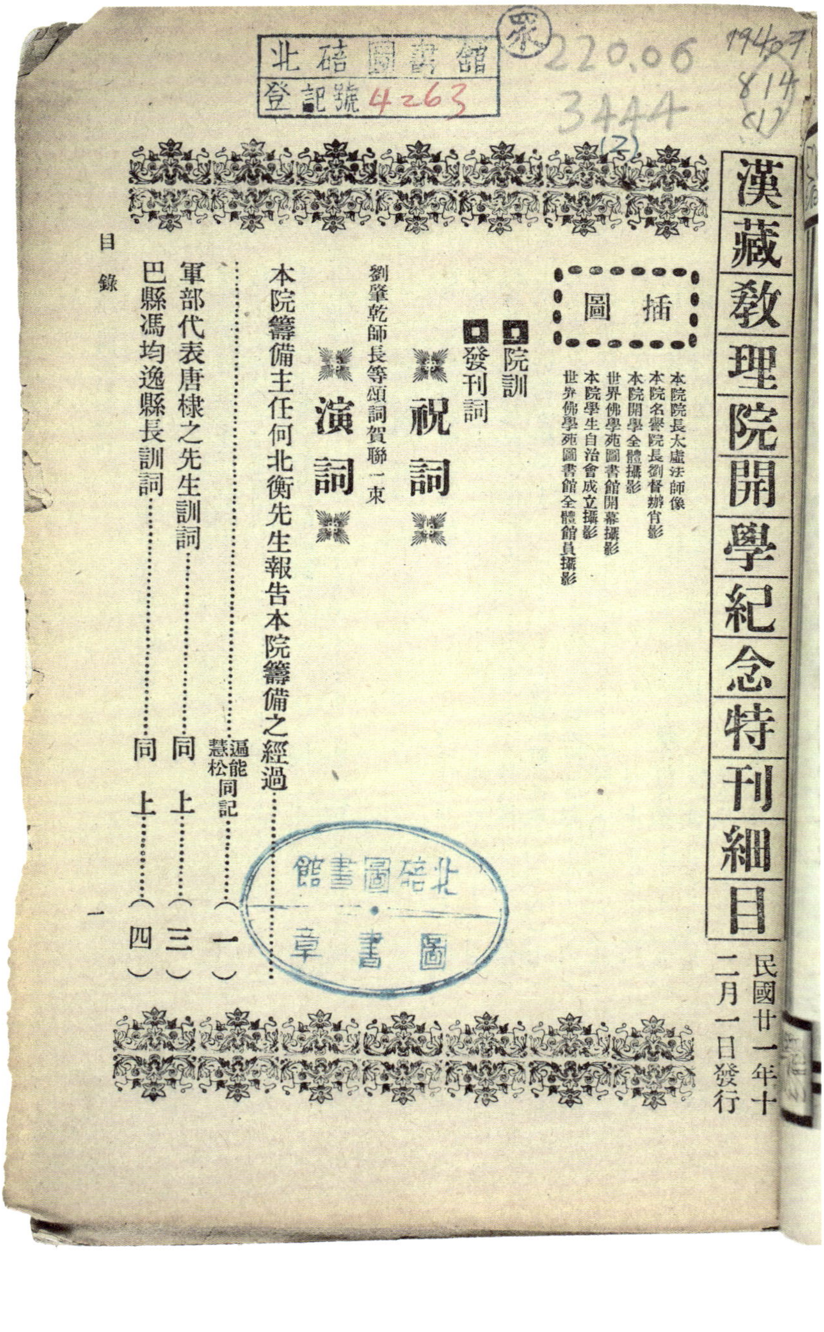

漢藏教理院開學紀念特刊細目

民國廿一年十二月一日發行

目錄 一

紀事

▲世界佛學苑▲

▼漢藏教理院開學誌盛

開學之前　籌備已久之世界佛學苑漢藏教理院。昨於縉雲寺開學矣。院長太虛法師前兩日由漢口坐飛機到重慶。次日即偕院護何北衡處長軍部代表唐棣之處長費孟興院長世界佛學苑設備主任李子寬先生。院董王曉西謝子厚兩先生等。搭民生公司汽船到達嘉陵江溫泉公園。即由該院教務主任滿智法師率領全院學僧一行數十人。迎護太虛法師上山。昨日被邀軍政各界及地方來賓均往縉雲寺參加該院開學盛典。午前十一點半鐘。院長率全院僧衆就大佛殿拈香上貢。梵音齊奏。悠然可聽。移時散場午齋。(佛門稱吃飯曰吃齋。)係素席。多以灰麵豆腐小菜製成各類魚肉之屬。式樣新鮮。味亦可口。聞係僧人自作。殊別致也。齋後休息一鐘。即在寺之上殿新加改闢之大講堂。依照預定程序行開學禮。院長院董院護學僧來賓及該院創辦之兩所平民小學校學生全體二百餘人。齊集禮堂向總理遺像及佛像行三鞠躬禮後。學僧奏樂念佛偈。旋即演說如次。

何北衡報告經過　略謂「漢藏教理院今天得以在此成立。得以開學。其中籌備是王曉西先生之力居多。原來壁山馬路局提廟產。大家爲保存名勝起見。費許多心力。無如舊有和尙太不爭氣。吃肉抽煙。無惡不作。劉軍長來時親見其事。問以佛經一概不知。因此才主張把他們有的驅逐。有的掉換。免得辜負此一片名山勝地。恰巧前年太虛法師到川。要想佛門整頓律儀研究漢藏教理。特主張成立漢藏教理院。廿一軍部在省教育經費項下按月撥欵六百元。未開學

佛曆二九五八
中華民國二十一年十二月一日出版

非賣品

編輯者　漢藏教理院
發行者　重慶嘉陵江溫泉縉雲寺　漢藏教理院
印刷者　上海佛學書局
分發行處　嘉定烏尤寺　武昌佛學院　重慶佛學社　成都文殊院　閩南佛學院　上海佛學書局

《鄉村建設》

盧作孚編輯　1933年5月三版

盧作孚先生是鄉村建設的積極宣導者，本書共分八章，對鄉村建設的意義、鄉村地位的重要、鄉村的教育建設、經濟建設、交通建設、治安建設、衛生建設以及鄉村的自治建設八個方面進行了闡述。

鄉村建設

目錄

《中國西部科學院概況》

1933年8月出版

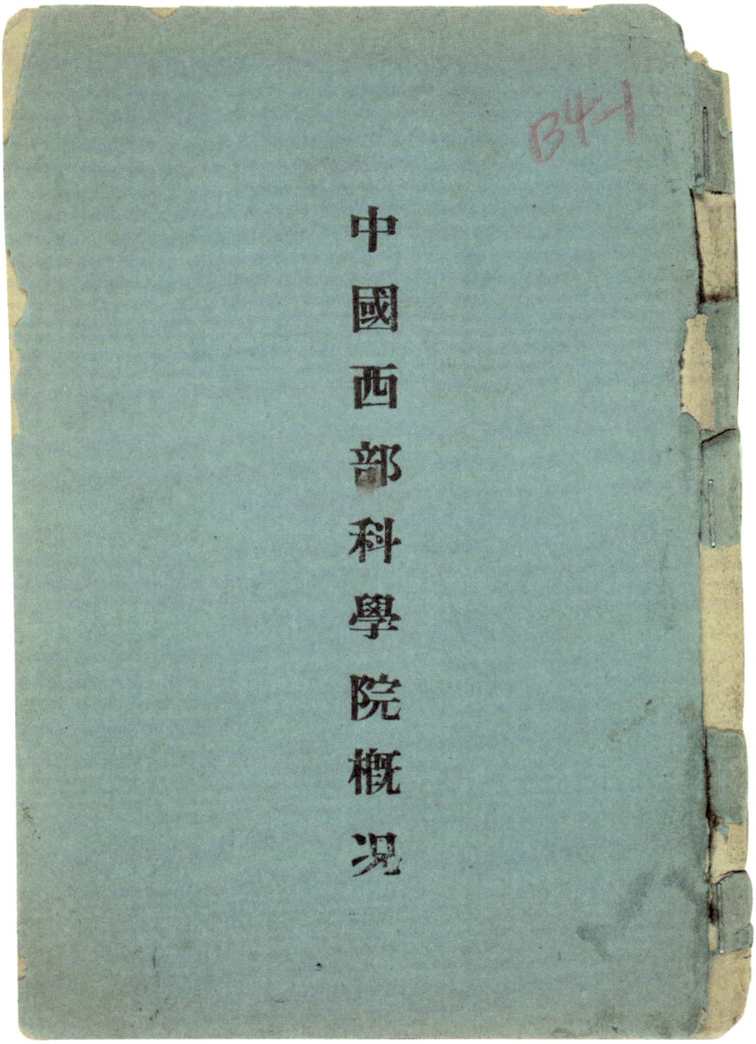

此書對中國西部科學院分别從成立的緣起、組織大要、經費、歷年設備、各部實況五個方面進行了簡述。西部科學院是民國十九年（1930）由盧作孚等人創辦的研究機構，下設生物、理化、農林、地質四個研究所和博物館、兼善學校、圖書館等機構，它的成立對於推動西部地區的文化教育、科學研究發展起到了重要作用。

中國西部科學院概況

一，緣起

比年以來，四川各界人士及軍政當局，中外學者，鑒於吾國西部各省，物產豐富，幅員遼闊，不但爲西南屏障，且於經濟上有東北各省同等之價值，爰議設立研究機關，定名爲中國西部科學院，從事於科學之探討，以開發寶藏，富裕民生。民十九年九月正式成立，先後派員隨同中外學者，調查地質，採集生物標本，並組織董事會，次第設四研究所，創辦至今，頗具雛形。

二，組織大要

甲 董事會設常務董事十三人。

乙 院長一人，總理本院一切行政事宜。

《中國的建設問題與人的訓練》

盧作孚著　1934年10月生活書店初版

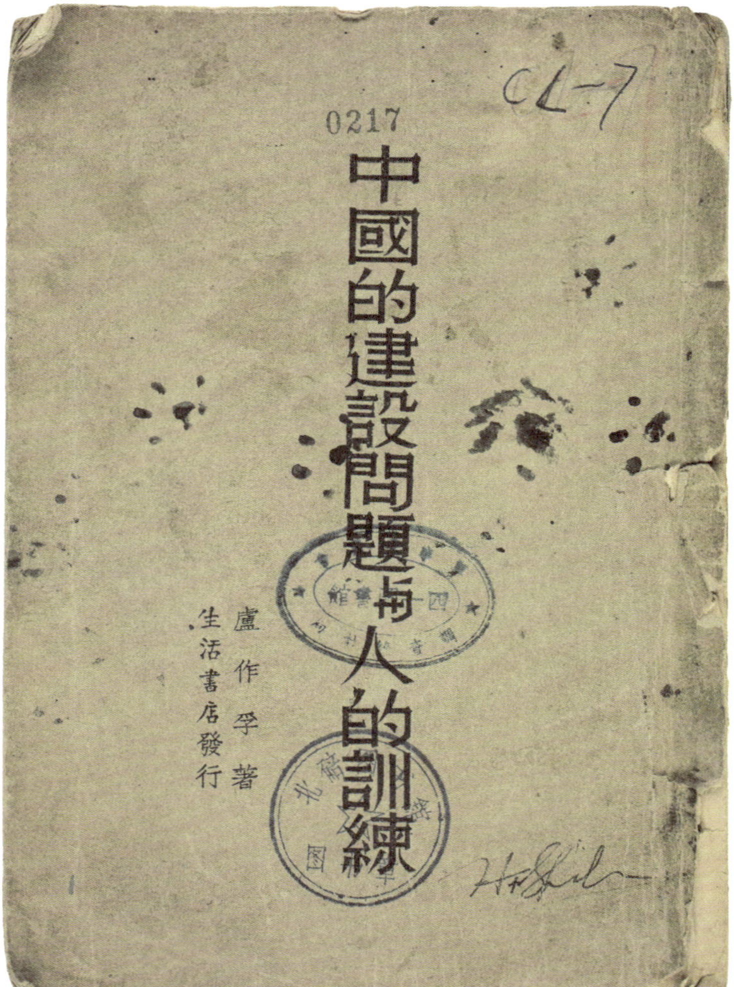

此書彙集了盧作孚先生1933年至1934年發表在各種報刊上的文章十二篇。

目次

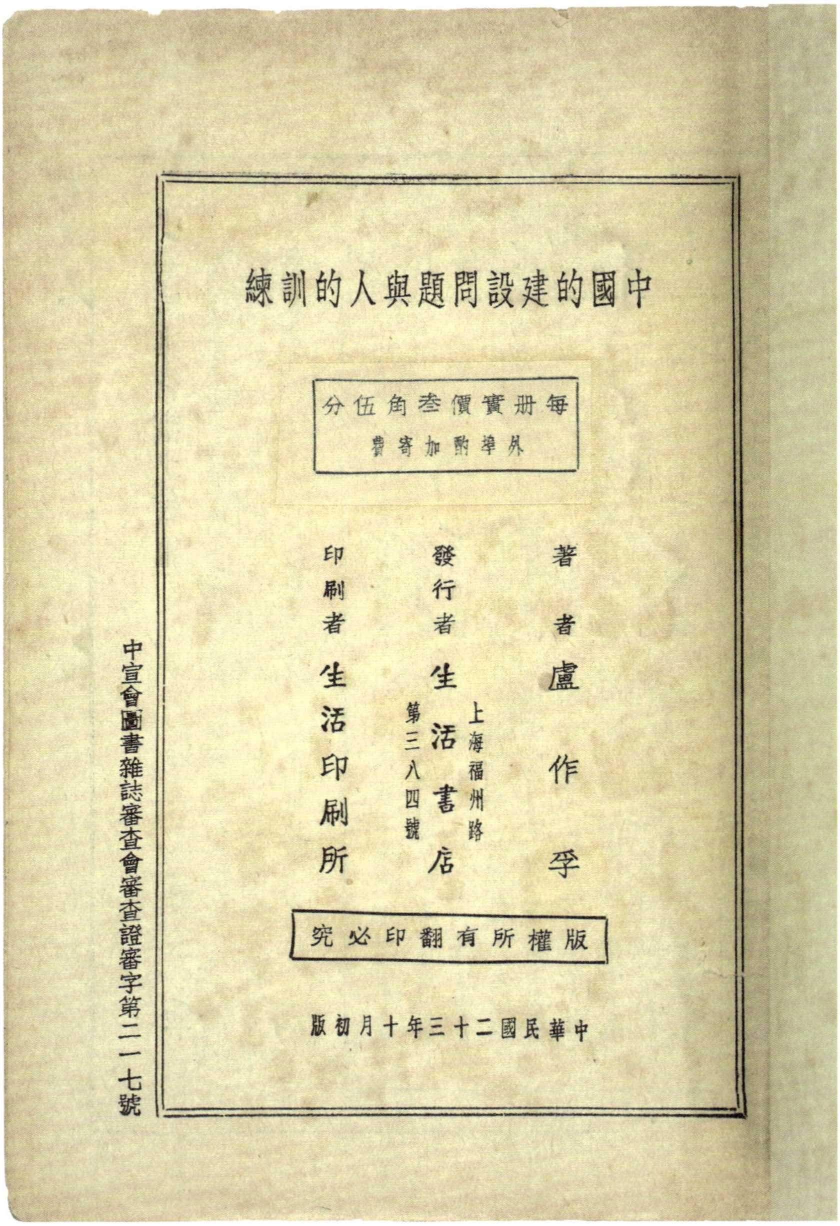

中國的建設問題與人的訓練

每冊實價叁角伍分
外埠酌加寄費

著者 盧作孚
發行者 生活書店 上海福州路第三八四號
印刷者 生活印刷所

中華民國二十三年十月初版

中宣會圖書雜誌審查會審查證審字第二一七號

《端午節朝賀北碚》

甘南引著　1936年5月重慶民生實業公司發行

此書爲“ 新世界叢刊 ”之一。作者因耳聞北碚的巨大變化而於1934年6月約朋友到北碚一遊，北碚優美的環境和健康的生活讓他對北碚之行印象極深，遂有此撰著，以誌不忘，并用京劇《 鍘美案 》中之“ 端午節朝賀天子 ”一句命名此遊記爲“ 端午節朝賀北碚 ”。

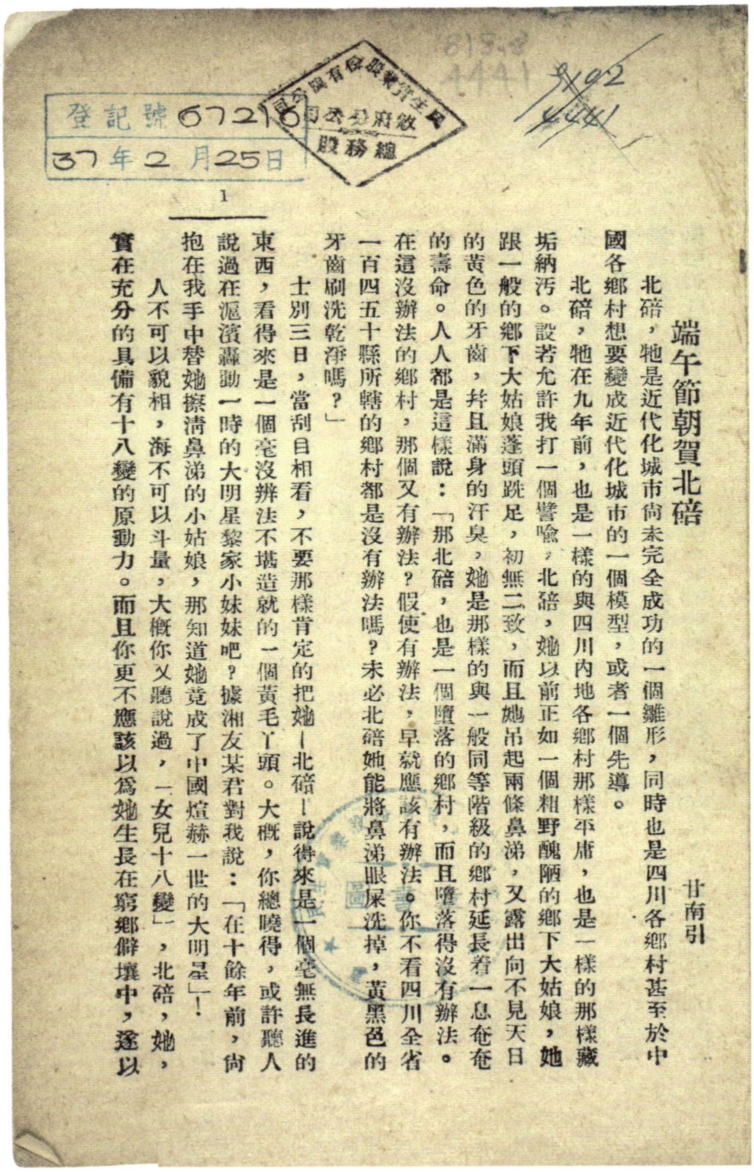

端午節朝賀北碚

甘南引

北碚，牠是近代化城市尚未完全成功的一個雛形，同時也是四川各鄉村甚至於中國各鄉村想要變成近代化城市的一個模型，或者一個先導。

北碚，牠在九年前，也是一樣的與四川內地各鄉村那樣平庸，也是一樣的那樣藏垢納污。設若允許我打一個譬喻，北碚，她以前正如一個粗野醜陋的鄉下大姑娘，她跟一般的鄉下大姑娘蓬頭跣足，初無二致，而且她吊起兩條鼻涕，又露出向不見天日的黃色的牙齒，并且滿身的汗臭，她是那樣的與一般同等階級的鄉村延長着一息奄奄的壽命。人人都是這樣說：「那北碚，也是一個墮落的鄉村，而且墮落得沒有辦法。在這沒辦法的鄉村，那個又有辦法？假使有辦法，早就應該有辦法。你不看四川全省一百四五十縣所轄的鄉村都是沒有辦法嗎？未必北碚她能將鼻涕眼屎洗掉，黃黑色的牙齒刷洗乾淨嗎？」

士別三日，當刮目相看，不要那樣肯定的把她—北碚—說得來是一個毫無長進的東西，看得來是一個毫沒辦法不堪造就的一個黃毛丫頭。大概，你總曉得，或許聽人說過在滬濱轟動一時的大明星黎家小妹妹吧？據湘友某君對我說：「在十餘年前，尚抱在我手中替她擦清鼻涕的小姑娘，那知道她竟成了中國煊赫一世的大明星」！

人不可以貌相，海不可以斗量，大概你又聽說過，「女兒十八變」，北碚，她，實在充分的具備有十八變的原動力。而且你更不應該以為她生長在窮鄉僻壤中，遂以

《嘉陵江三峽遊覽指南》
1937年1月三版

《三峽遊覽指南》
北碚月刊社編輯　1942年1月三峽實驗區署發行

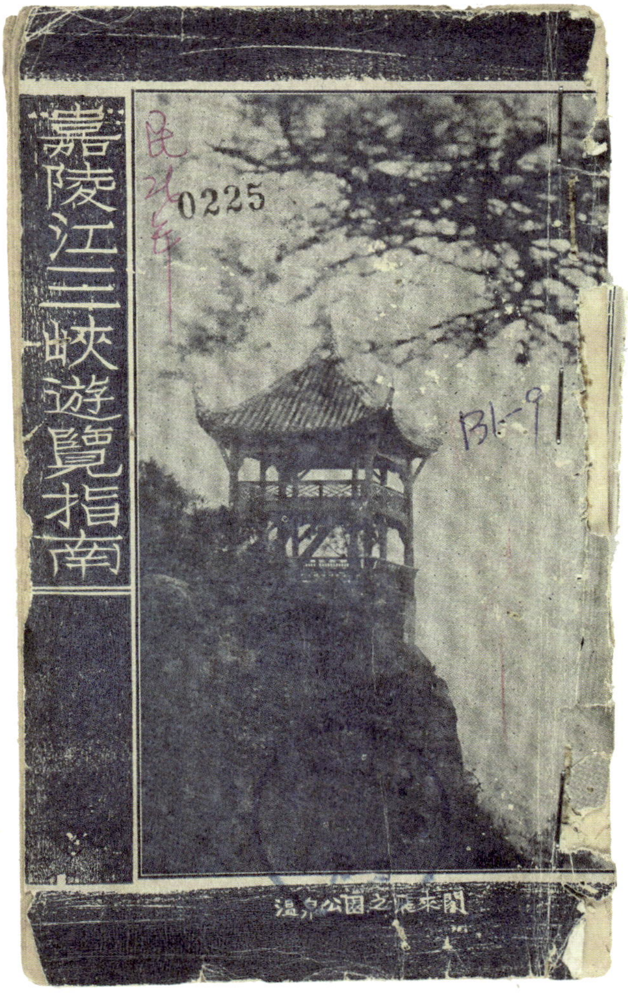

兩書均是嘉陵江三峽旅遊景點的遊覽指南。含名勝概要、物産名録、名人遊記等。

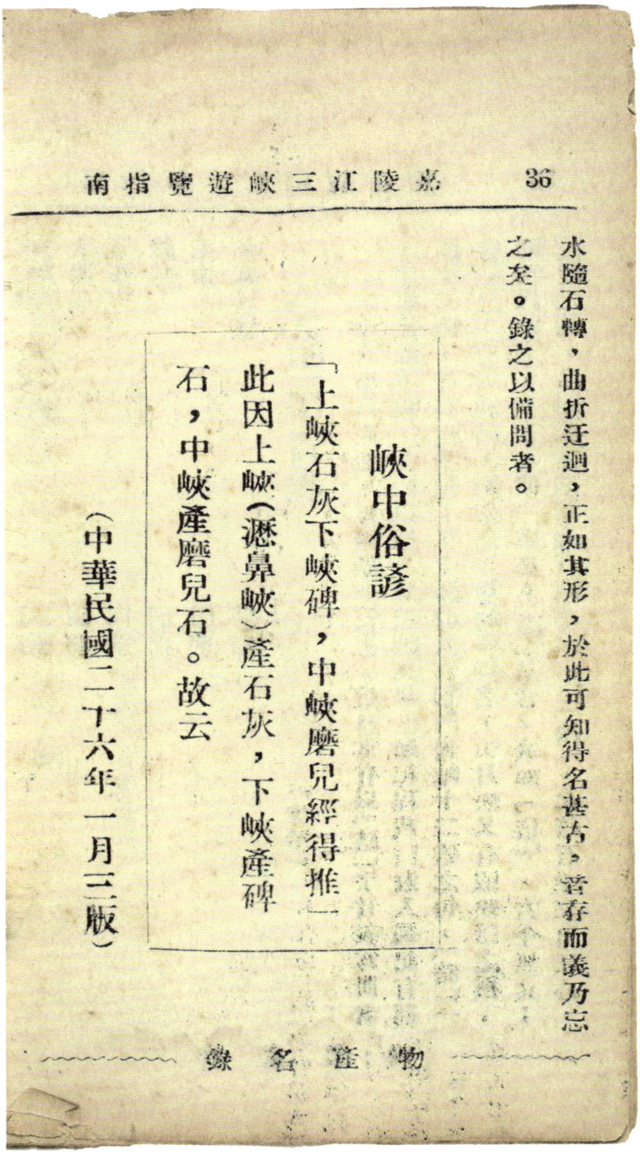

水隨石轉，曲折迂迴，正知其形，於此可知得名甚古，音存而義乃忘之矣。錄之以備問者。

峽中俗諺

「上峽石灰下峽碑，中峽磨兒經得推」此因上峽（瀝鼻峽）產石灰，下峽產碑石，中峽產磨兒石。故云

（中華民國二十六年一月三版）

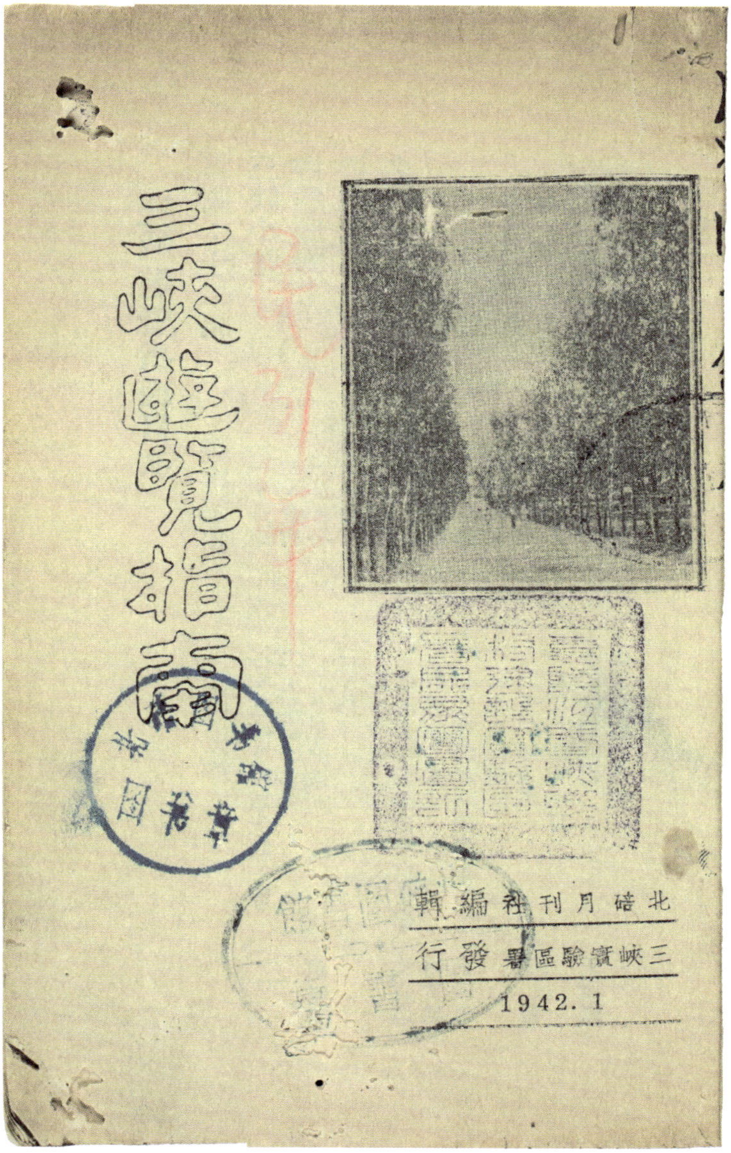
三峽遊覽指南
北碚月刊社編輯
三峽實驗區署發行
1942.1

三峽遊覽指南目次

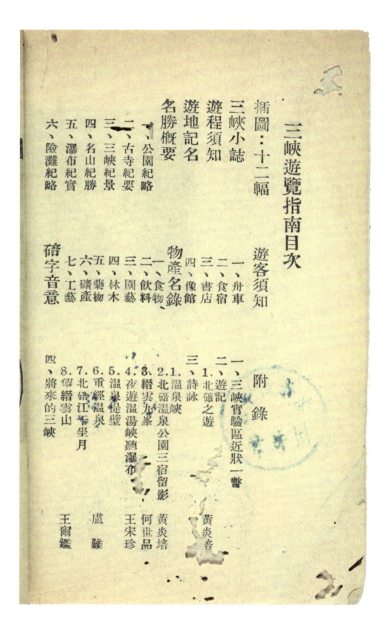

北碚新街市圖

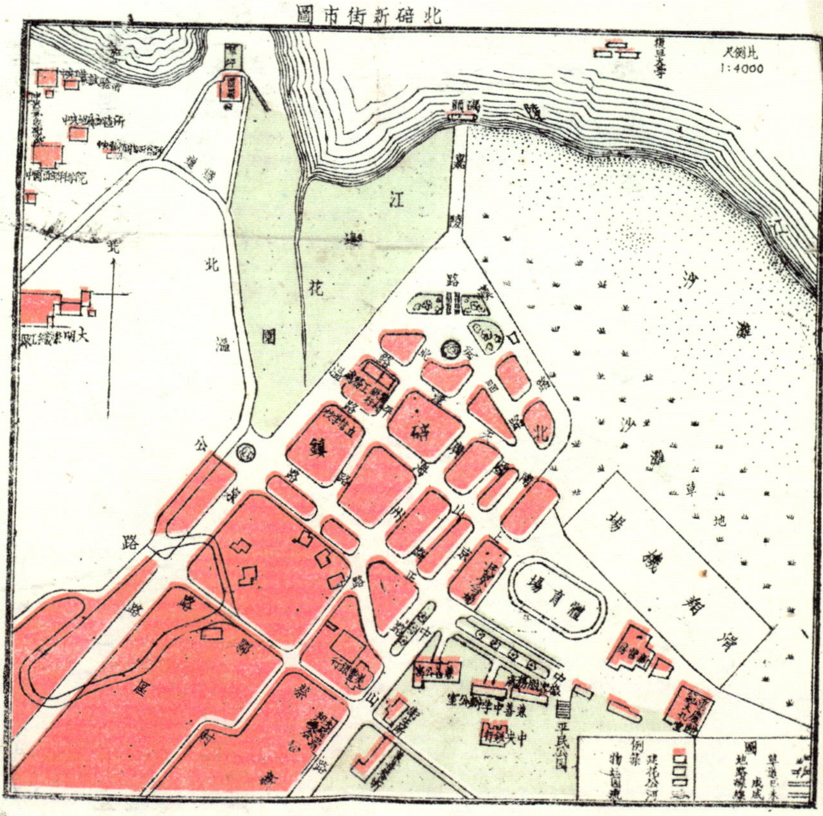

《世界佛學苑漢藏教理院概況》

1937年手稿

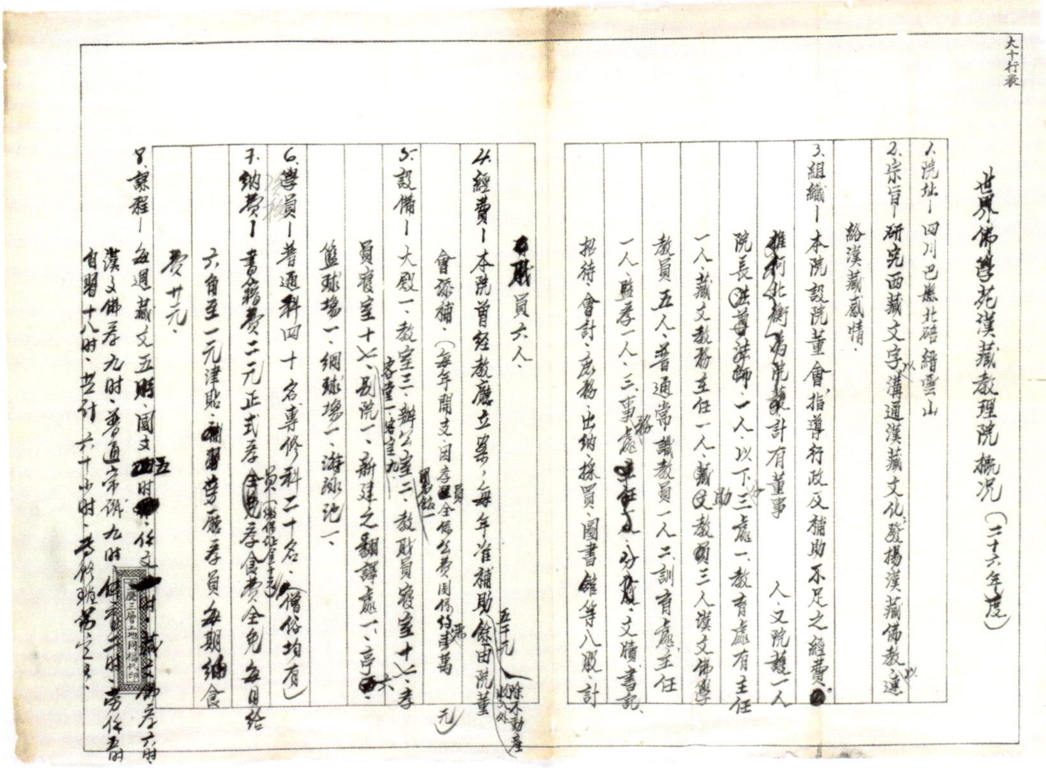

本手稿概述了漢藏教理院院址、宗旨、組織、經費、設備、學員、納費、課程等八個方面內容。

《嘉陵江三峽鄉村建設實驗區概況》

1938年4月嘉陵江三峽鄉村建設實驗區北碚月刊社編輯、發行

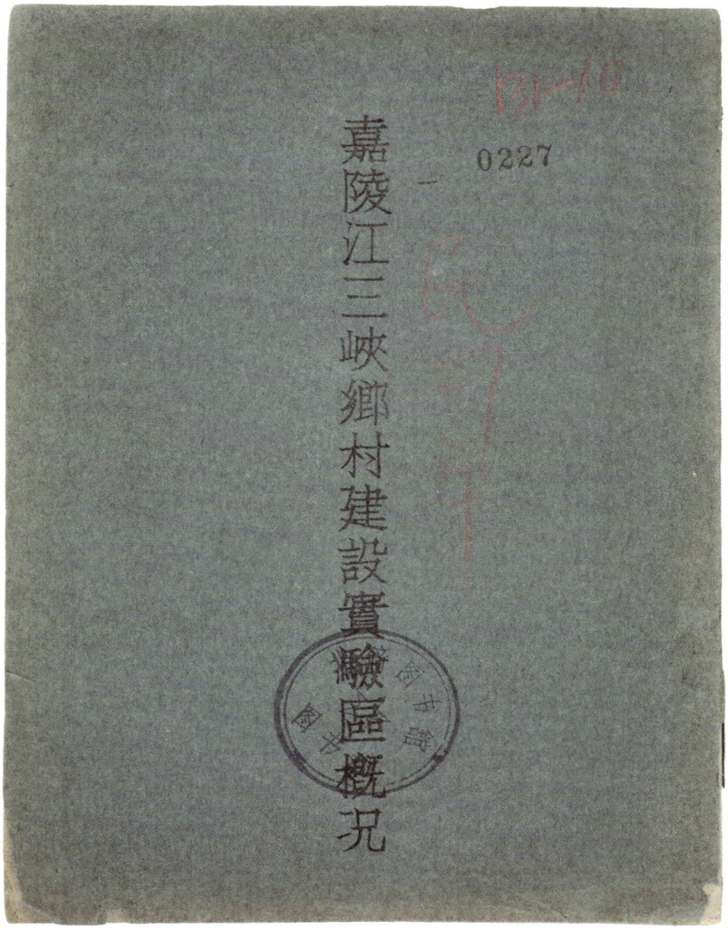

本書從沿革、全區概況、農村狀況、經濟狀況四個方面對嘉陵江三峽鄉村建設實驗區進行了概述。

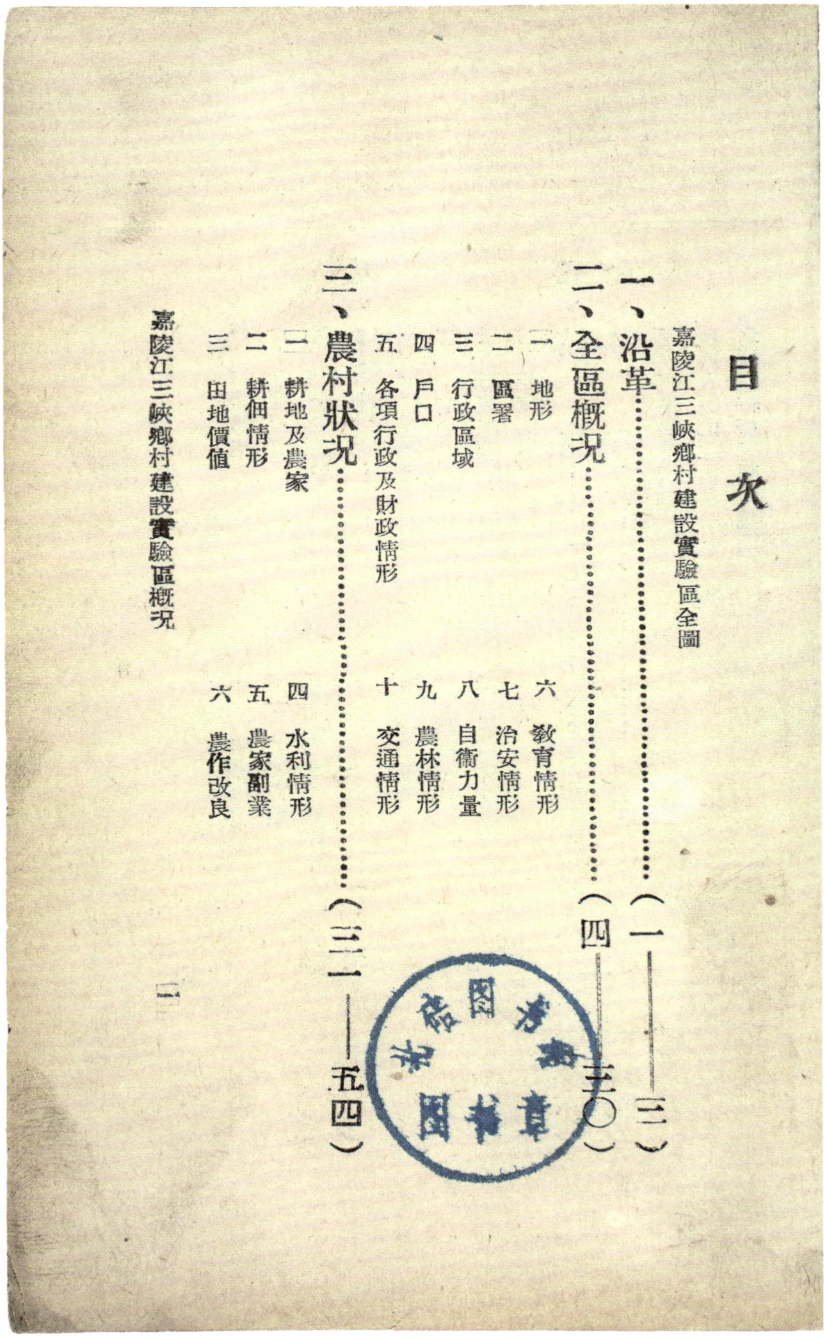

目次

嘉陵江三峽鄉村建設實驗區全圖

嘉陵江三峽鄉村建設實驗區概況

〔一〕

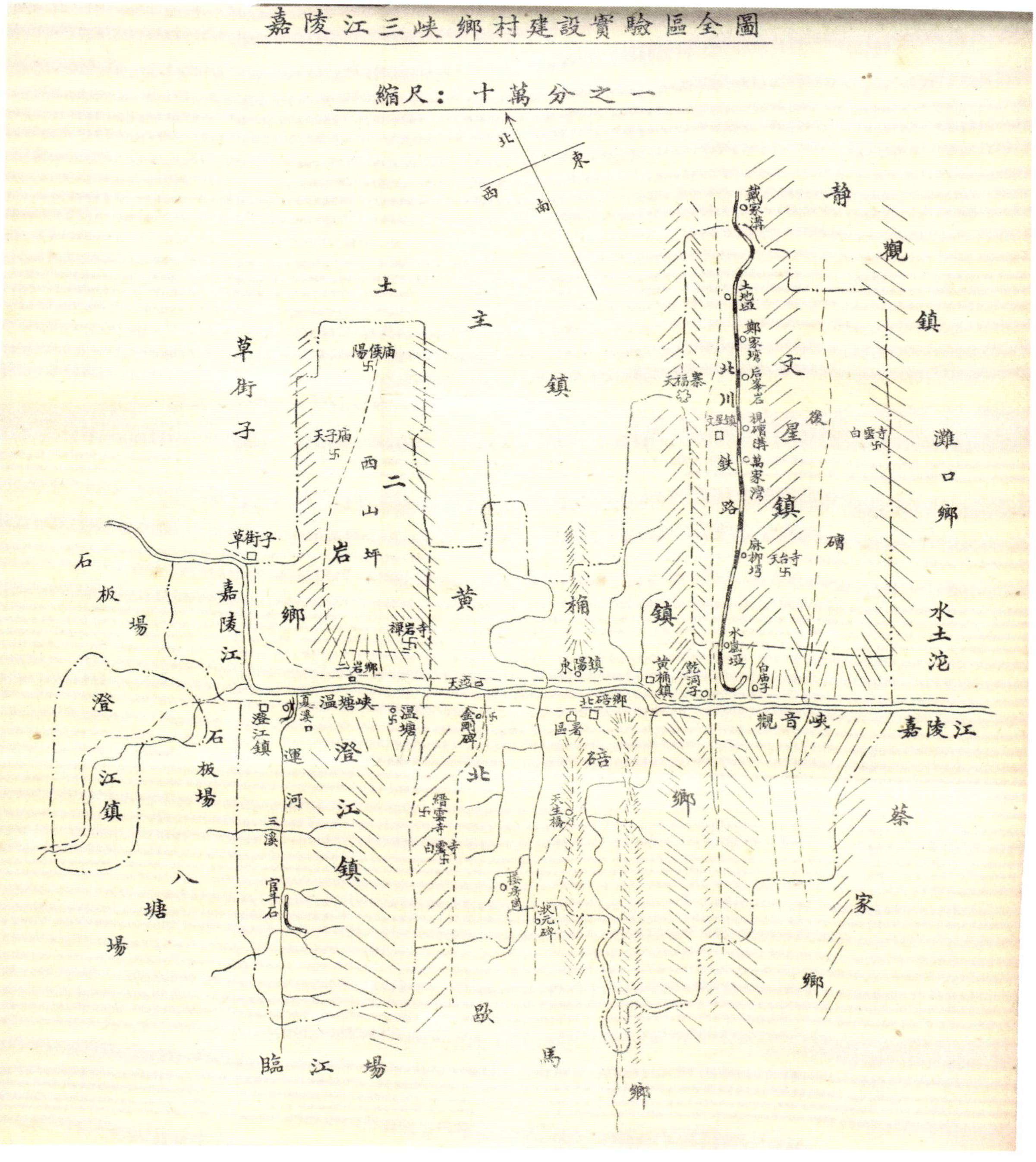
嘉陵江三峡鄉村建設實驗區全圖
縮尺：十萬分之一
北
東
西
南
土主鎮
草街子
二岩鄉
西山坪
黃桷鎮
文星鎮
靜觀鎮
灘口鄉
水土沱
北川鉄路
嘉陵江
觀音峡
溫塘峡
石板場
澄江鎮
運河
北碚鄉
蔡家鄉
八塘場
臨江場
歇馬鄉
天府
東陽鎮
黃桷鎮
北碚鄉
區署
溫塘
金剛碑
縉雲寺
白雲寺
天主橋
狀元碑
三溪
官耳石
後礄
白廟子
水嵐埡
麻柳灣
萬家灣
土地埡
鄭家塆
戴家溝
天福寨
文星鎮
白雲寺
天台寺
禪岩寺
天子廟
楊侯廟
二岩鄉
草街子
澄江鎮

《工商管理》

盧作孚編著 1938年5月北碚私立北泉圖書館印行部印刷

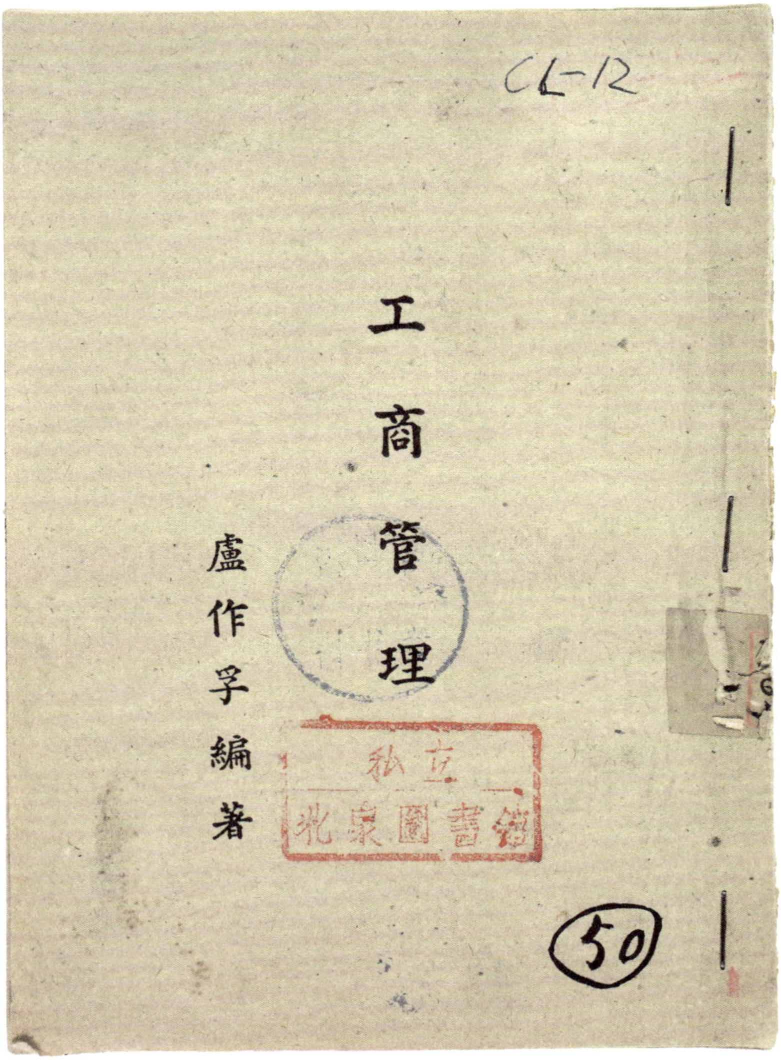

盧作孚先生是著名的愛國實業家，曾應邀爲國民黨政府高級軍政人員講授工商管理課程。此書深入淺出地講解了工商管理的理論與方法，全書分爲“概論”、“工作人員的志趣與興趣”、“組織”、“管理上幾個主要的問題”、“計畫—安排事的秩序”、“賢明的管理者”六部分。

工商管理

一　概論

工商管理肇端於工業管理，援用於商業管理，更援用於工商以外一切事業一切機關的管理。具體言之：每一類事業，甚至每一種事業有其特殊的性質，即有其特殊的管理。抽象言之：任何事業，任何機關，皆有若干共通的管理對象，亦有若干共通的管理原則。茲編僅及於共通的幾個管理原則，及其值得注意的若干要項，未能及於特殊的問題，亦未能及於具體的方式也。

工商管理所採用的方法係科學的方法。科學有兩種方法：就縱的言之，尋求事物的因果必然的關係；就橫的言之，分析或排列事物使澈底系統化。科學有兩大類：一係自然科學，一係社會科學。自然科學應用到農業、礦業、工業及交通事業等的物質方面，技術方面；社會科學應用到一切事業，一切機關的社會方面，管理方面。實則管理亦係技術，如何配合一切事業之物質設備，幷控馭其活動，如何訓練每一工作人員，使有控馭物質活動的技術，亦皆管理範圍以內之事也。

工商管理的要求，在提高工商事業中全般活動的效率，在使工商事業中全般人力物力配合的活動達到最高的效率。所謂最高效率，係要求以最少人力，最少物力

《張自忠將軍自傳》

1939年9月自述記録稿

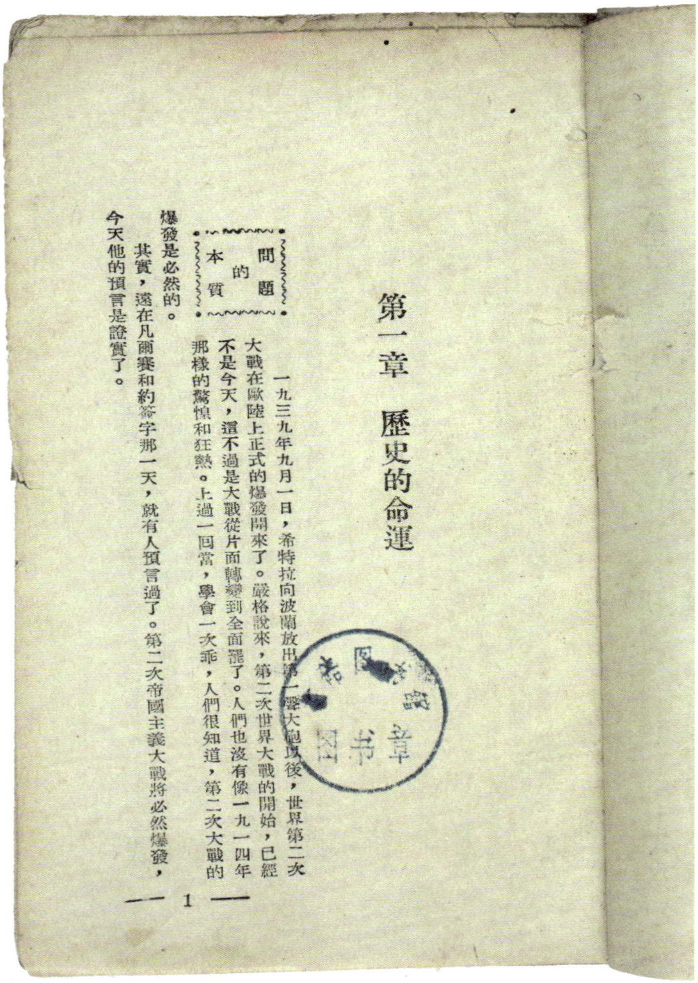

第一章　歷史的命運

一九三九年九月一日，希特拉向波蘭放出第一響大砲以後，世界第二次大戰在歐陸上正式的爆發開來了。嚴格說來，第二次世界大戰的開始，已經不是今天，還不過是大戰從片面轉變到全面罷了。人們也沒有像一九一四年那樣的驚惶和狂熱。上過一回當，學會一次乖，人們很知道，第二次大戰的爆發是必然的。

問題的本質

其實，還在凡爾賽和約簽字那一天，就有人預言過了。第二次帝國主義大戰將必然爆發，今天他的預言是證實了。

— 1 —

張自忠將軍是著名的抗日將領，在抗日戰爭中以上將銜陸軍中將之職殉國，是中國戰場上犧牲的軍銜最高的軍人。本文是張自忠在國民黨中央各軍事學校畢業生調查處徵求其自傳時的自述記録稿。

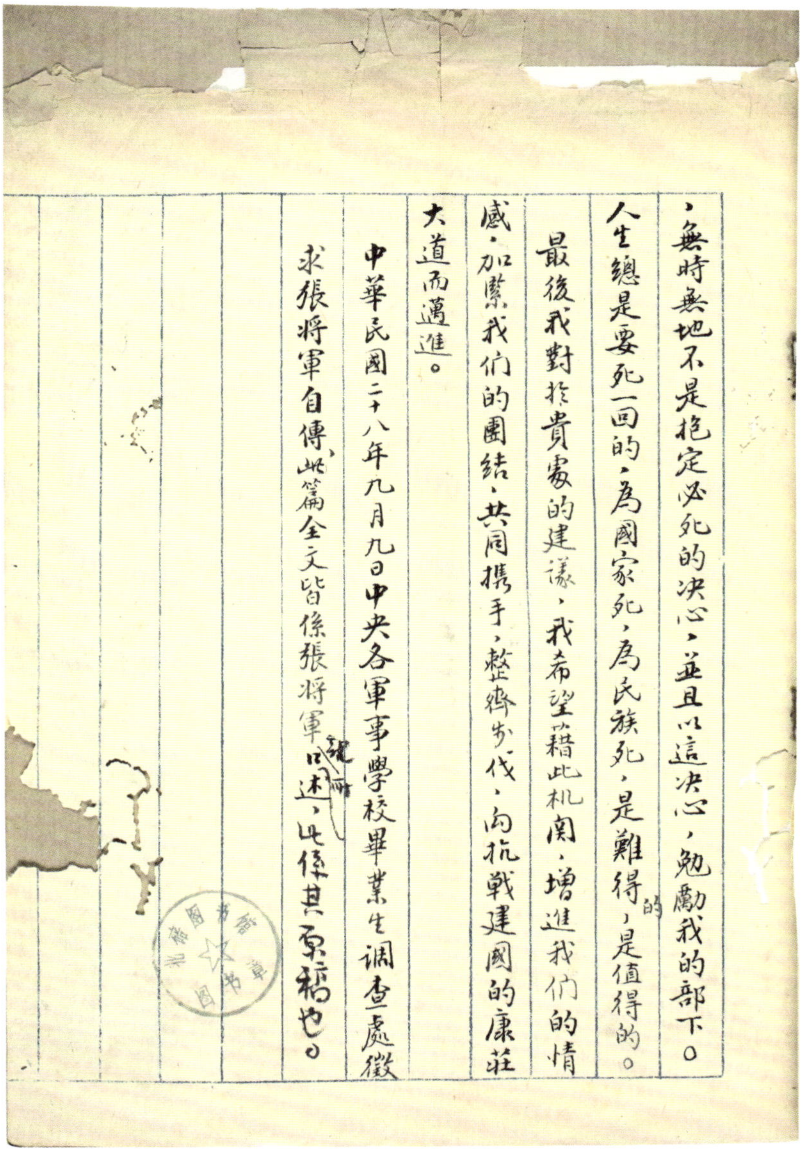
、無時無地不是抱定必死的決心，並且以這決心，勉勵我的部下。
人生總是要死一回的，為國家死，為民族死，是難得的，是值得的。
最後我對於貴處的建議，我希望藉此机關，增進我們的情感，加緊我們的團結，共同携手，整齊步伐，向抗戰建國的康莊大道而邁進。
中華民國二十八年九月九日中央各軍事學校畢業生調查處徵求張將軍自傳，此篇全文皆係張將軍口述，此係其原稿也。

《創辦私立勉仁中學校緣起》

梁漱溟著　1940年1月

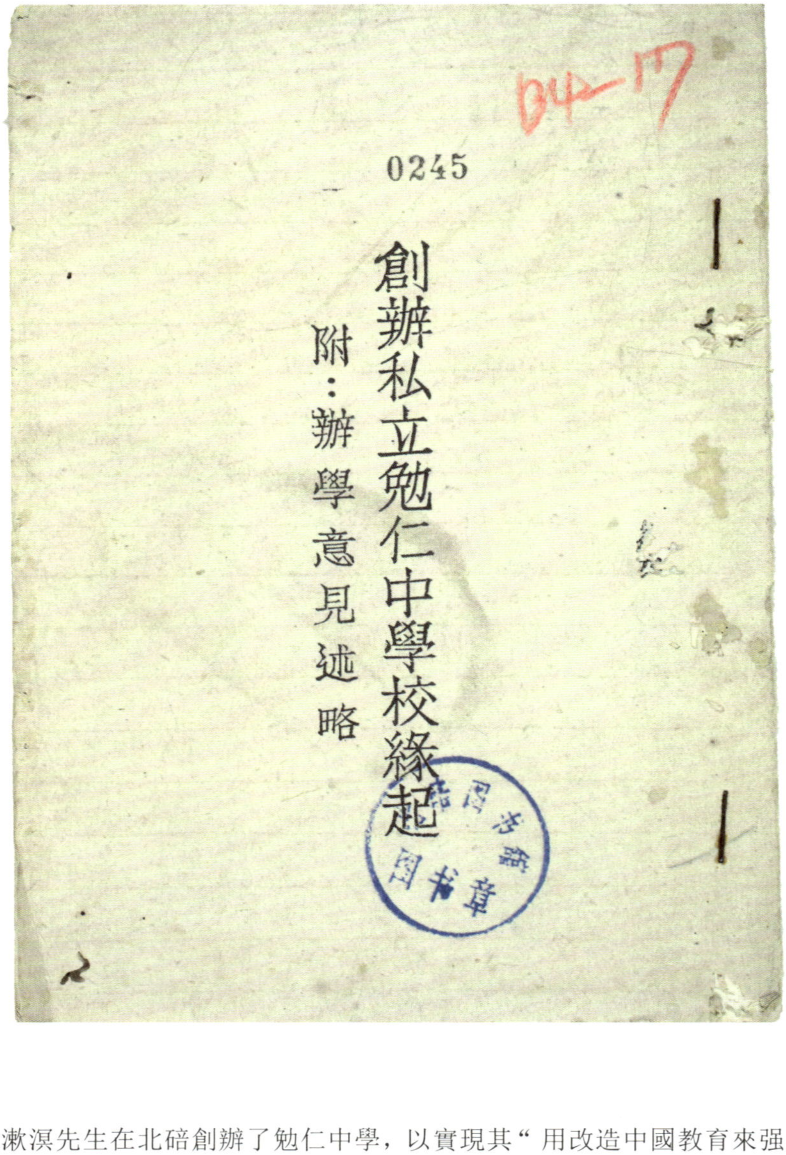

1940年，梁漱溟先生在北碚創辦了勉仁中學，以實現其“用改造中國教育來强大中國”的理想。此書概述梁漱溟創辦私立勉仁中學的緣起，并附《辦學意見述略》一文。

辦學意見述略

同人與辦中學之議既定，因共商辦學所宜注意之點。就吾人經驗所及，思慮所至，約而言之，可得四端，略述如次——

一，就今日一般中學而論其時弊，則第一爲缺乏教育精神；此皆由從事於此者志願難立之故。同人必當確立志願，以樹其根本。

國內中學林立，然求其懷一中學教育之志願以從事者，殆不多覯。其居於學校行政地位，如校長，如主任，則施行法令，遵守章程，條立學規等一類公務化之用力爲多。至於教師，則更顯然爲一職業化之教師；多數出於謀生意念，無可諱言。於是所謂中學教育宗旨，中學教育精神者，遂不得不空託於政府當局之法令規章；而

創辦私立勉仁中學校緣起

往者愚於中國教育制度之改造，嘗主張學校教育社會教育融合不分，而一切設施必先釐定其社會區域，以爲教育對象；卽以社會區域之大小統屬，別其等級，著爲系統，定爲國學、省學、縣學、鄉學、村學之制（見所著社會本位的教育系統草案），而無取於大學、中學、小學、如今日者。是其說創於七年以前，而所見則懷之逾十年，至今見之益真，持之未嘗稍變。然則吾何爲而創合之制，以創辦勉仁中學乎？

一國教育制度之根本改造，有其時，有其勢，客觀因素不至，吾不能急切以求之也。理想制度之實施，既且有待；現行學校教育

《育才學校創學旨趣及募捐啓》

陶行知著　1941年5月

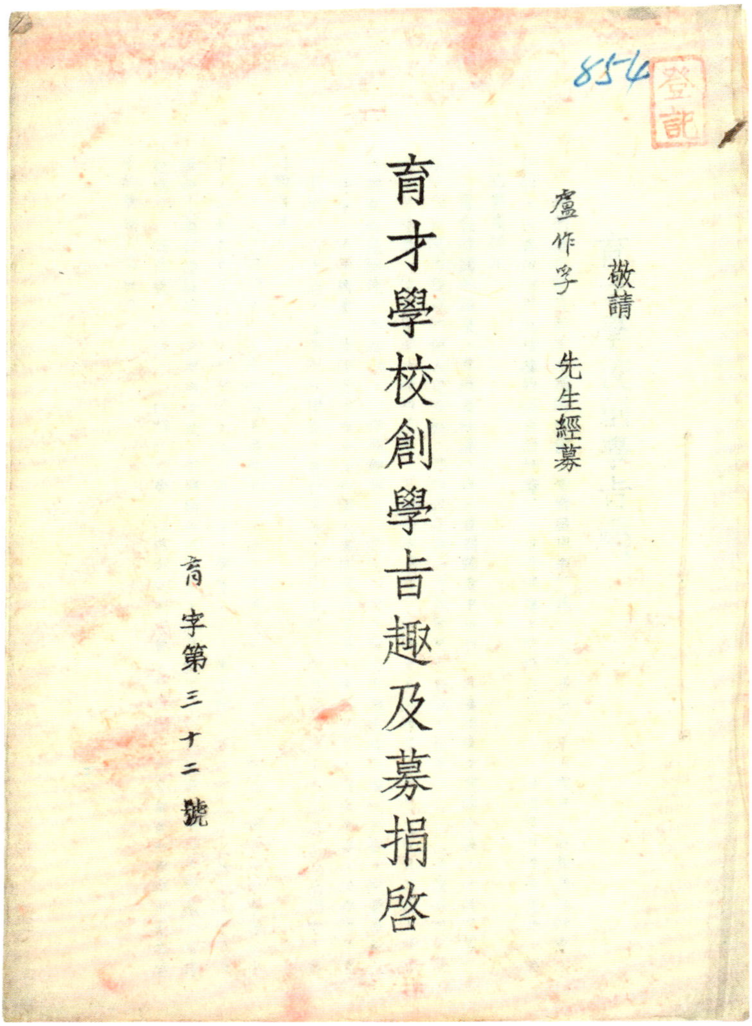

敬請
盧作孚先生經募
育才學校創學旨趣及募捐啓
育字第三十二號

此文獻爲育才學校敬請盧作孚先生經募的印刷小册，由“育才學校創學旨趣”、“育才學校三周年紀念募捐緣起”、“育才學校三周年紀念募捐計畫”三部分構成。陶行知先生在“創學旨趣”中談到“創辦育才的主要意思在於培養人才的幼苗，使有特殊才能者的幼苗不致枯萎”。因在校155個學生均是從十五省流亡難童中選拔而來，故學校董事會在建校三周年時向社會有識之士發起募捐以增籌經費。

育才學校三周紀念募捐緣起

育才學校依據其創學旨趣而建立。現有學生一百五十五人係從十五省流亡之難童中選拔而來。教育方針除依部章指導其一般功課外，從小便注意發現其特殊才能與興趣而加以適當之培養。在這三年當中普修課已從小學辦到初中程度，現在要接着籌設相當於高中程度的班次。特修課已建立自然，社會，文學，音樂，繪畫，戲劇六組，我們想接着籌備工藝組，農藝組以期因材施教，務使各得其所，我們要準備充分精神食粮配合着小孩們的進度逐漸將學校一級級的辦上去，一組一組的充實起來。我們必須預先擴充圖書儀器設備才能免去臨時供不應求之恐慌。而且當此物價飛漲，倘不設法增籌經費，誠恐減少營養，有礙兒童發育。因此我們想趁舉行創校三周年紀念的機會，請求同情本校的朋友慨予樂捐，共同創造。倘蒙賜助，則難童幸甚，本校幸甚。

育才學校董事

李組紳　何愛蓮　張宗麟

張一麐　楊德昭　吳涵眞　同啓

許世英　崔載陽　陶行知

《國立復旦大學概況》

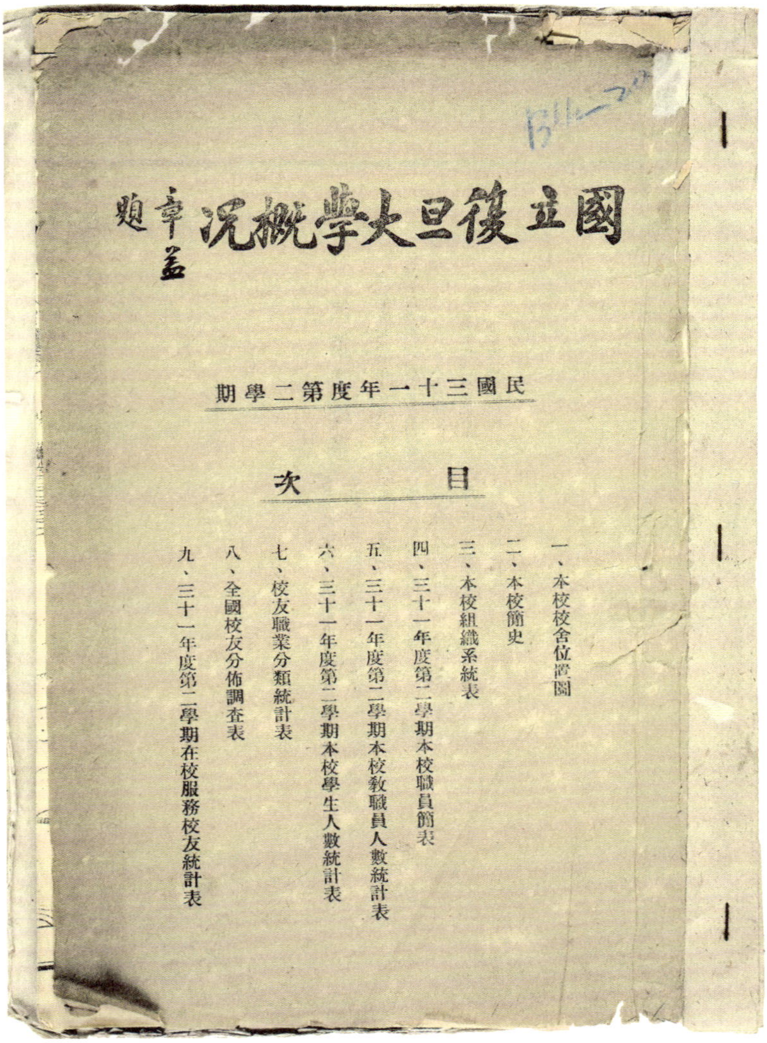

國立復旦大學自清光緒乙巳年創立至抗戰時期，三十餘年中校址五遷，故校史分五期：吴淞時期、徐家匯時期、江灣時期、廬山時期、北碚時期。此書概述了1938年3月復旦大學遷到北碚東陽鎮夏壩的建校情況，有1943年6月校舍位置圖、1942年第二學期在校師生統計表等。

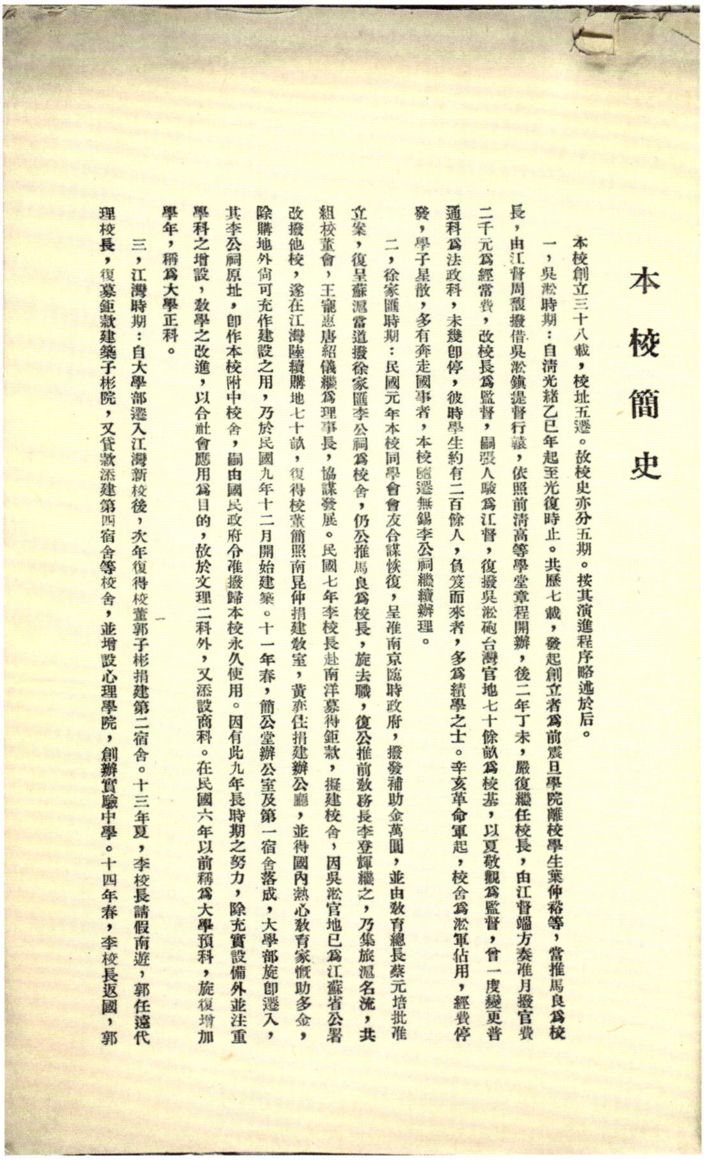

本校簡史

本校創立三十八載，校址五遷。故校史亦分五期。按其演進程序略述於后。

一，吳淞時期：自清光緒乙巳年起至光復時止。共歷七載，發起創立者爲前震旦學院離校學生葉仲裕等，當推馬良爲校長，由江督周馥撥借吳淞鎮提督行轅，依照前清高等學堂章程開辦，後二年丁未，嚴復繼任校長，由江督端方奏准月撥官費二千元爲經常費，改校長爲監督，嗣張人駿爲江督，復撥吳淞砲台灣官地七十餘畝爲校基，以夏敬觀爲監督，曾一度變更普通科爲法政科，未幾即停，彼時學生約有二百餘人，負笈而來者，多爲績學之士。辛亥革命軍起，校舍爲淞軍佔用，經費停發，學子星散，多有奔走國事者，本校隨遷無錫李公祠繼續辦理。

二，徐家匯時期：民國元年本校同學會會友合謀恢復，呈准南京臨時政府，撥發補助金萬圓，並由教育總長蔡元培批准立案，復呈蘇滬當道撥徐家匯李公祠爲校舍，仍公推馬良爲校長，旋去職，復公推前教務長李登輝繼之，乃集旅滬名流，共組校董會，王寵惠唐紹儀繼爲理事長，協謀發展。民國七年李校長赴南洋募得鉅款，擬建校舍，因吳淞官地已爲江蘇省公署改撥他校，遂在江灣陸續購地七十畝，復得校董簡照南昆仲捐建教室，黃奕住捐建辦公廳，並得國內熱心教育家慨助多金，除購地外尚可充作建設之用，乃於民國九年十二月開始建築。十一年春，簡公堂辦公室及第一宿舍落成，大學部旋即遷入，其李公祠原址，即作本校附中校舍，嗣由國民政府令准撥歸本校永久使用。因有此九年長時期之努力，除充實設備外並注重學科之增設，教學之改進，以合社會應用爲目的，故於文理二科外，又添設商科。在民國六年以前稱爲大學預科，旋復增加學年，稱爲大學正科。

三，江灣時期：自大學部遷入江灣新校後，次年復得校董郭子彬捐建第二宿舍。十三年夏，李校長請假南遊，郭任遠代理校長，復募鉅款建築子彬院，又貸款添建第四宿舍等校舍，並增設心理學院，創辦實驗中學。十四年春，李校長返國，郭

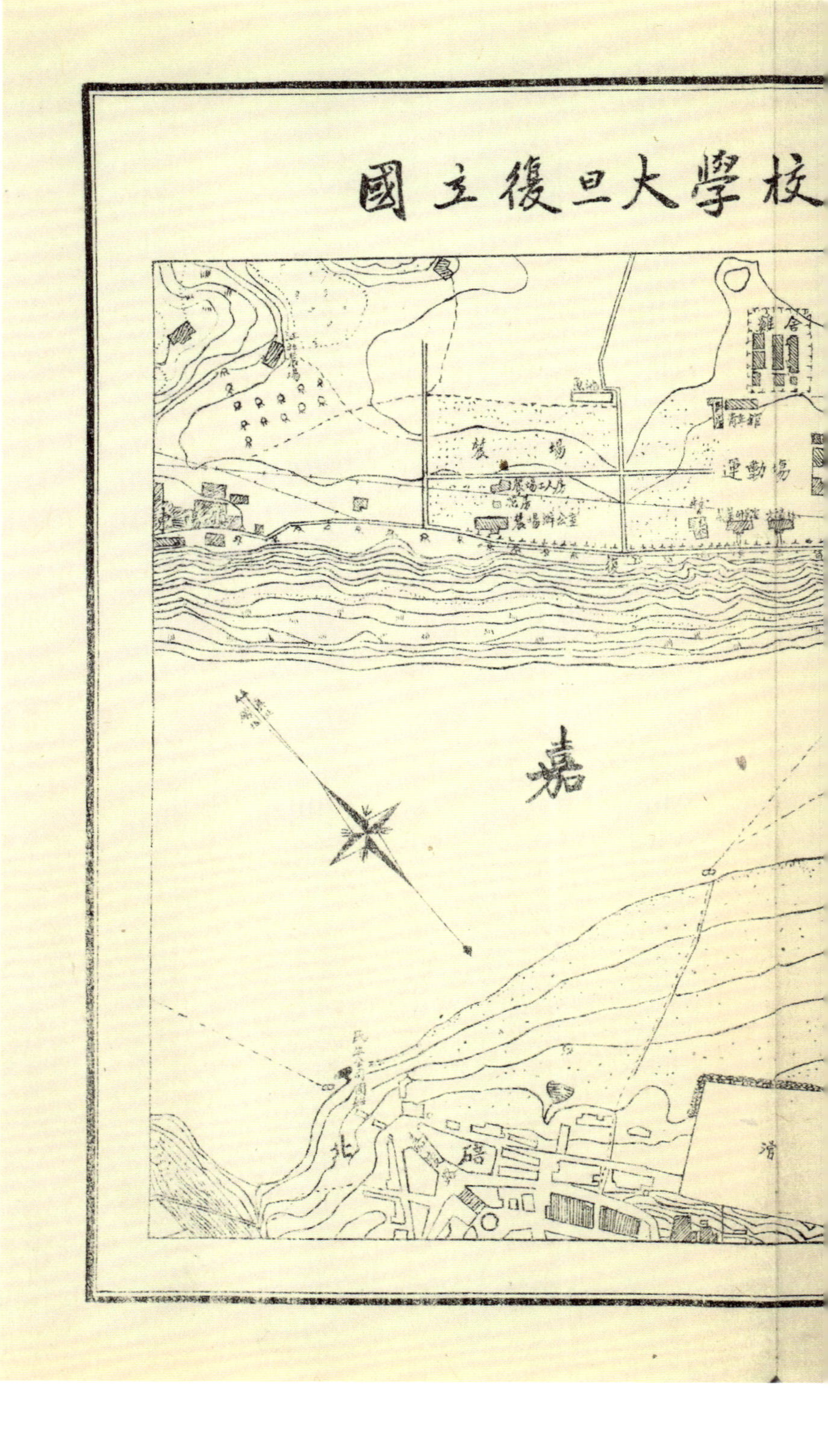
國立復旦大學校
農場
運動場
嘉
北
碚

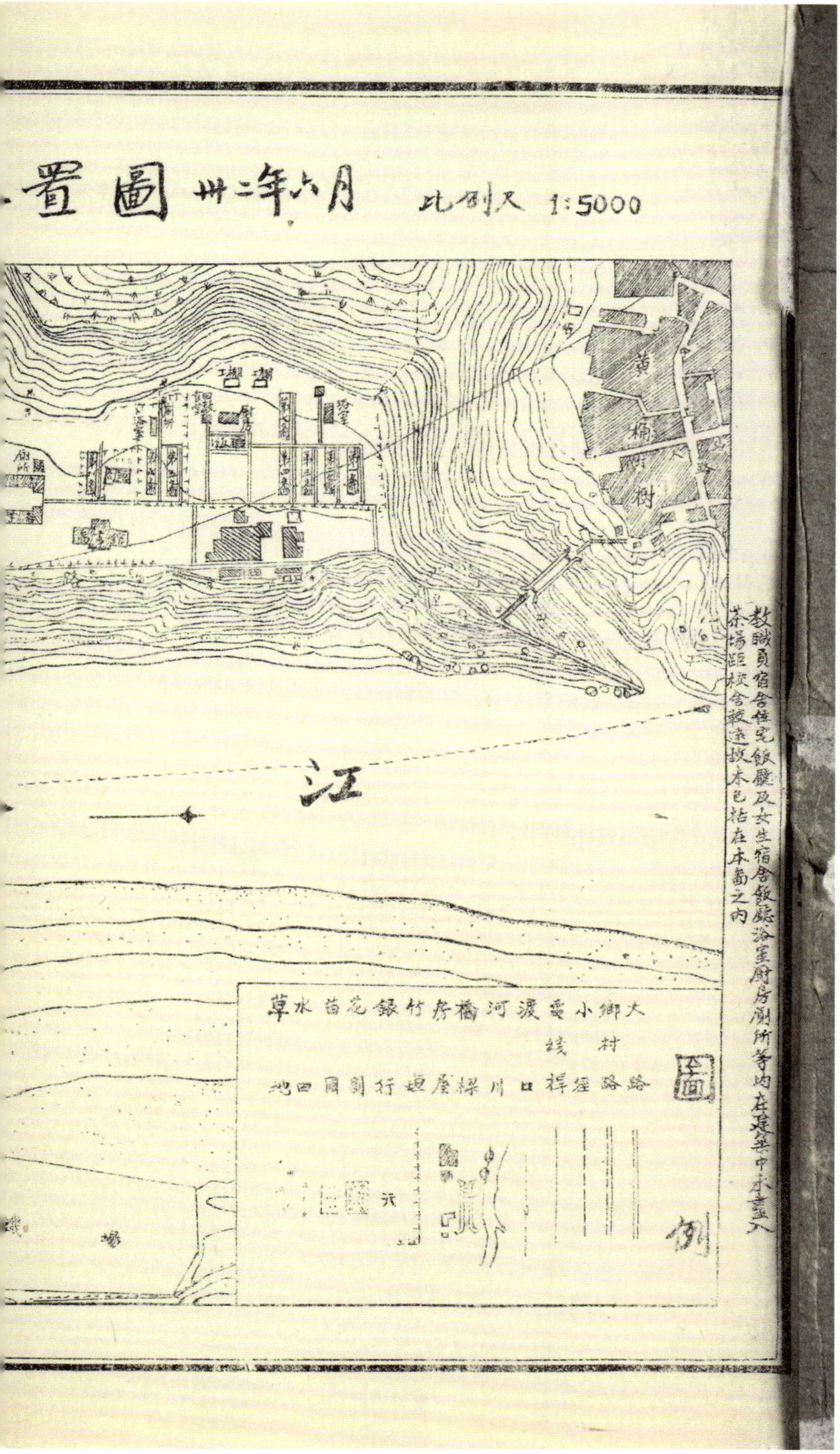
置圖 卅二年六月
比例尺 1:5000
江
教職員宿舍住宅飯廳及女生宿舍飯廳浴室厨房廁所等均在建築中未畫入
茶場距校舍較遠故未包括在本圖之內
圖例

《擬四川北碚志例目》

1944年傅振倫手稿

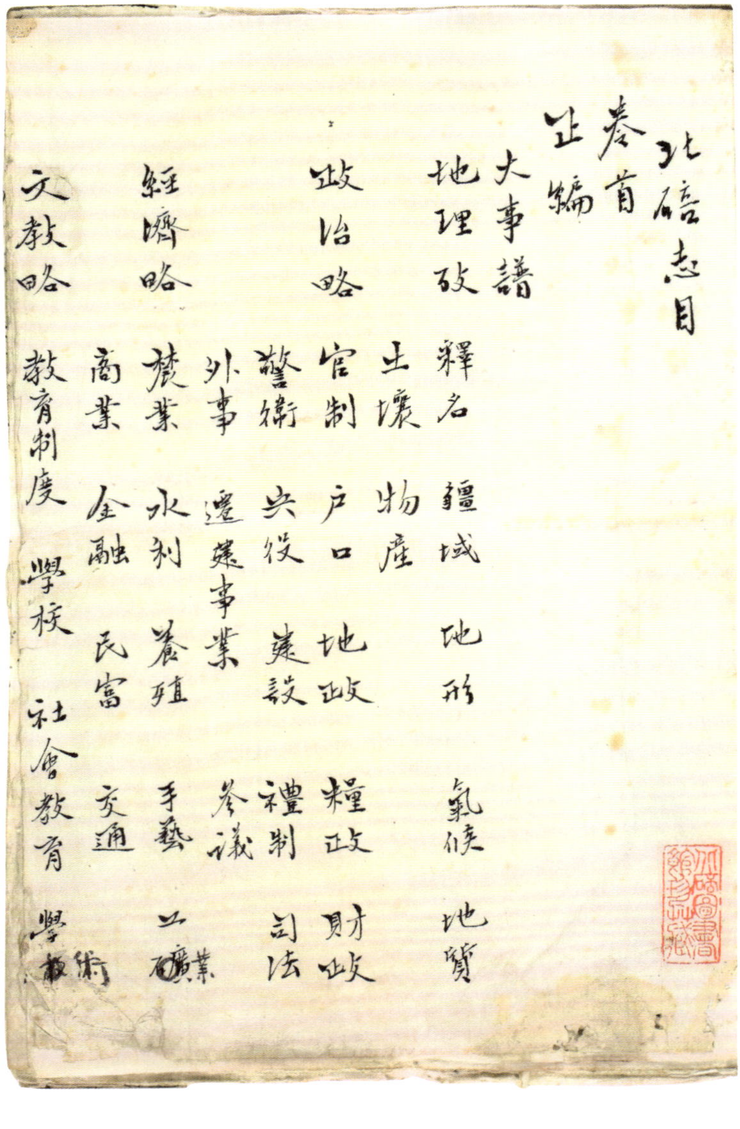

此稿是傅振倫爲《北碚志》所擬例目的手稿。抗戰時期，著名學者顧頡剛、傅振倫等人居於北碚，在盧作孚、盧子英的支持下，他們開始創修《北碚志》。雖然後因抗日戰爭勝利，編纂人員四散，《北碚志》未能竟全功，但《北碚志》卻以其體例的精善而在民國間新修志書中聞名，《中国地方志辭典》称之为著名方志，對後世方志創修影響極大。

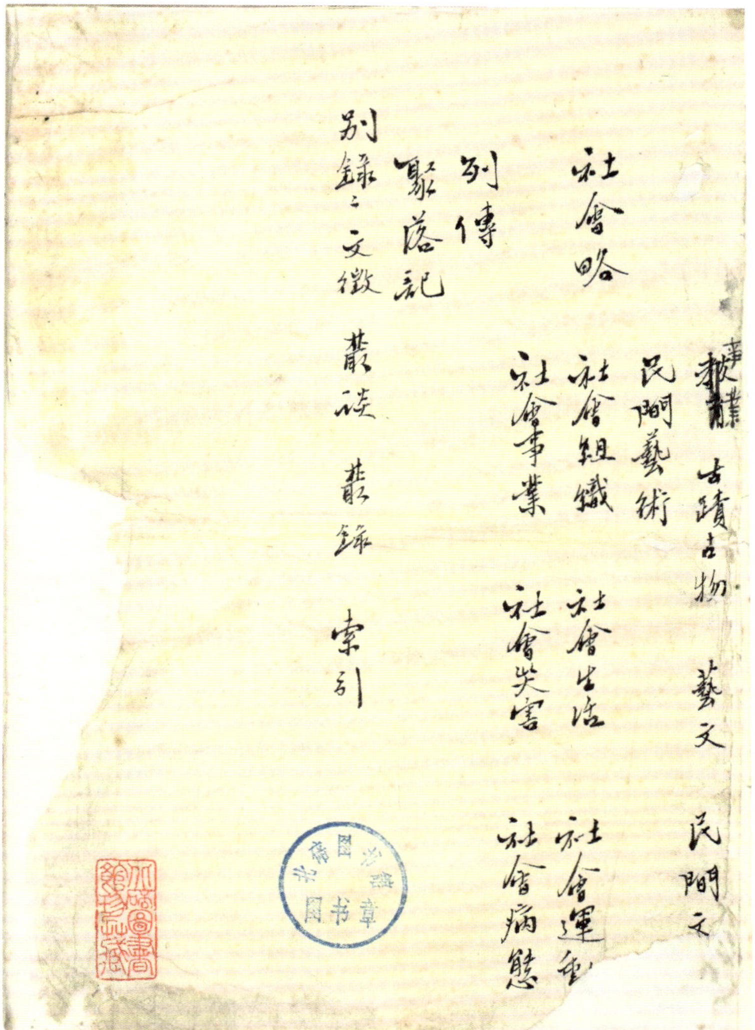
事業 古蹟古物 藝文 民間文
民間藝術
社會組織 社會生活 社會運動
社會事業 社會災害 社會病態
社會略
列傳
聚落記
別錄 文徵 叢談 叢錄 索引

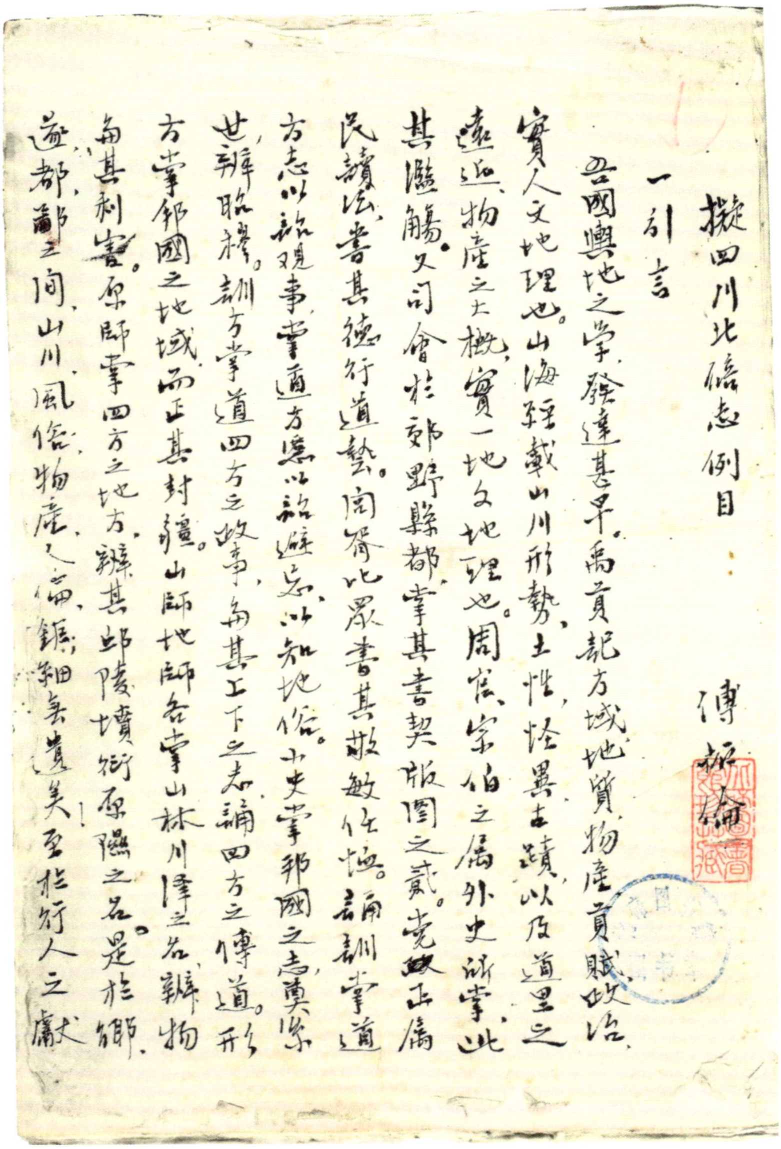

擬四川北碚志例目　傅振倫

一　引言

吾國輿地之學，發達甚早。禹貢記方域、地質、物產、貢賦、政治，實人文地理也。山海經載山川形勢、土性、怪異古蹟，以及道里之遠近、物產之大概，實一地文地理也。周官，宗伯之屬外史所掌，此其濫觴。又司會於郊野縣都掌其書契版圖之貳。黨正屬民讀法，書其德行道藝。閭胥比衆，書其敬敏任恤。誦訓掌道方志以詔觀事，掌道方慝以詔辟忌，以知地俗。小史掌邦國之志，奠系世，辨昭穆。訓方掌道四方之政事，與其上下之志，誦四方之傳道。形方掌邦國之地域，而正其封疆。山師、地師各掌山林川澤之名，辨物與其利害。原師掌四方之地方，辨其邱陵墳衍原隰之名。是於鄉遂都鄙之間，山川、風俗、物產之盛，鉅細無遺矣！至於行人之獻

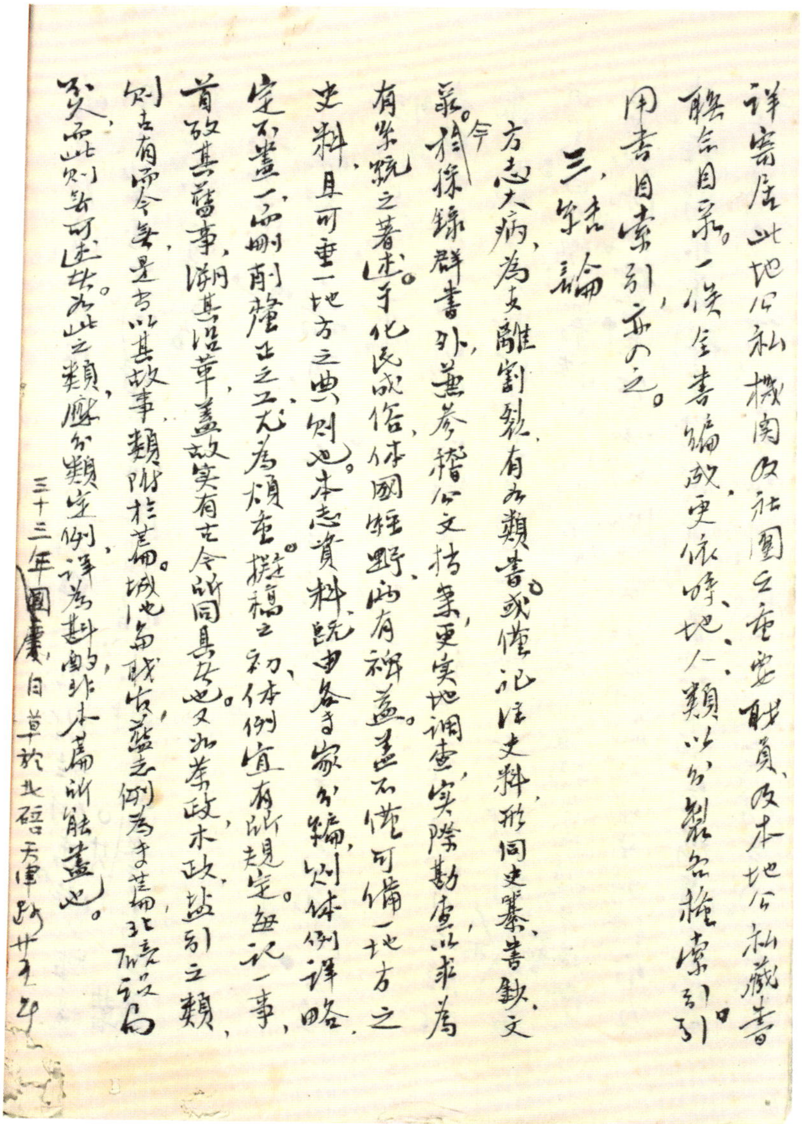
詳審居此地公私機關及社團之所在，賅貫、及本地公私藏書
聯合目錄。一俟全書編成，更依時、地、人類以分製各種索引
用書目索引，亦如之。

三、結論

方志大病，為支離割裂，有如類書。或僅記註史料，形同史纂、書鈔、文
錄。今摘錄群書外，兼參稽公文，檔案，更實地調查，實際勘查，以求為
有系統之著述。于化民成俗、体國經野，兩有裨益。蓋不僅可備一地方之
史料，且可垂一地方之典則也。本志資料，既由各專家分編，則体例詳略
定不盡一，而刪削釐正之工尤為煩重。擬稿之初，体例宜有所規定。無記一事，
首敘其舊事，溯其沿革，蓋欲實有古今所同具者也。又如茶政、木政，皆列之類，
則古有而今無，是當以其故事類附於舊篇。城池、局所、古蹟之例為專篇，以設局
類矣，而此則皆可述其為此之類。縱分類定例，詳為斟酌，非本篇所能盡也。
三十三年國慶日草於北碚天津路廿五號

《中國西部博物館概況》

1947年9月編印

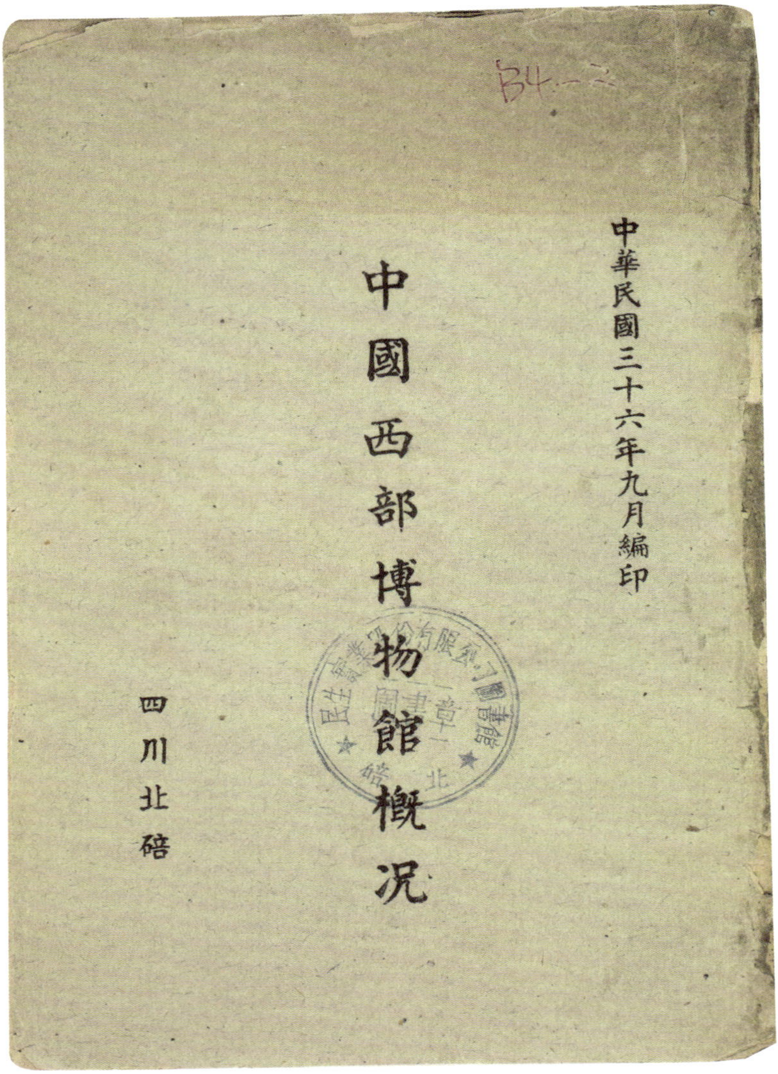

抗戰以後，國内許多公、私學術科研機構遷來北碚，以繼續其研究工作。爲了普及科學教育，由國立中央研究院動植物研究所、氣象研究所、西部科學院等十二個研究機構共同發起組建西部博物館，公推翁文灝、盧作孚兩先生爲正副主任委員，下分七組以主其事。經過一段時間籌備，在1944年12月成立，設有工礦、地理、地質、生物、醫藥衛生、農林六個陳列館。此書記載了中國西部博物館籌建發展的過程及工作概況。

中國西部博物館概況目次

《民生公司的三個運動》

1933年4月盧作孚手稿

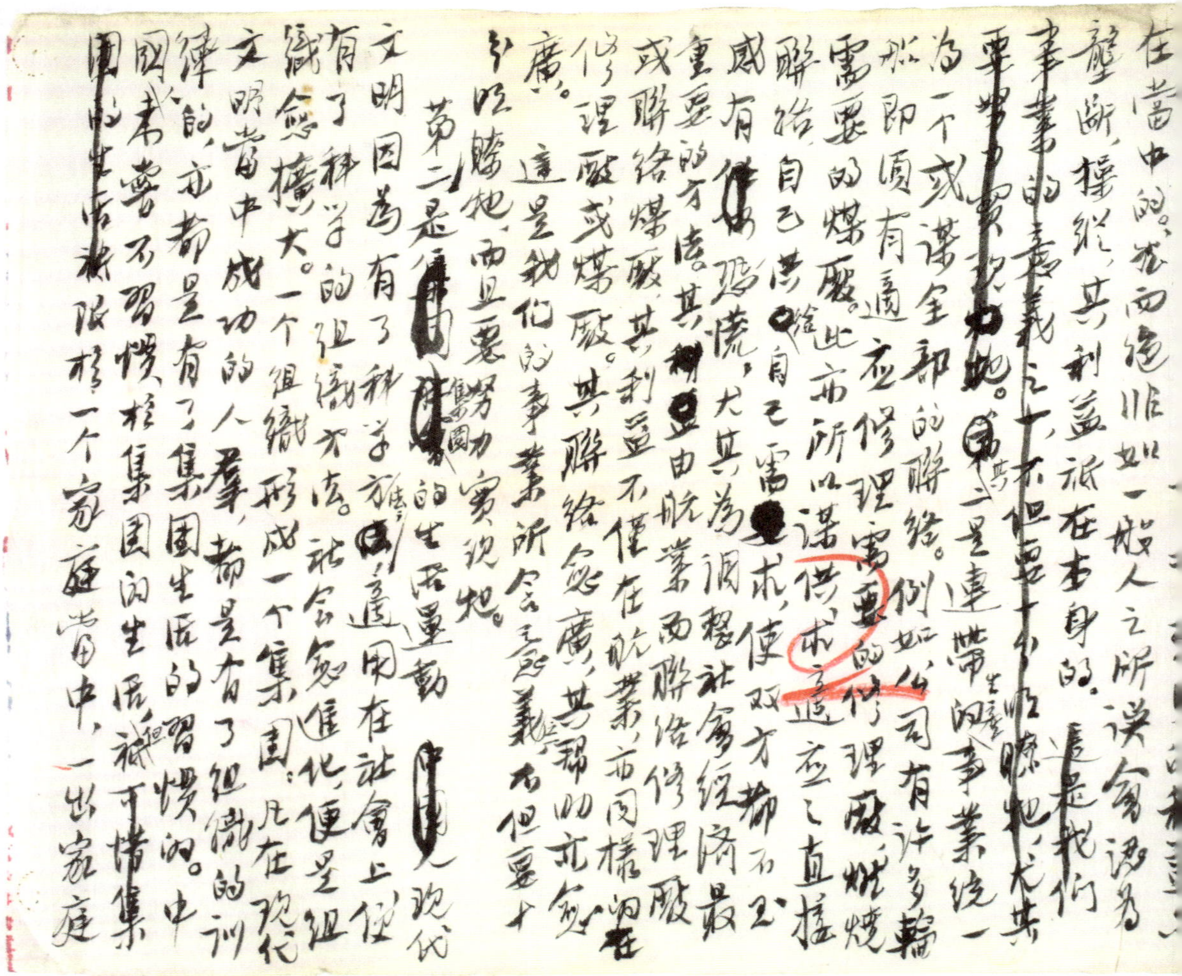

該文章發表在民生公司主辦的半月刊《新世界》第19期上，這裏展現的是盧作孚的原文手迹。全文結合民生公司七年來的發展，闡述了公司宣導的三個運動：整個的生産運動、集團的生活運動和幫助社會的運動。

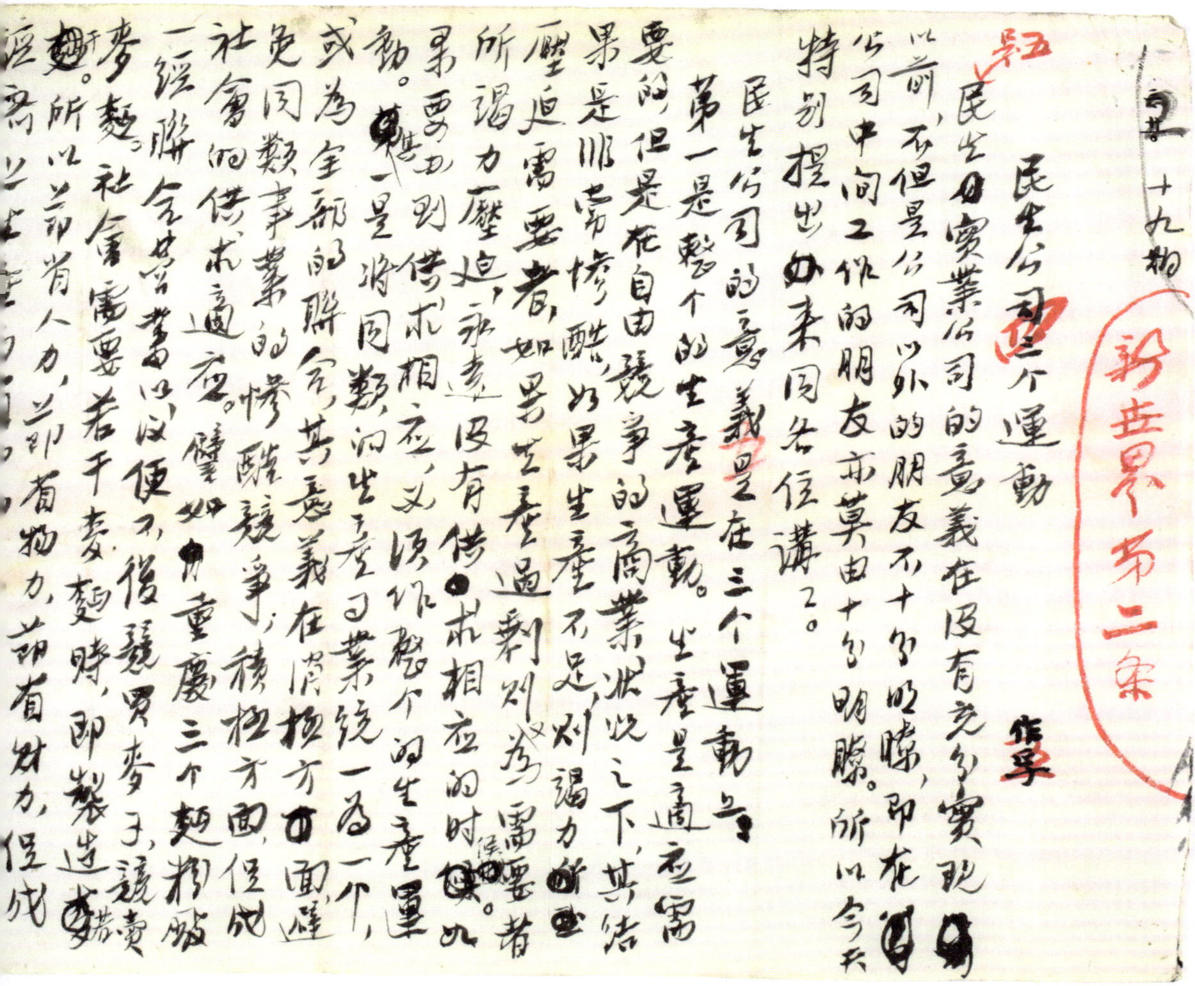

第二十九期

新世界第二集

民生公司的三个運動

作孚

民生實業公司的意義在沒有充分實現以前，不但是公司以外的朋友不十分明瞭，即在公司中間工作的朋友亦莫由十分明瞭。所以今天特別提出來同各位講講。

民生公司的意義是在三个運動上：

第一是整个的生產運動。生產是適應需要的，但是在自由競爭的商業狀況之下，其結果是非常悽慘，好果生產不足，則竭力的要壓迫需要者，如果生產過剩，則為需要者所竭力壓迫，永遠沒有協力相應的时候。如果要有協力相應，必須作整个的生產運動。其一是將同類的生產事業統一為一个，或為全部的聯合，其意義在消極方面，避免同類事業的悽慘競爭；積極方面，促成社會的協力適應。譬如重慶三个麵粉廠一經聯合，其營業即可以使不復競買麥子，競賣麥麵。社會需要若干麥麵時，即製造若干麥麵。所以一節省人力，一節省物力，一節省財力，促成經濟

《公司的靈魂》

1933年4月盧作孚手稿

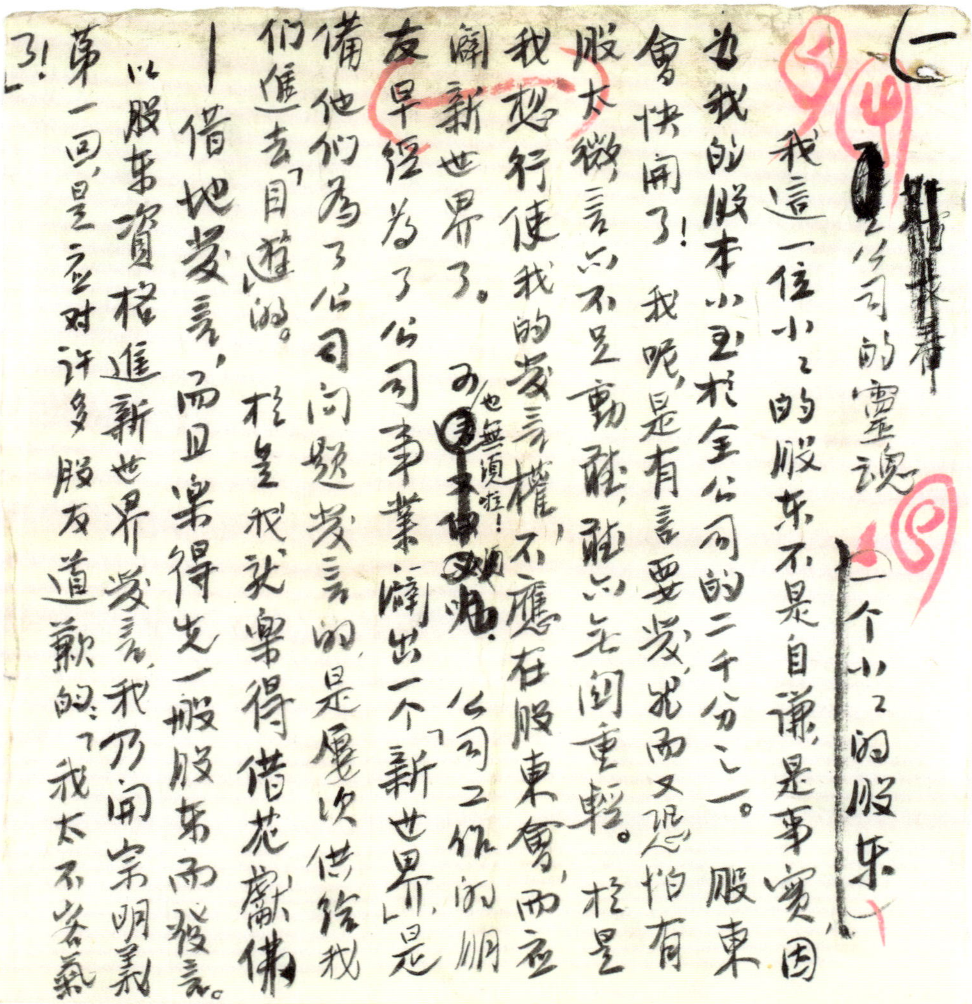

公司的靈魂

一个小小的股东

我這一位小小的股东不是自謙，是事實，因為我的股本小到於全公司的二千分之一。股東會快開了！我呢，是有言要發，然而又恐怕有股太微，言亦不足動聽，聽亦無關重輕。於是我想行使我的發言權，不應在股東會，而應闢新世界了。也無須推！公司工作的朋友早經為了公司事業闢出一个「新世界」，是備他們為了公司問題發言的，是屢次借給我們進去「自由遊」的。於是我就樂得借花獻佛——借地發言，而且樂得先一般股东而發言。以股东資格進新世界發言，我乃開宗明義第一回，是應對許多股友道歉的：「我太不客氣了！

該文章發表在民生公司主辦的半月刊《新世界》第20期上，這裏展現的是盧作孚的原文手迹。盧作孚以民生公司股東的身份，結合民生公司七年來的發展，闡述了公司的五大靈魂：努力、和氣、以公司利益爲前提、聯合同業、無數朋友的幫助。

《嘉陵江三峽鄉村建設實驗區署計畫書》

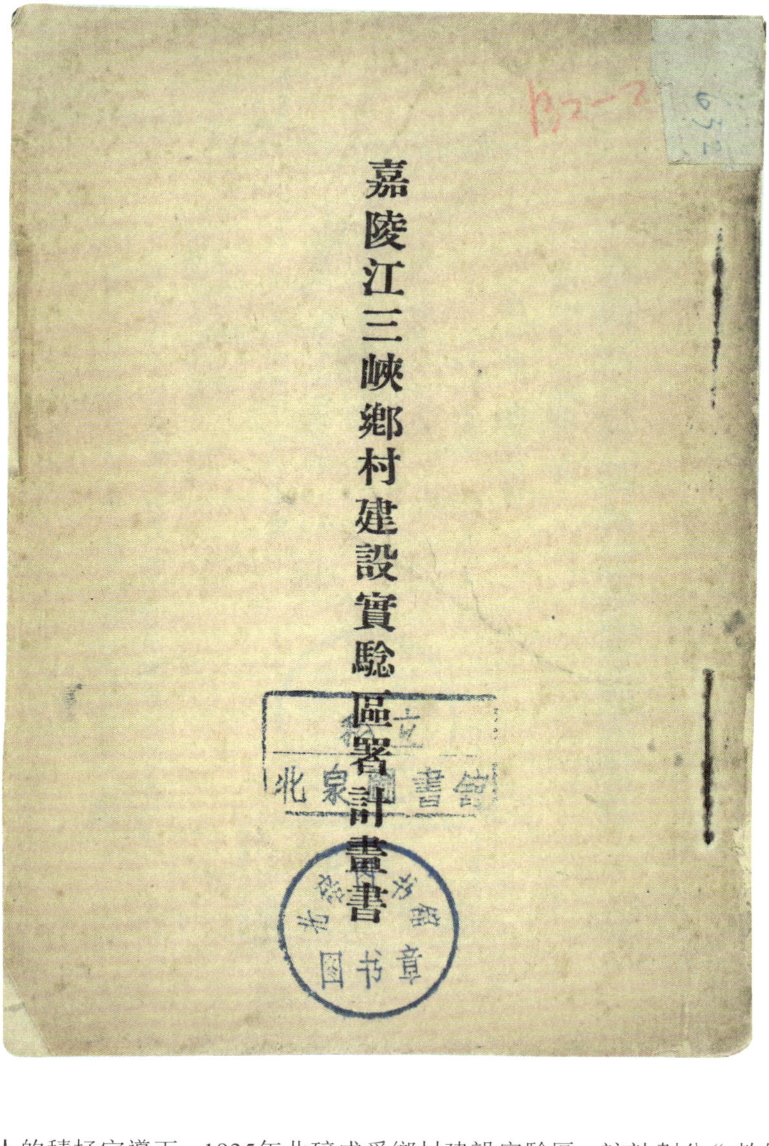

在盧作孚等人的積極宣導下，1935年北碚成爲鄉村建設實驗區，該計劃分"教的方面"、"養的方面"、"衛的方面"共三章十一節，内容涉及教育、生産、衛生、治安、生活等方面。

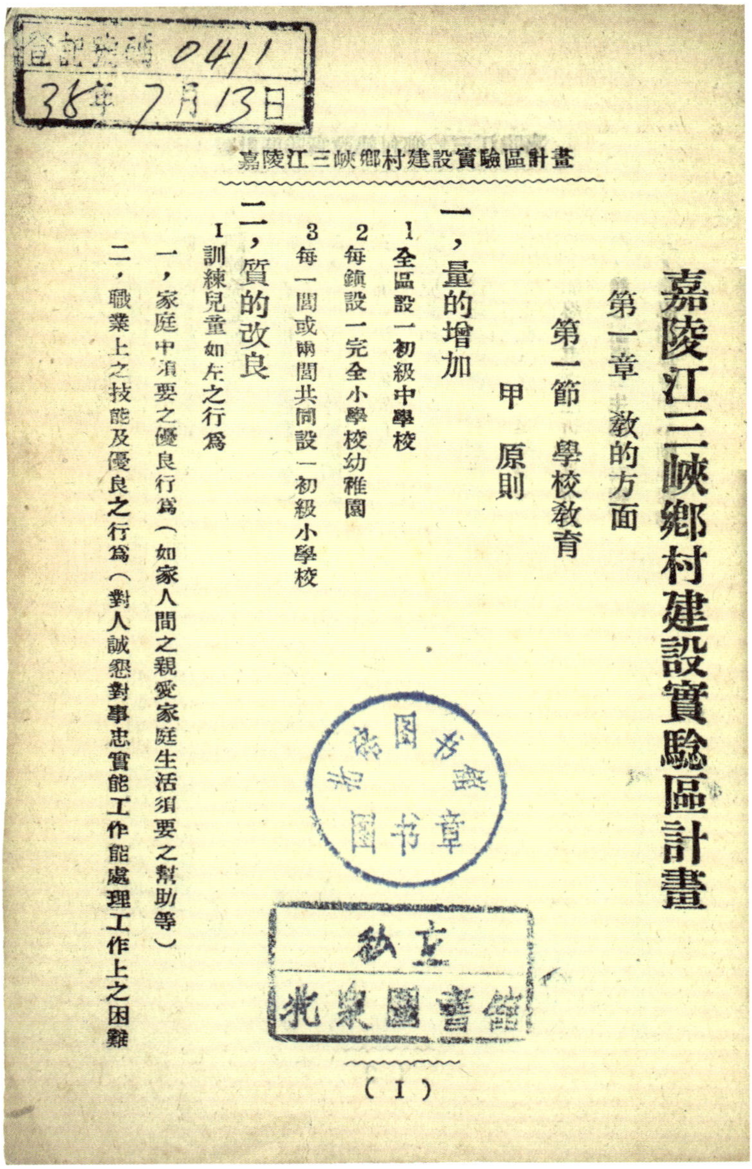

嘉陵江三峽鄉村建設實驗區計畫

嘉陵江三峽鄉村建設實驗區計畫

第一章 教的方面

第一節 學校教育

甲 原則

一，量的增加

1 全區設一初級中學校

2 每鎮設一完全小學校幼稚園

3 每一閭或兩閭共同設一初級小學校

二，質的改良

1 訓練兒童如左之行爲

一，家庭中須要之優良行爲（如家人間之親愛家庭生活須要之幫助等）

二，職業上之技能及優良之行爲（對人誠懇對事忠實能工作能處理工作上之困難

（1）

《成都之行》

盧子英、黃子裳著

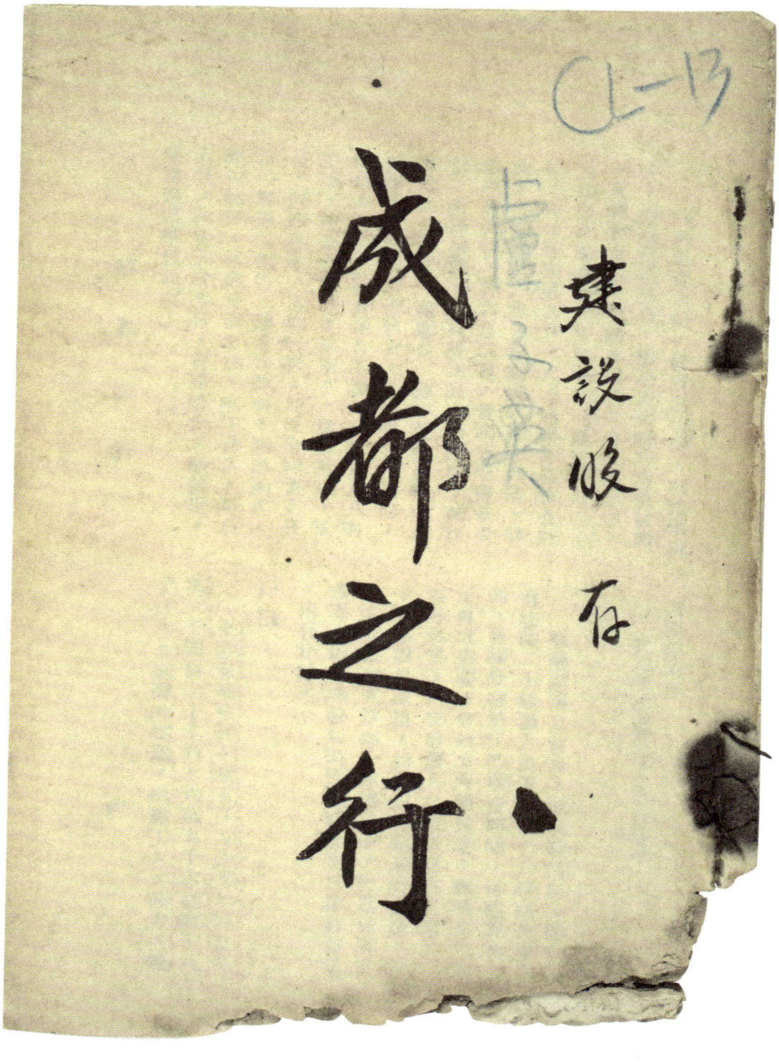

此書記述了1937年盧、黃二人到成都述職的情況，書中有盧子英向省政府秘書長匯報北碚地方建設的報告，對於瞭解三十年代中期的北碚有一定幫助。

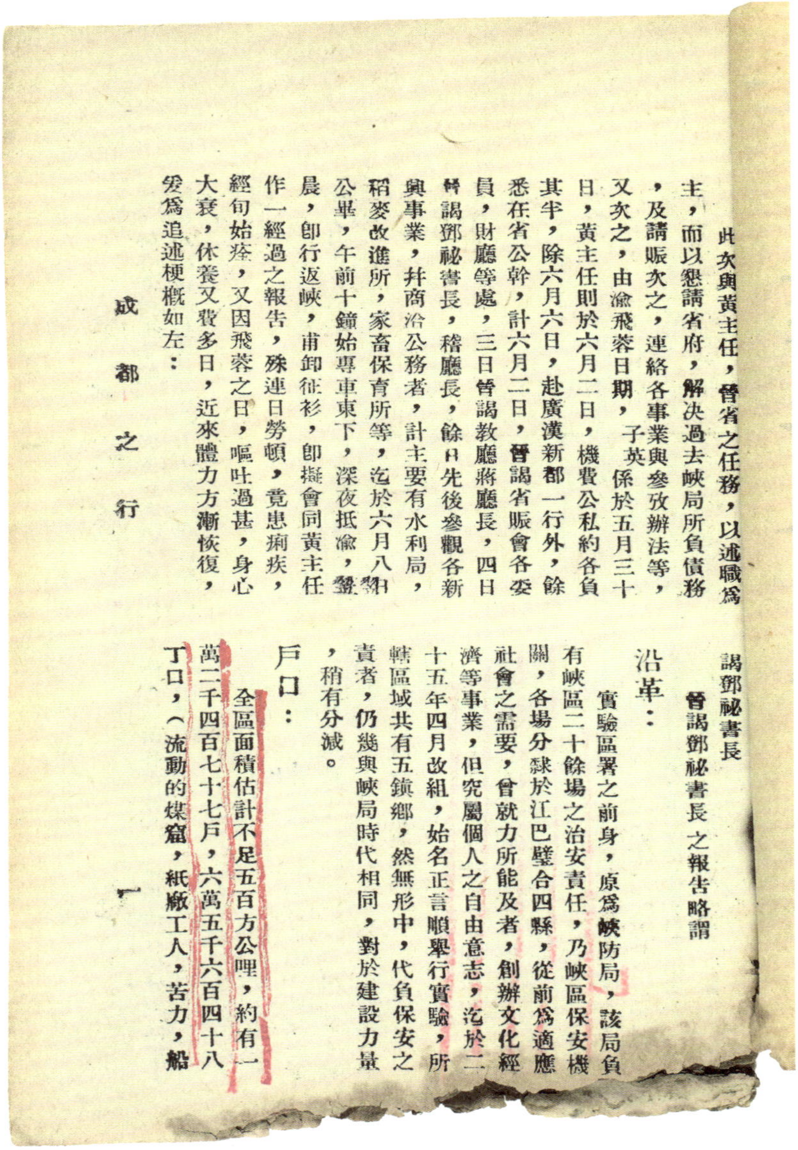

此次與黃主任，晉省之任務，以述職為主，而以懇請省府，解決過去峽局所負債務，及請賑次之，連絡各事業與參攷辦法等，又次之，由渝飛蓉日期，子英係於五月三十日，黃主任則於六月二日，機費公私約各負其半，除六月六日，赴廣漢新都一行外，餘悉在省公幹，計六月二日，晉謁省賑會各委員，財廳等處，三日晉謁教廳蔣廳長，四日晉謁鄧秘書長，嵇廳長，餘日先後參觀各新興事業，并商洽公務者，計主要有水利局，稻麥改進所，家畜保育所等，迄於六月八日公畢，午前十鐘始專車東下，深夜抵渝，翌晨，即行返峽，甫卸征衫，即擬會同黃主任作一經過之報告，殊連日勞頓，竟患痢疾，經旬始痊，又因飛蓉之日，嘔吐過甚，身心大衰，休養又費多日，近來體力方漸恢復，爰為追述梗概如左：

謁鄧秘書長

晉謁鄧秘書長之報告略謂

沿革：

實驗區署之前身，原為峽防局，該局負有峽區二十餘場之治安責任，乃峽區保安機關，各場分隸於江巴璧合四縣，從前為適應社會之需要，曾就力所能及者，創辦文化經濟等事業，但究屬個人之自由意志，迄於二十五年四月改組，始名正言順舉行實驗，所轄區域共有五鎮鄉，然無形中，代負保安之責者，仍幾與峽局時代相同，對於建設力量，稍有分減。

戶口：

全區面積估計不足五百方公哩，約有一萬二千四百七十七戶，六萬五千六百四十八丁口，（流動的煤窯，紙廠工人，苦力，船

成都之行　一

報刊

北碚圖書館一向十分重視對報紙、雜誌的收藏，僅建國前的報紙、雜誌收藏就有三千餘種，它們對於社會科學研究、經濟建設、資源開發等都起到了積極作用。北碚圖書館所藏民國時期的四川地方報紙尤具特色，是研究川渝地區歷史發展的重要文獻。如《國民公報》，從1911年創刊於成都，到1950年終刊，前後歷時近三十八年，其辦報宗旨主要代表四川地方，并不完全與當時的國民政府統治合拍，因此它的記載更爲詳實可信。以下主要介紹部分館藏雜誌和川渝地區具有代表性的報紙。

《東方雜誌》

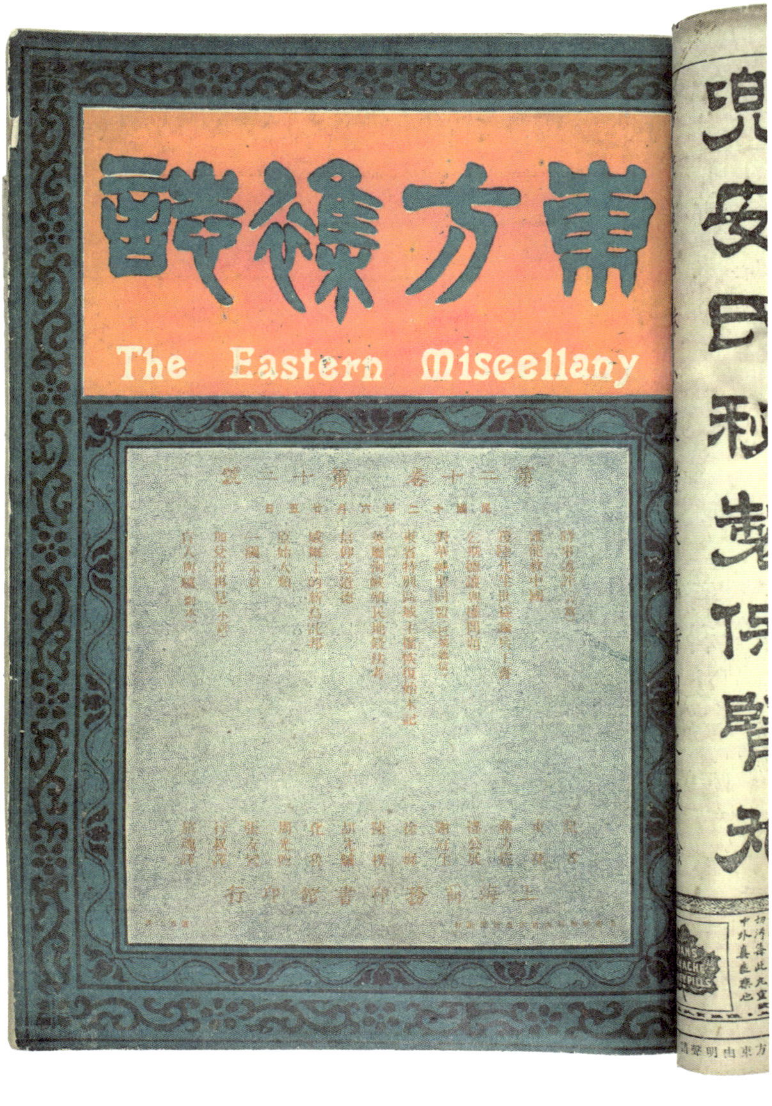

該刊是中國近現代歷時最長的大型綜合性刊物。1904年3月創刊於上海，商務印書館發行。初爲月刊，後改半月刊，抗戰期間曾先後遷長沙、香港、重慶等地出版，1947年1月遷返上海，1948年12月停刊，共出44卷。《東方雜誌》内容廣泛，資料豐富，具有極高的史料價值，是一份影響巨大的刊物。

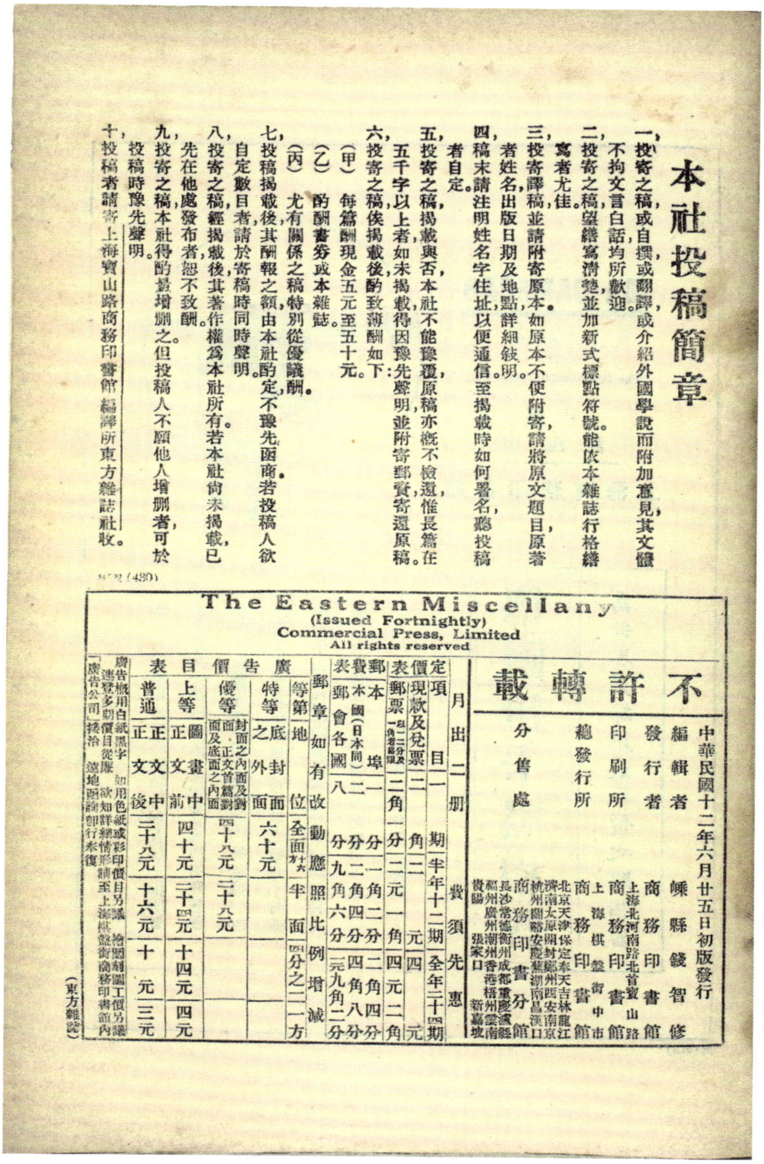

本社投稿簡章

一，投寄之稿，或自撰，或翻譯，或介紹外國學說而附加意見，其文體不拘文言白話，均所歡迎。

二，投寄之稿，望繕寫清楚，並加新式標點符號。能依本雜誌行格繕寫者尤佳。

三，投寄譯稿，並請附寄原本。如原本不便附寄，請將原文題目，原著者姓名，出版日期及地點，詳細敍明。

四，稿末請注明姓名字住址，以便通信。至揭載時如何署名，聽投稿者自定。

五，投寄之稿，揭載與否，本社不能豫覆，原稿亦概不檢還，惟長篇在五千字以上者，如未揭載，得因豫先聲明，並附寄郵資，寄還原稿。

六，投寄之稿，俟揭載後，酌致薄酬如下：

(甲) 每篇酬現金五元至五十元。

(乙) 酌酬書劵或本雜誌。

(丙) 尤有關係之稿，特別從優議酬。

七，投稿揭載後，其酬報之額，由本社酌定，不豫先函商。若投稿人欲自定數目者，請於寄稿時同時聲明。

八，投寄之稿，經揭載後，其著作權為本社所有。若本社尚未揭載，已先在他處發布者，恕不致酬。

九，投寄之稿，本社得酌量增删之。但投稿人不願他人增删者，可於投稿時豫先聲明。

十，投稿者請寄上海寶山路商務印書館編譯所東方雜誌社收。

(430)

The Eastern Miscellany
(Issued Fortnightly)
Commercial Press, Limited

中華民國十二年六月廿五日初版發行
編輯者 嵊縣錢智修
發行者 商務印書館
印刷所 商務印書館 上海北河南路北首寶山路
總發行所 商務印書館 上海棋盤街中市
分售處 商務印書分館 北京 天津 保定 奉天 吉林 龍江 濟南 太原 開封 鄭州 西安 南京 杭州 蘭谿 安慶 蕪湖 南昌 漢口 長沙 常德 衡州 成都 重慶 瀘縣 福州 廣州 潮州 香港 梧州 雲南 貴陽 張家口 新嘉坡

月出二册 費須先惠

定價表

項目	現款及兌票	郵票（以一二分及一角者為限）
一期	二角	二角一分
半年十二期	二元	二元一角
全年二十四期	四元	四元二角

郵費表

	本埠	本國（日本同）	郵會各國
一期	一分	二分	八分
半年	一角二分	二角四分	九角六分
全年	二角四分	四角八分	一元九角二分

郵章如有改動應照比例增減

廣告價目表

等第 地位	全面（十六方）	半面	四分之一	一方
特等 底封面之外面	六十元			
優等 封面之內面及對面 正文首篇對面及底面之內面	四十八元	二十八元		
上等 圖畫中 正文前	四十元	二十四元	十四元	四元
普通 正文中 正文後	二十八元	十六元	十元	三元

廣告概用白紙黑字 如用色紙或彩印價目另議 繪圖刻圖工價另議 連登多期價目從廉 欲知詳細情形請至上海棋盤街商務印書館內「廣告公司」接洽 遠地函詢即行奉復

(東方雜誌)

《國民公報》

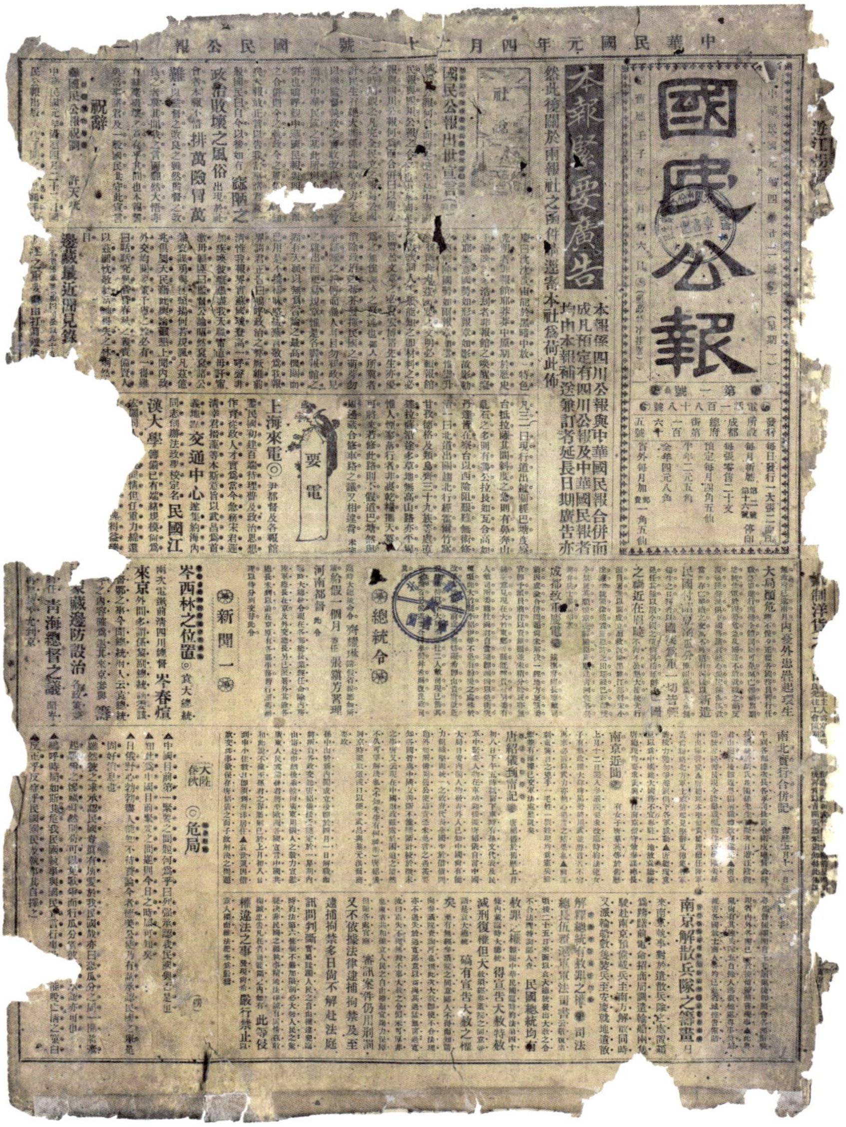

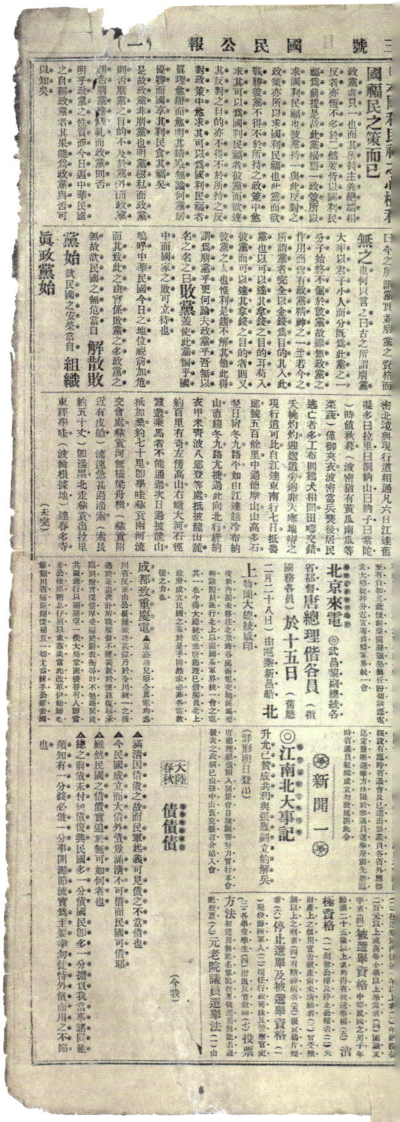

1911年12月17日在成都創刊發行，初名《大漢國民報》，1912年4月22日改名《國民公報》，1913年8月29日至11月8日因查封改名《民國日報》，11月9日恢復爲《國民公報》，1935年5月停刊，次年8月1日遷重慶恢復出版，至1950年2月17日終刊。該報是四川創刊較早且出版時間最長的一份報紙，是一份研究四川近代史不可多得的珍貴資料。北碚圖書館所保存的該報是全國保存最完整的。

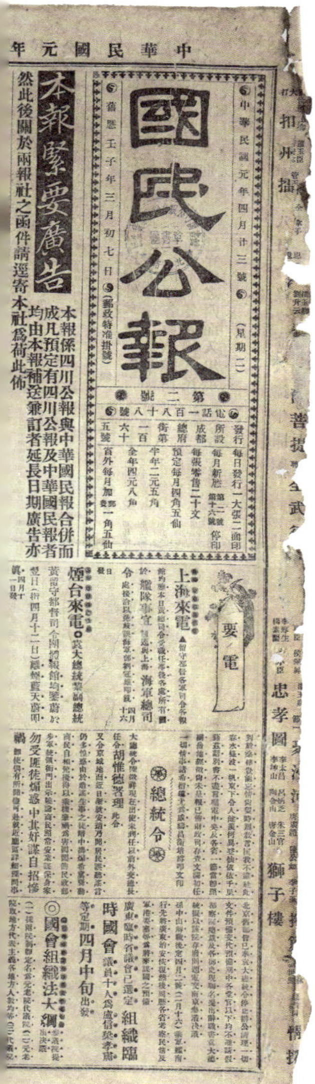
中華民國元年

國民公報

本報緊要廣告

第二號

上海來電

要電

總統令

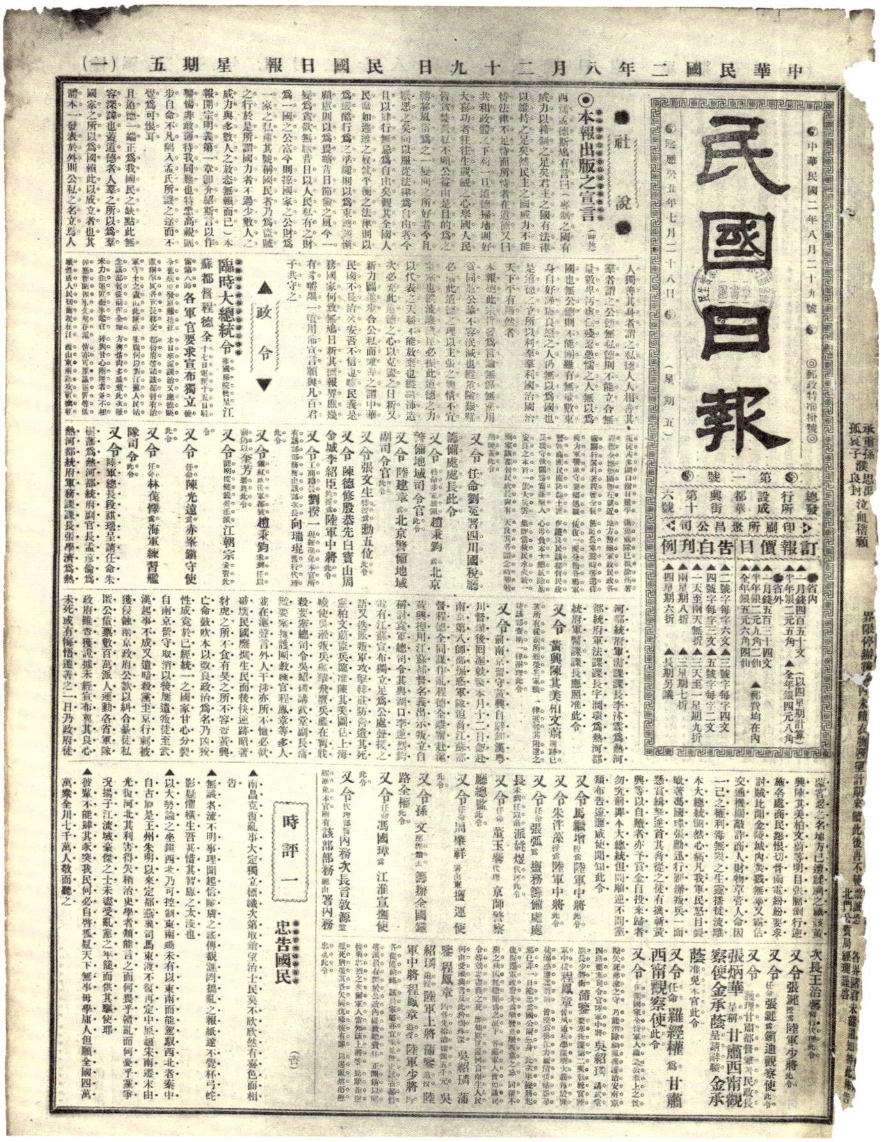
中華民國二年八月二十九日 民國日報 星期五 (一)

民國日報

第一號

社說

本報出版之宣言

臨時大總統令

政令

時評一

忠告國民

《新青年》

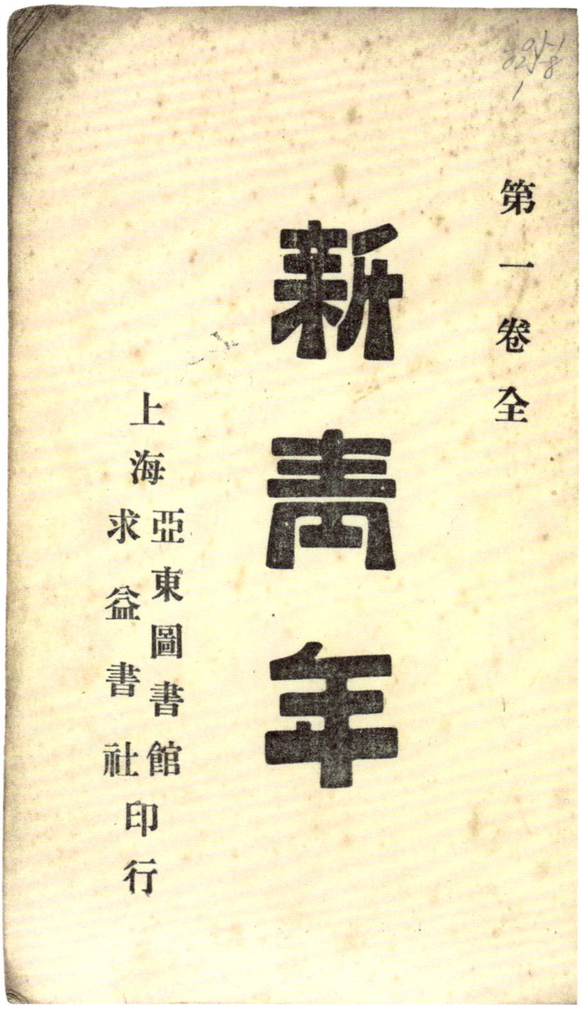

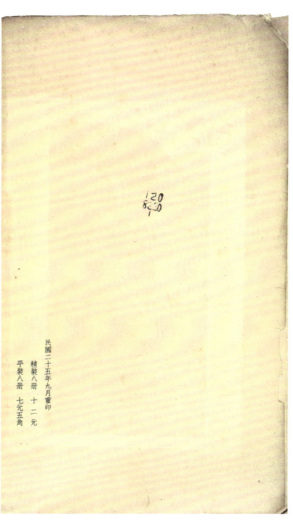

1915年9月15日創刊於上海，1922年7月停刊，上海新青年社編輯出版，初名《青年雜誌》，後改名《新青年》。自第八卷起，該刊成爲中國共産黨上海發行組的機關刊物。陳獨秀曾任該刊主編。《新青年》是五四時期著名的革命刊物，對中國革命的發展産生過巨大的影響。

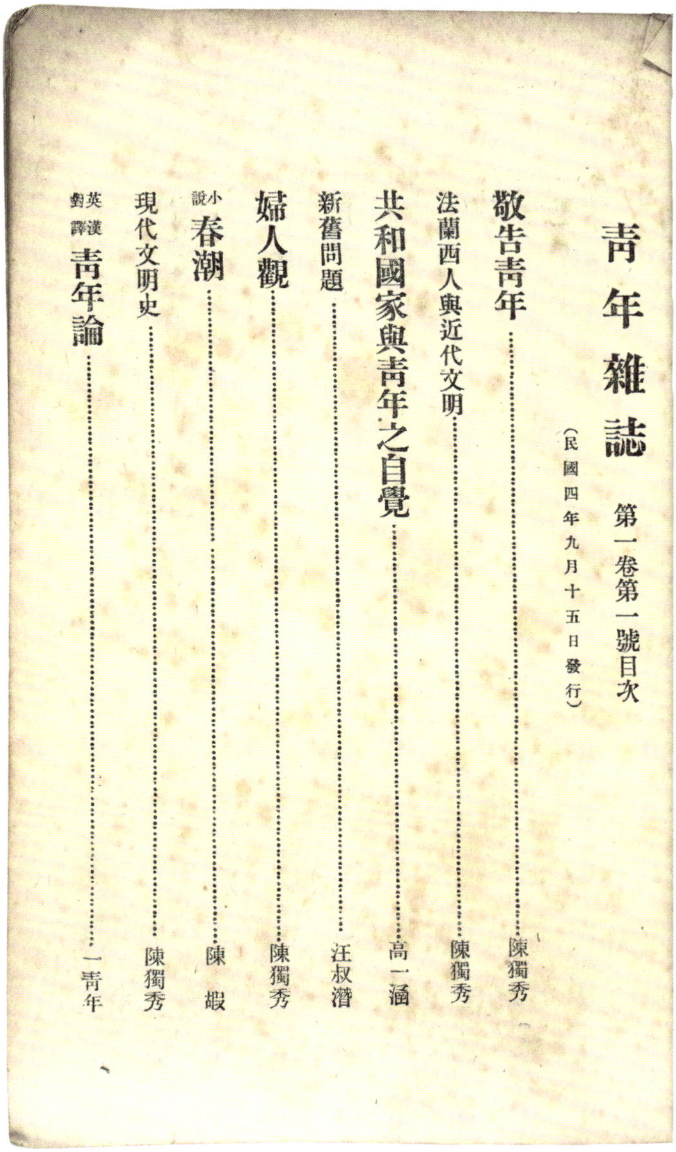

青年雜誌 第一卷第一號目次

（民國四年九月十五日發行）

《新蜀報》

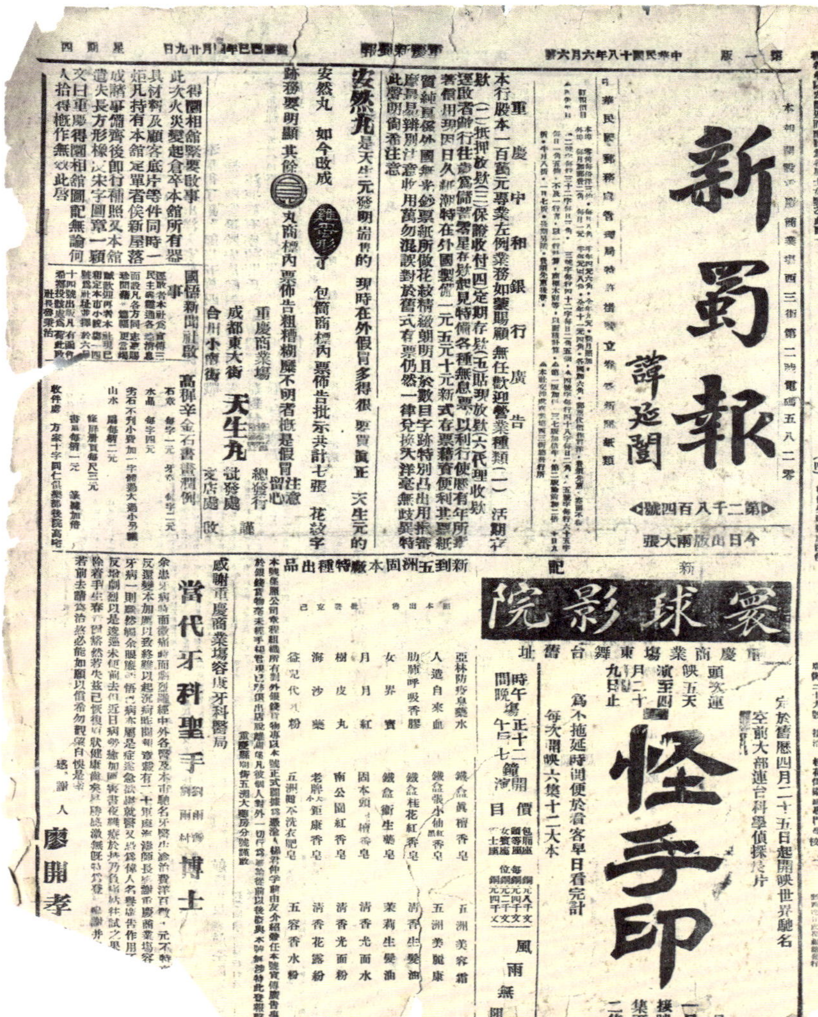

第一版 中華民國十八年六月六號 重慶新蜀報 己巳年四月廿九日 星期四

本館開設重慶商業場西三街第二號 電話五八二零

新蜀報 譚延闓

第二千八百四號

今日出版兩大張

重慶中和銀行廣告

本行股本一百萬元專業左例業務如蒙賜顧無任歡迎營業種類(一)活期存款(二)抵押放款(三)保證收付(四)定期存款(五)貼現放款(六)代理收款

逕啟者敝行往歲為儲蓄零星存款起見特備各種無息票以利行使歷有年所素著信用現因日久紙潮特在外國製備一元五元十元新式存票藉資便利其票紙質純良係外國無光鈔票紙所做花紋精緻朗明且於數目字跡特別凸出用拆審廣易辨別注意收用萬勿混誤對於舊式存票仍然一律兌換大洋毫無歧異特此聲明尚希注意

安然丸是天生元發明出售的 現時在外假冒多得很 要買真正天生元的安然丸 如今改成 雞形商標 包裝內票佈告批示共計七張 花紋字跡務要明顯 其餘丸商標內票佈告粗糙模糊不明者概是假冒 留心注意

重慶商業場 天生丸 總發行 成都東大街 分發處 合川小南街 支店處 謹啟

得圖相館緊要啟事

此次火災變起倉卒本館所有器具材料及顧客底片等件同時一炬凡持有本館定單者俟新屋落成籌備齊後即行補照又本館遺失長方形橡皮宋字圖章一顆文曰重慶得圖相館圖記無論何人拾得概作無效此啟

國僑新聞社啟事

高揮辛金石書畫潤例

石章 每字一元 牙章 每字二元 水晶 每字四元 劣石不刊小篆加一字體過大過小另議 山水 扇每柄二元 條屏冊頁每尺三元 書扇每柄一元 篆隸加倍 收件處 方家十字同仁俱樂部後院高宅

新到五洲固本廠特種出品

亞林防疫臭藥水 人造自來血 肺腑呼吸香膠 女界寶 月月紅 樹皮丸 海沙藥 盆兒代乳粉

鐵盒眞檀香皂 鐵盒張小仙香皂 鐵盒桂花紅香皂 鐵盒衛生藥皂 固本頭檀香皂 南公園紅香皂 老牌大本鉅康香皂 五洲固本洗衣肥皂

五洲美容霜 五洲美麗康 清香生髮油 茉莉生髮油 清香光面水 清香光面粉 清香花露粉 五容香水粉

重慶縣廟街五洲大藥房分號謹啟

新記 寰球影院

重慶商業場東舞台舊址

空前大部連台科學偵探長片 定於舊歷四月二十五日起開映世界馳名 怪手印

頭次連映五天 演至四月二十九日止

為不拖延時間便於看客早日看完計 每次開映六集十二大本

時間 午場正十二鐘開演 晚場午后七…

價目 包廂座每位銅元八千文

風雨無阻

感謝重慶商業場容康牙科醫局

當代牙科聖手 博士

感謝人 廖開孝

1921年2月1日創刊於重慶，創辦初期是重慶地區頗有影響的進步報刊之一，中國共産黨的早期領導者肖楚女、重慶“ 三三一 ”慘案死難烈士漆南薰等曾先後擔任過該報的主筆。該報是研究黨史、工運史的珍貴文獻資料。

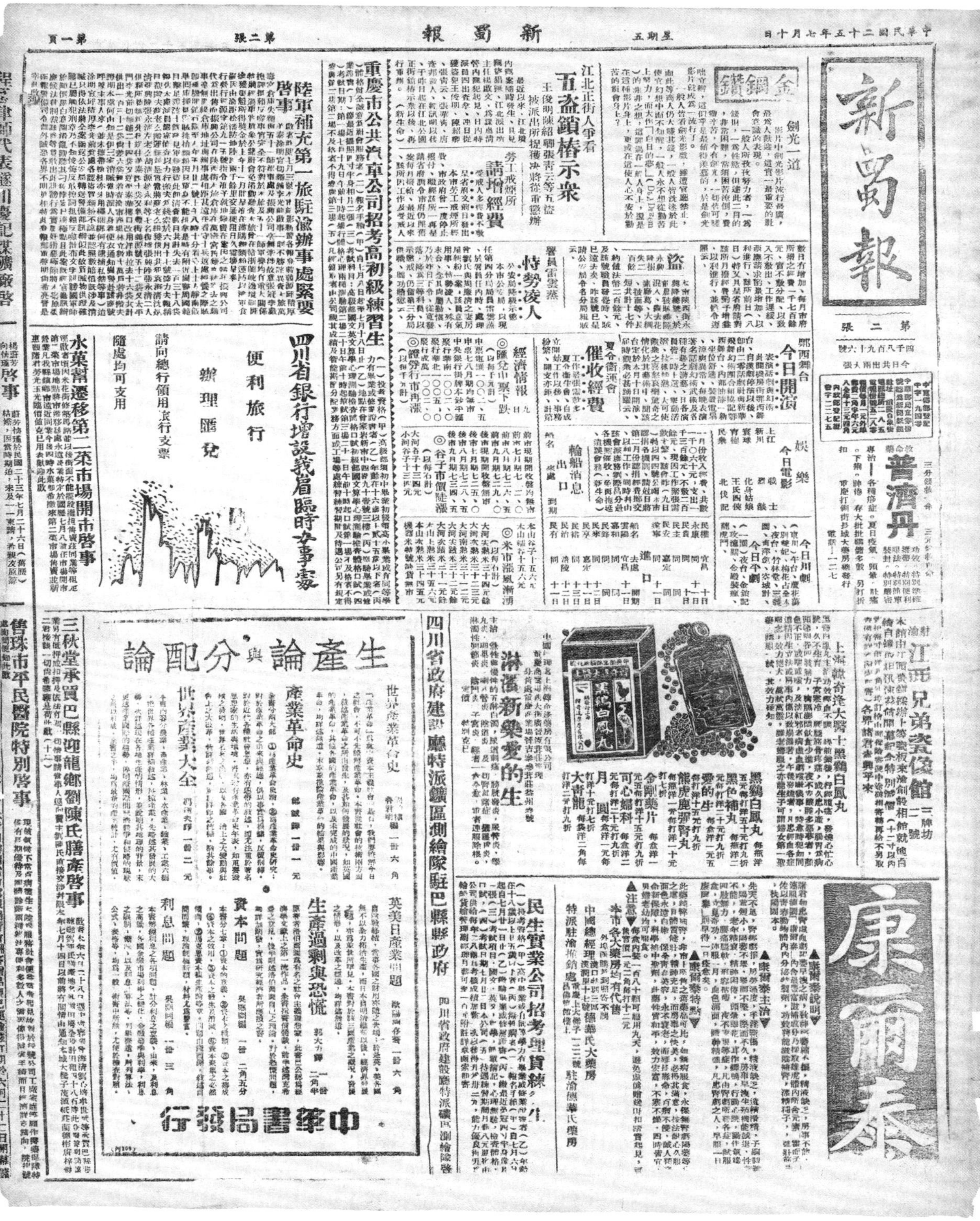

中華民國二十五年七月十日 星期五 新蜀報 第二張 第一頁

新蜀報

第二張

四千八百九十六號

今日共出兩大張

劍光一道

江北正街人爭看 五盜鎖椿示衆

王俊明陳紹卿張青云等五盜 被派出所捉獲決將從重懲辦

勞工戒煙所 請增經費

特勢凌人

署員雷雲燕

盜

鄂西舞台 今日開演

夏令衛運會 催收經費

經濟情報

◎匯兌中票下跌

◎證券行市再漲

◎谷子市價陡漲

◎米市漲風漸湧

娛樂

今日電影

今日川劇

今日平劇

輪船消息

進口 出口

重慶市公共汽車公司招考高初級練習生

陸軍補充第一旅駐渝辦事處緊要啟事

四川省銀行增設峩眉臨時分事處

便利旅行 辦理匯兌

請向總行領用旅行支票 隨處均可支用

水菓幫遷移第二菜市場開市啟事

程□□律師代表遂川□記煤礦廠啟事

生產論與分配論

世界產業革命史

產業革命史

世界產業大全

英美日產業問題

生產過剩與恐慌

資本問題

利息問題

中華書局發行

四川省政府建設廳特派礦區測繪隊駐巴縣縣政府

四川省政府建設廳特派礦區測繪隊啟

民生實業公司招考理貨練習生

三秋堂承買巴縣迎龍鄉劉陳氏膳產啟事

售珠市平民醫院特別啟事

淋濁新藥愛的生

上海韓奇逢大醫士黑雞白鳳丸

黑雞白鳳丸 每瓶洋五元 每打洋五十元打九折

黑色補丸 每瓶洋二元 每打洋二十元打九折

愛的生 每盒洋一元五 每打洋十五元打九折

熊虎鹿彈腎丸 每瓶洋一元 每打洋一十元打九折

金剛藥片 每盒洋一元 每打洋十元打九折

可心婦科 每盒洋二元 每打洋二十元打九折

月圓 每盒洋一元 每打洋十元打七折

大青龍 每袋洋二角 每打洋二元打九折

江西兄弟瓷像館

康爾泰

▲康爾泰說明▼

▲康爾泰主治▼

▲康爾泰特點▼

▲注意▼

本市各大藥房均有代售

中國總經理 德藝氏大藥房

特派駐渝推銷處 駐渝德華氏藥房

普濟丹

《嚮導》周報

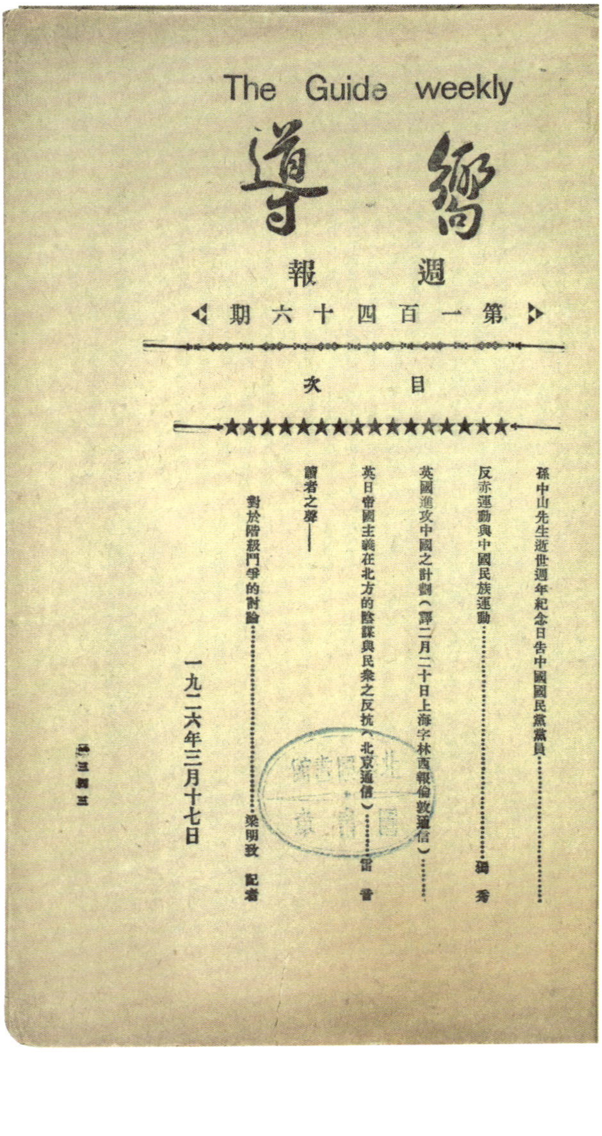
The Guide weekly

嚮導

週報

第一百四十六期

目次

孫中山先生逝世週年紀念日告中國國民黨黨員……

反赤運動與中國民族運動……獨秀

英國進攻中國之計劃（譯二月二十日上海字林西報倫敦通信）……

英日帝國主義在北方的陰謀與民衆之反抗（北京通信）……雷晉

讀者之聲——

對於階級鬥爭的討論……梁明致 記者

一九二六年三月十七日

此刊是中國共産黨中央委員會第一個機關報，1922年9月13日創刊於上海，後遷武漢出版，1927年7月18日終刊，共出版201期。《 嚮導 》周報是中國共産黨傳播馬列主義的理論性刊物，在中國革命史上産生了深遠的影響。

黨。

階級與國家　人除了階級的關係之外，還有其他的社會關係，這是不錯的。　但一切社會關係都是由生產關係推演而出；在這階級的社會中，生產關係所表現的是人壓迫人的制度，是這些階級壓：那些階級，所以建立在這階級社會上的一切社會關係都帶着階級性，根本就是建立在階級關係上面。　拿國家來說尤爲明顯。　國家是甚麼？　國家就是統治階級維持其統治的工具。　國家是階級社會裏一種特殊的產物。　但我們是共產主義者不是無政府主義者，我們絕不否認國家在現社會的存在。　尤其是在現在的中國，祇有共產黨人才眞正是愛國者，祇有他們看清了中國在世界革命中所佔的地位，祇有他們才知道中國怎樣去找到一條出路。　誰利用中國這個工具呢？　帝國主義者。　帝國主義者利用軍閥等剝削中國的工農階級，即從這塊肥美殖民地剝削所得去延長自己的壽命，去撲滅幷阻止世界革命的發展。　我們應該推翻帝國主義的統治。　所以中國革命的問題，不外是階級鬥爭的問題：對內是中國工人農民學生商人等大多數民衆聯合向帝國主義和軍閥等鬥爭，對外是全世界被壓迫階級和被壓迫民族聯合向全世界帝國主義的資產階級的鬥爭。　我們不像國家主義者，我們的國家不是一個空洞的抽象的國家，乃是大多數人民的國家；中國大多數人民的利益需要打倒帝國主義，需要與世界無產階級勢力聯合起來，做到中國的獨立，再進一步做到世界的大同。

蒙古　根據以上所說則我們對於蒙古問題的態度是很明顯的。　蒙古亦是一種民族，和漢族一樣。　我們反抗帝國主義侵略中國，則我們亦應該放棄中國歷來對於蒙古的傳統的政策。　蒙古民族有其自己的意志。　我們不自認中國是蘇俄煽惑起來脫離帝國主義的統治，我們自然不能說蘇俄煽惑蒙古，使之自由聯合於俄。　實際上，俄蒙的關係，和日本之於朝鮮，英國之於西藏，是完全兩樣，我這裏不多說，請先生參考本期『告國民黨黨員書』中關於蒙古的一段便可明白了。　記者

《嘉陵江日報》

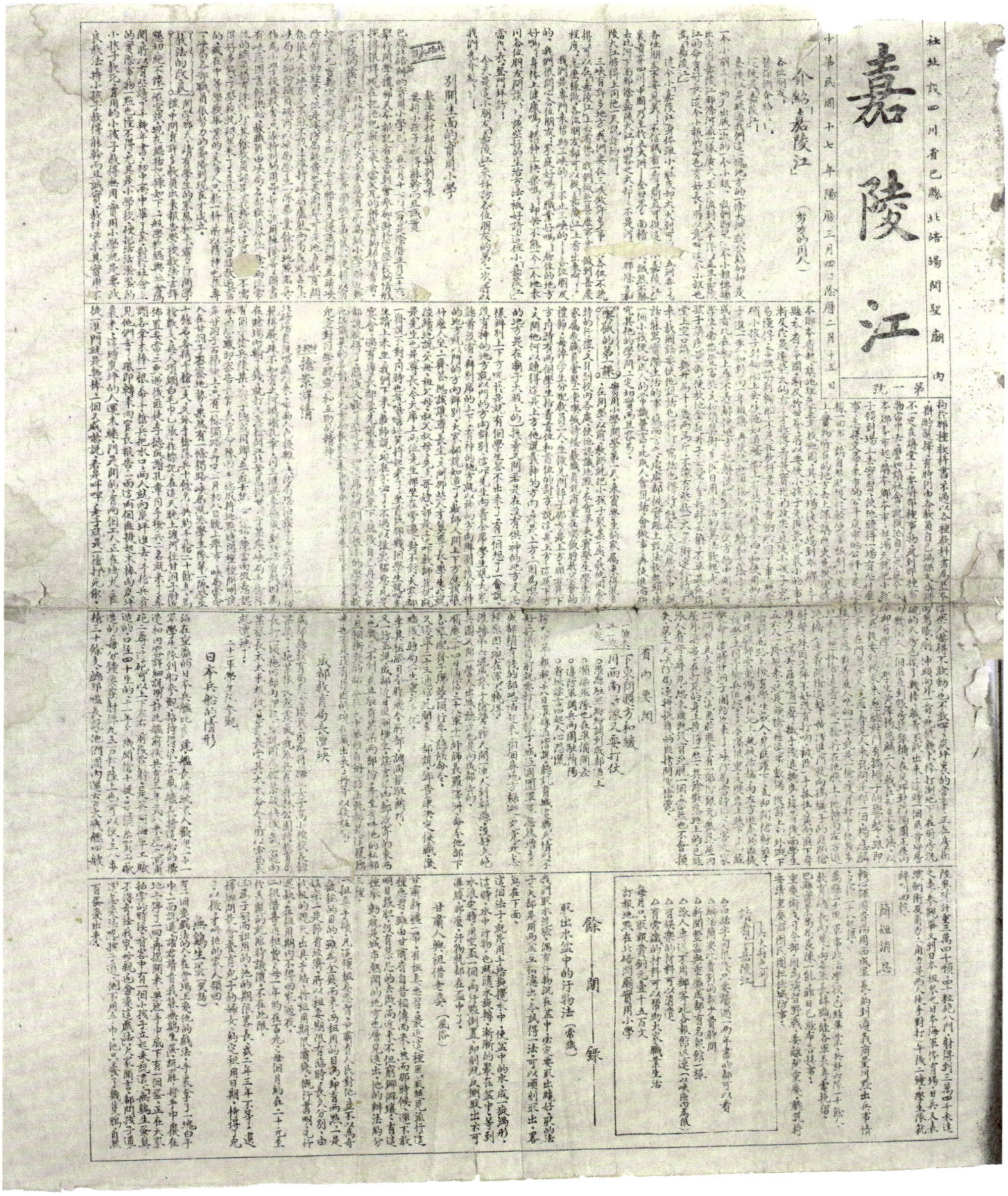
嘉陵江
第一號
社址設四川省巴縣北碚場關聖廟內
中華民國十七年陽曆三月四日 陰曆二月十三日
介紹「嘉陵江」
國內要聞
國外消息
成都教育局長更換
日本兵船的情形
餘閒録
取出水盆中的汗物法

該報由盧作孚先生於1928年3月在北碚創辦，初名《嘉陵江》，爲三日刊，後改雙日刊，1931年元旦改日刊，易名《嘉陵江日報》，1948年9月1日，改名《北碚日報》，盧作孚先生曾任第一任主編。該報是研究北碚地區歷史發展的重要文獻。

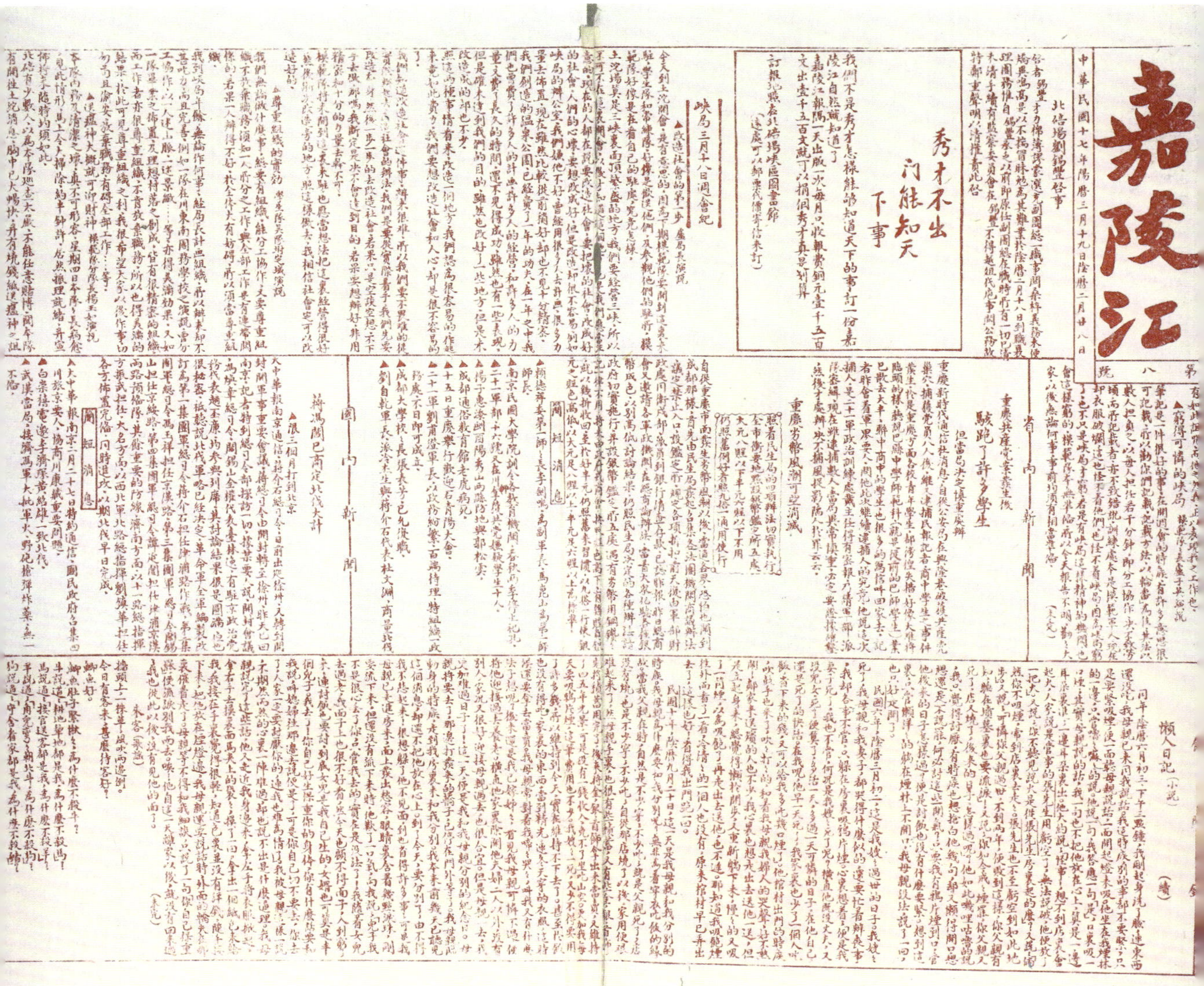
嘉陵江
第八號
中華民國十七年陽曆三月十九日陰曆二月廿八日
北碚場劉錫豐啓事
啓者錫豐才力棉薄謬蒙選充副團總一職事關桑梓義務未便矯異鳴高是以不揣冒昧勉為其難業於陰曆二月十八日到職襄理團務惟自錫豐承乏以前即原任副團總在職時所有一切已清未清手續有監察委員會在錫豐不得越俎代庖事關公務敬特鄭重聲明以清權責此啓
秀才不出門能知天下事
我們不是秀才怎樣能夠知道天下的事?訂一份嘉陵江自然就知道了
嘉陵江報隔一天出版一次每月只收報費銅元壹千五百文出壹千五百文就可以捐個秀才真是划算
訂報地點在北碚場峽區圖書館
(遠處可以郵票代價寄信來訂)
省內新聞
國內新聞
懶人日記(小說)

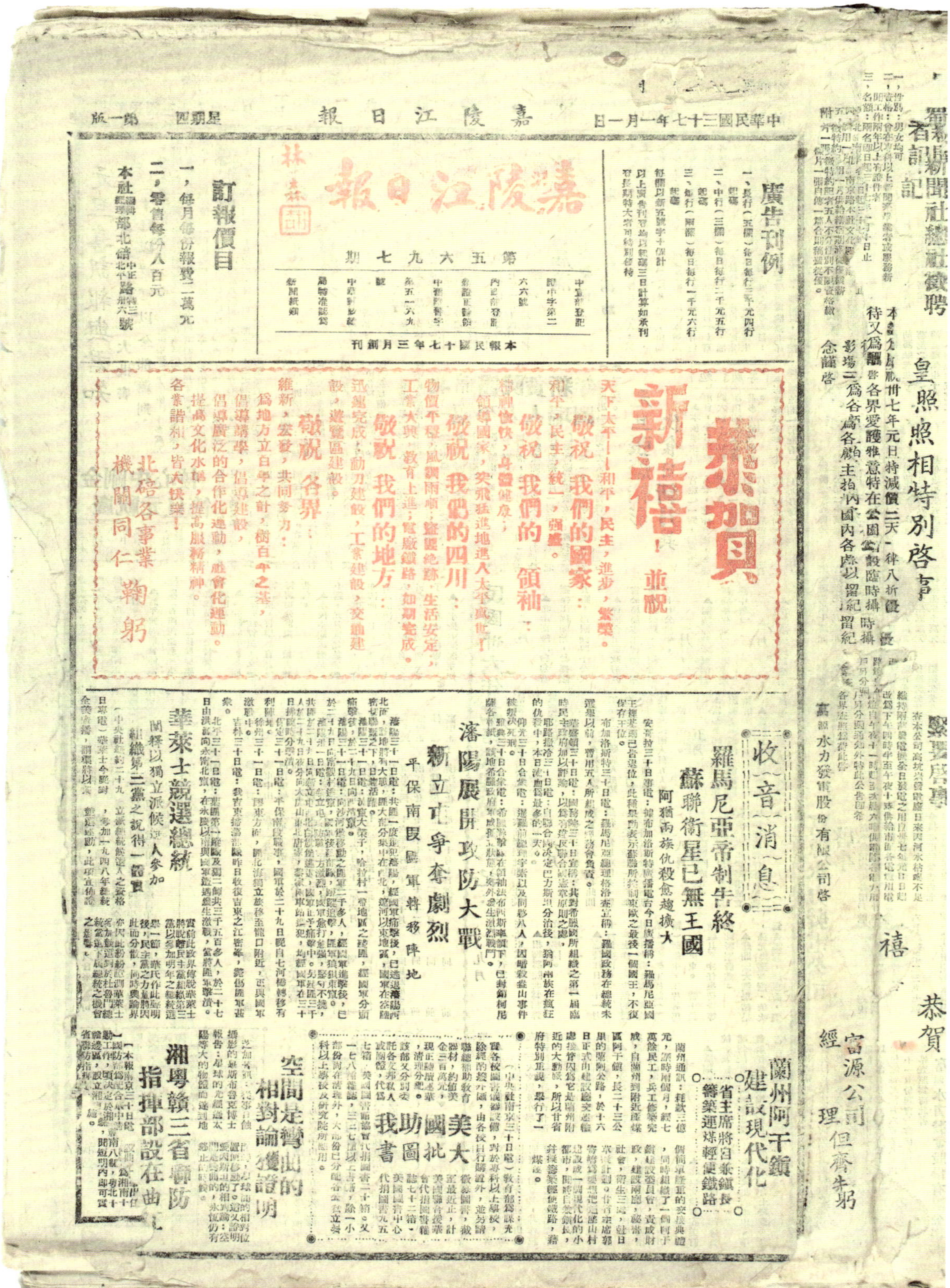

中華民國三十七年一月一日　嘉陵江日報　星期四　第一版

嘉陵江日報

第五六九七期

中宣部登記證中字第二六六號　內政部登記證警字第五一六九號　中華郵政局特准掛號認為新聞紙類

本報民國十七年三月創刊

廣告刊例

一、長行（五欄）每日每行三千元四行起碼

二、中行（三欄）每日每行二千元五行起碼

三、短行（兩欄）每日每行一千元六行起碼

每欄以新五號字十個計

以上廣告刊登均以起碼三日計算如承刊登長期特大者可特別優待

訂報價目

一，每月每份報費二萬元

二，零售每份八百元

本社經理部編輯 北碚中正路特三號

恭賀新禧！並祝

天下太平——和平，民主，進步，繁榮。

敬祝我們的國家：和平，民主，統一，强盛。

敬祝我們的領袖：精神愉快，身體健康；領導國家，突飛猛進地進入太平盛世！

敬祝我們的四川：物價平穩，風調雨順，盜匪絕跡，生活安定；工業大興，教育上進，寶廠鐵路，如期完成。

敬祝我們的地方：迅速完成，動力建設，工業建設，交通建設，遊覽區建設。

敬祝各界：維新，宏發，共同努力：為地方立百年之計，樹百年之基，倡導講學，倡導建設，倡導廣泛的合作化運動，社會化運動。提高文化水準，提高服務精神。各業諧和，皆大快樂！

北碚各事業機關同仁　鞠躬

收音消息

羅馬尼亞帝制告終

蘇聯衛星已無王國

阿猶兩族仇殺愈趨擴大

瀋陽展開攻防大戰

新立屯爭奪劇烈

平保南段匪軍轉移陣地

華萊士競選總統

開釋以獨立派候選人參加組織第三黨之說得一證實

蘭州阿干鎮建設現代化

省主席將自兼鎮長　籌築運煤輕便鐵路

美國助我大批圖書

空間是彎曲的相對論獲證明

湘粵贛三省聯防指揮部設在曲江

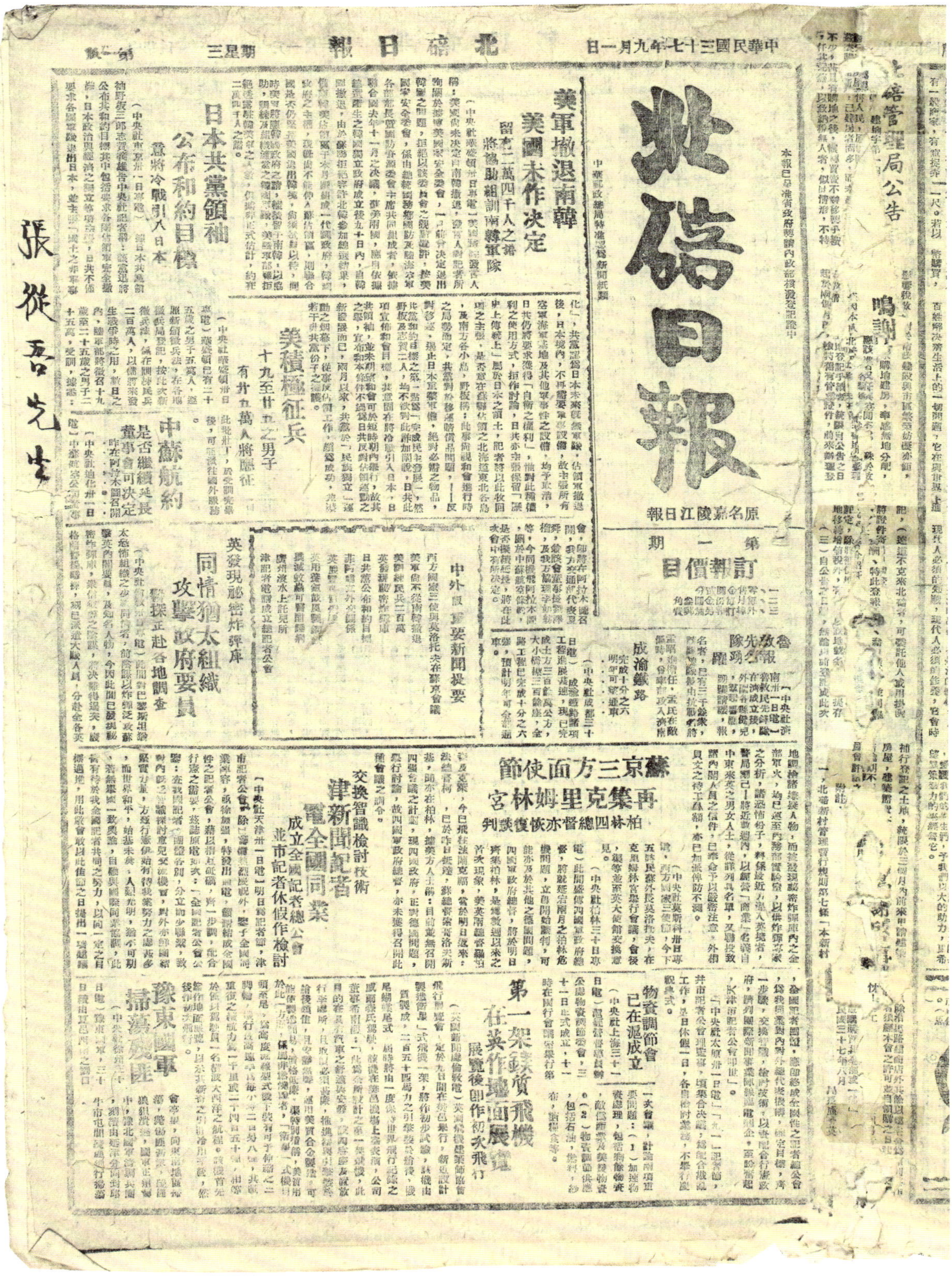

中華民國三十七年九月一日 北碚日報 一 星期三 第一版

北碚日報

原名嘉陵江日報

中華郵政總局特准掛號認為新聞紙類

本報已呈准省政府轉請內政部核發登記證中

第一期

訂報價目

美軍撤退南韓 美國未作決定

留下二萬四千人之譜 將協助組訓南韓軍隊

（中央社華盛頓卅日專電）美國務院發言人稱：美國尚未決定自南韓撤退，發言人對記者所詢關於據傳美國家安全委員會，一月前曾決定退出韓國之問題，拒絕以該委員會之觀點置評，按美國家安全委員會，係由總統國務聯國防及陸海空軍各部部長暨國防資源委會主席共同組成者，依據聯合國去年十一月之決議，蘇美兩國，應自依據總選產生之韓國獨立政府成立後九十日內，自韓國撤退，由於蘇聯拒絕容許北韓參加總選結果，僅南韓美佔領區于本月間組成一代議政府，韓國政府之主權，現雖尚不能伸入蘇佔領區，則聯合國是否仍堅持美國退出韓境，尚須試驗以後，同時美軍將應韓國政府之請，繼續留于南韓，以協助，訓練及組織該黨之韓國部隊，美國軍部雖拒絕透露駐韓美軍之人數，但據非正式估計，約有二萬四千人之譜。

日本共黨領袖 公布和約目標

意將冷戰引入日本

（中央社東京卅一日專電）據日本共黨領袖野坂三郎志賀義雄告中央社記者稱：該黨已將公布共和約目標其中包括要求各國佔領軍完全撤出，日本政治與經濟之獨立等項。日共不僅要求各國軍隊退出日本，並主張「國土之非軍事化」，共黨認為日本未來既無軍隊，佔領軍撤退後，日本境內，不再需要軍事設備，故主張所有空軍海軍基地及其他軍事性之設備，均予取消，日共仍將要求獲得「自衛之權利」，惟對此種權利之使用方式，拒作討論，日共亦主張保留「歷史上傳統上」屬於日本之領土，記者詢以此收回之主張，是否意在蘇聯佔領之北海道東北各島，及南方各小島，野坂稱：此事尚視和會進行時之局勢而定，共黨對於移遷賠償品問題，——反對移遷，認此日本軍需軍備，絕對必需之物品，此黨與約目標之第一點為「完成民主發展」，然野坂及志賀二人，均不欲對此詳加闡說，日共此項宣佈和會目標，其意固在將冷戰引入日本，日共領袖，並未明說和會可於短時期內舉行，故日共之舉，宜布和本條件不過為日共反對佔領運動之新發展而已，兩月以來，共黨於「民族獨立」運動之煙幕下，從事反佔領工作，頗為成功，若干非共黨份子之擁護。

美積極征兵

十九至廿五之男子 有廿五萬人將應征

（中央社華盛頓卅日專電）據美國已有二十五歲之男子五萬人，遵照新頒徵兵法，在各地徵兵局登記，按此次新徵兵法，係在訓練民兵二百萬人，以備將來發生戰爭時之用，數日之內，陸軍部將徵召十九歲至二十五歲之男子二十五萬，受訓，據悉：此批壯丁，於受訓完畢後，可能派往國外服務。

中蘇航約

是否繼續延長 董事會可決定

（中央社迪化卅一日電）中蘇航空公司董事會，昨在阿拉木圖召開會，即將在阿拉木圖開會，我方交通部……及我方協理……等，今同機飛阿，關於中蘇航約是否繼續延長，將在此次會中有所決定。

中外版重要新聞提要

西方國家三使與莫洛托夫在蘇京會議

美軍尚不從南韓撤退

美訓練民兵二百萬

英發現秘密炸彈庫

日共黨公布和約目標

非阿繼立外交關係

英用發動鼓風機……

英國……

撲滅蚊蟲可醫間歇瘧

廣州沒水上託兒所

津記者電請成立總記者公會

同情猶太組織 攻擊政府要員

英發現秘密炸彈庫 警探正赴各地調查

（中央社倫敦卅日專電）此間對巴勒斯坦猶太恐怖組織之少數同情者，前陰謀以炸彈泛攻蘇擊英內閣要員，及知名人物，今因此間已發現秘密炸彈庫，業已破獲之陰謀，將決難得逞矣，蘇格蘭警場探，現已派遣大隊人員，分赴全各英……

成渝鐵路

完成十分之六 明年可全部通車

（中央社成都三十日電）成渝鐵路，工程進展甚速，現已完成土方三百餘萬公方，大小橋樑三百餘座，全路工程已完成十分之六強，預計明年可全部通車。

蘇京三方面使節 再集克里姆林宮

柏林四總督亦恢復談判

（中央社莫斯科卅日專電）西方國家三使節，今日下午……

津新聞記者 電全國同業

交換智識檢討技術 成立全國記者總公會 並市記者休假作檢討

（中央社天津卅一日電）明日為記者節，津市記者公會，除已籌備熱烈慶祝外，鑒子全國同業陣容，亟須加强，特發出通電，籲請結成全國性之記者公會，藉以指點征職，齊一步調，配合行憲之需要，茲誌原電如次：「全國記者公會公鑒：查我國記者，團體各別，分立而少聯繫，致對內既乏智識探討意見交流機會，對外亦鮮團結堅實力量，方茲行憲伊始有待我業努力之處甚多，而世界和平，始甚未奠，人類光明，猶不可期，若無舉國一致輿論，自難與國際同業協調，此皆有待於我全國記者共同之努力，以向一定之目標邁進，用此敬會敢以此佳節之日提出一項建議……

物資調節會 已在滬成立

（中央社上海三十一日電）……

第一架鋅質飛機 在英作地面展覽

展覽後即作初次飛行

豫東國軍 掃蕩殘匪

（中央社……三十一日電）……

北碚管理局公告

鳴謝

張從吾先生

《工作月刊》

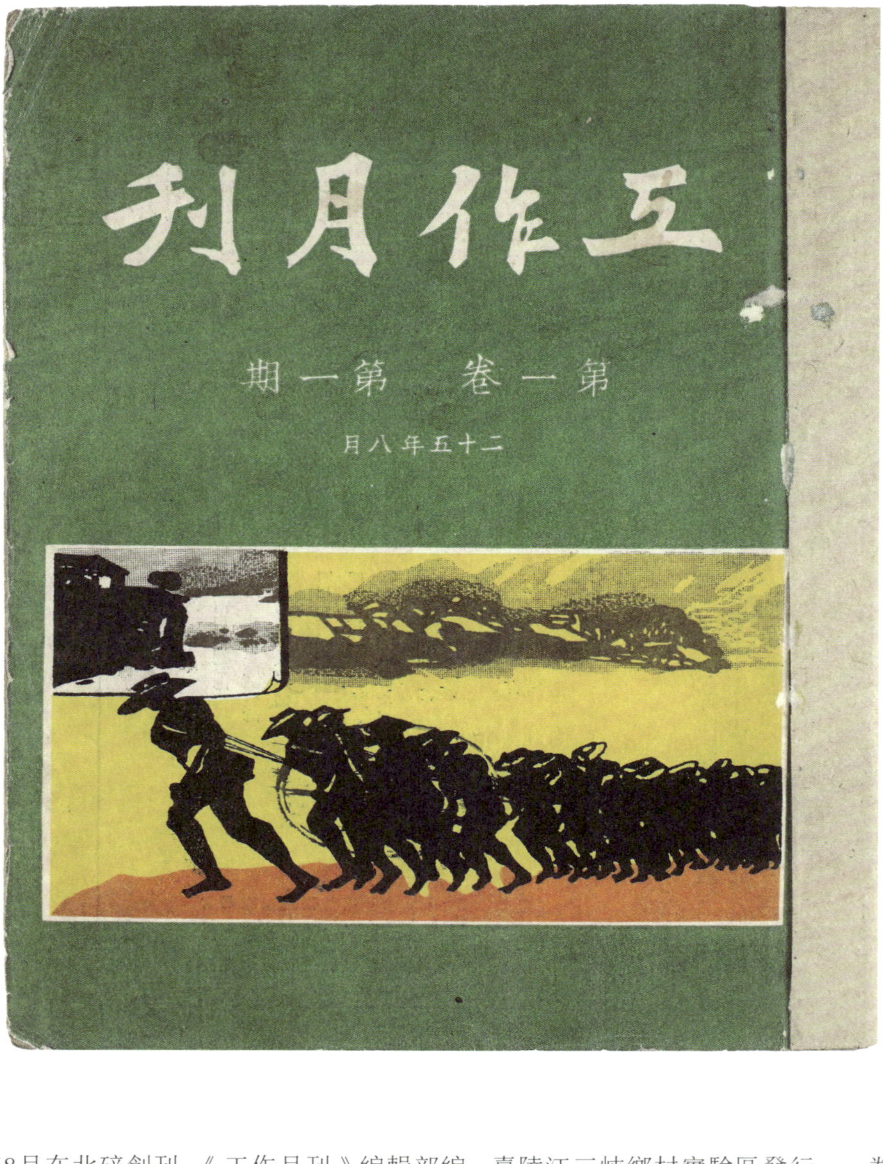

1936年8月在北碚創刊，《工作月刊》編輯部編，嘉陵江三峽鄉村實驗區發行，一卷五期更名《北碚月刊》。該刊是介紹北碚各方面情況、推行鄉村建設的綜合性刊物，是研究北碚歷史發展的重要文獻資料。

中國西部科學院出版品目錄

中國西部科學院廿年度報告書
中國西部科學院概況
地質研究所叢刊第一號
地質研究所叢刊第二號
生物研究所叢刊第一號
生物研究所叢刊第二號
生物研究所叢刊第三號
理化研究所叢刊第一號
理化研究所煤炭分析總報告第一號至第十二號
理化研究所煤炭分析總報告第十三至第十五號
理化研究所概況
廿一年度農場報告
廿二年度農場報告
廿三年度農場報告
裁兵與屯墾
造林特刊
整理川東北農田水利之商榷
工業陳列品說明書
博物館概況
博物館專刊
四川產業記載索引

重慶南川閩地質誌
四川嘉陵江三峽地質誌
四川嘉陵江下游魚類之調查
四川嘉定峨眉魚類之調查
四川鳴禽之研究
四川煤炭化驗第一次報告

常隆慶
羅正遠
常隆慶
張春林
施懷仁
張春林
施懷仁
王希成
李樂元
徐棠林
王以辛，李樂元，徐棠林
李樂元，黃海平
理化研究所
農林研究所
農林研究所
農林研究所
劉雨若
周斐尊
嚴育得
博物館
博物館
博物館
圖書館

發行處：四川巴縣北碚中國西部科學院

嘉陵江三峽鄉村建設實驗區出版目錄

怎麼樣做事爲社會做事
兩年來的峽防局
峽防局概況
未來的四川
我們的要求和訓練
希望中的新合川
剿滅共匪
四川人的大夢其醒
鄉村建設
東北遊記
三峽遊覽指南
峽區事業進度一覽
峽區事業記要
工作月刊（共廿期）
中國的建設問題與人的訓練
嘉陵江三峽鄉村實驗區工作報告
嘉陵江三峽鄉村建設實驗區
戶口統計表
保甲編製表
教育計劃書

盧作孚
江巴璧合特組峽防團務局
（同右）
盧作孚
盧作孚
盧子英
盧爲雲
盧作孚
盧作孚
盧作孚
鄧少琴
江巴璧合特組峽防團務局
江巴璧合特組峽防團務局
江巴璧合特組峽防團務局
中國西部科學院
盧作孚

發行處　四川巴縣北碚嘉陵江三峽鄉村建設實驗區

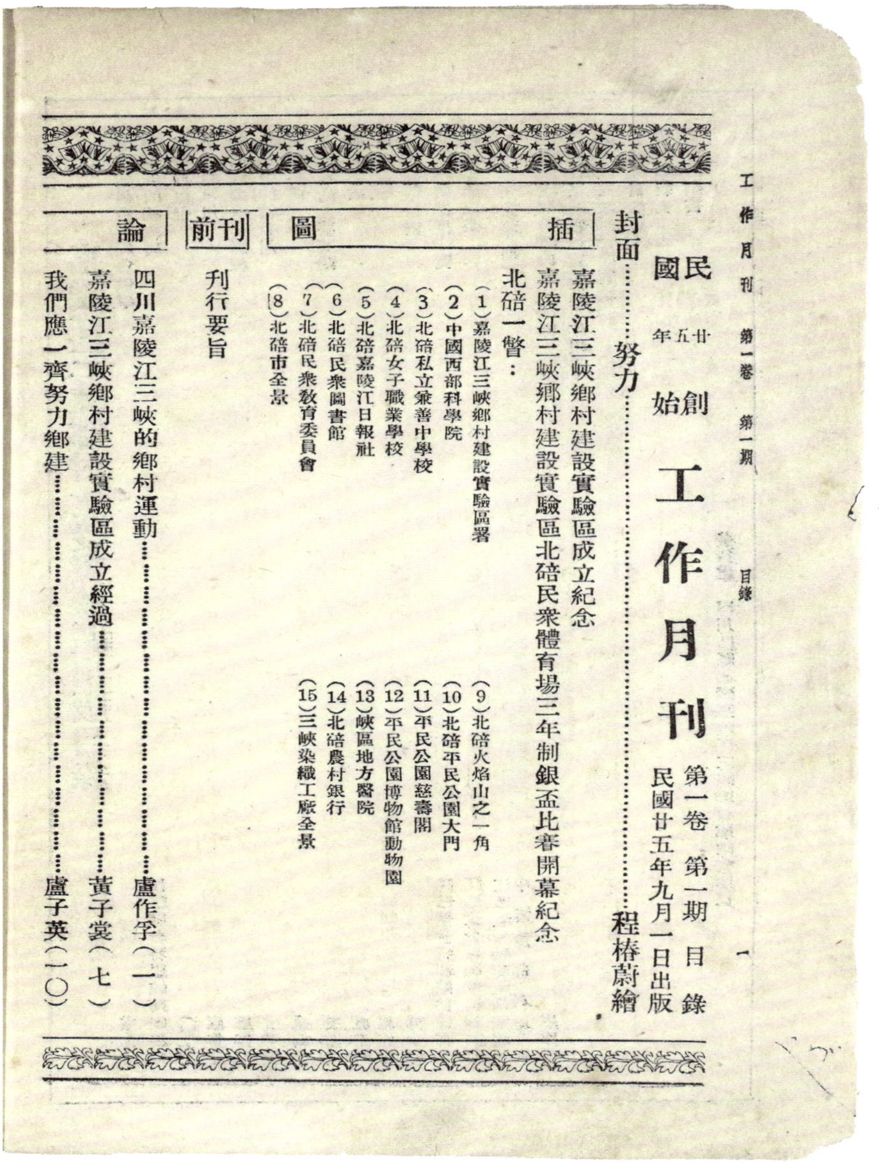

工作月刊 第一卷 第一期 目錄 一

民國廿五年創始

工作月刊

第一卷第一期目錄

民國廿五年九月一日出版

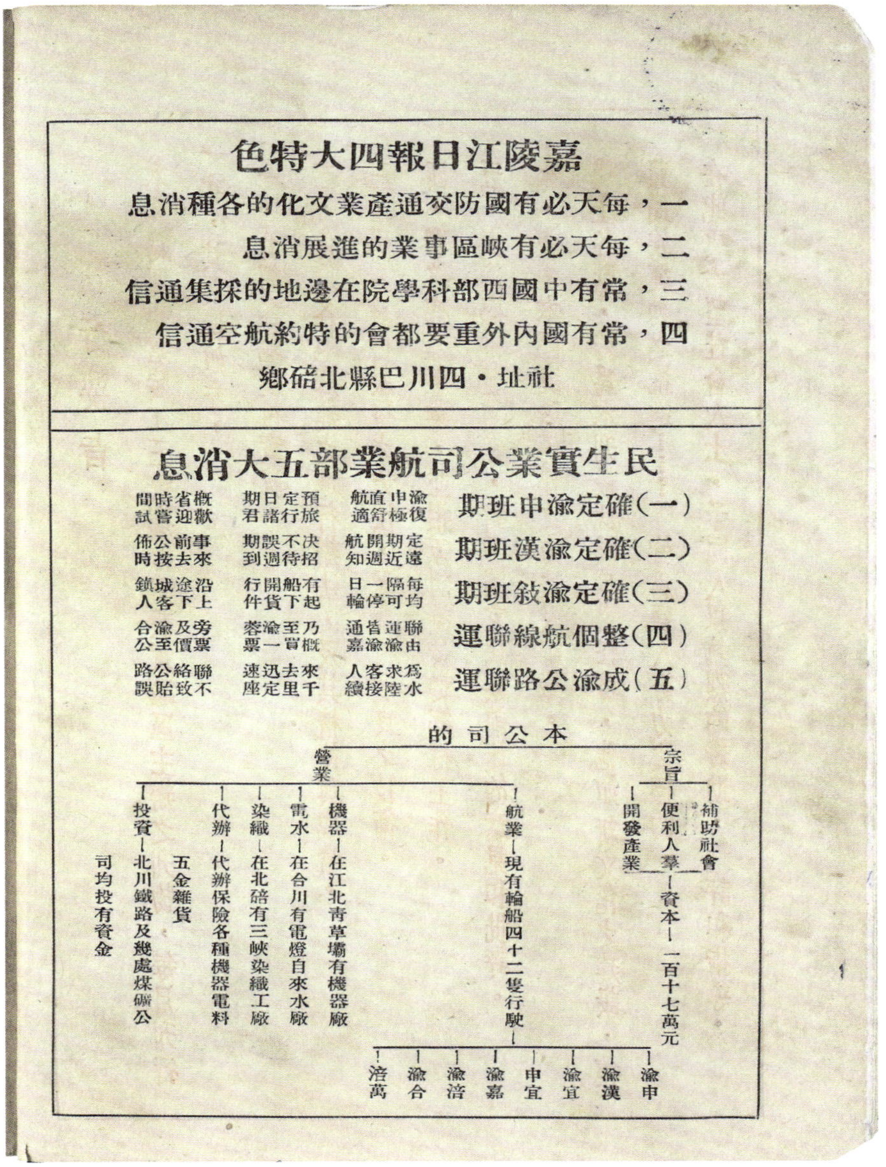

嘉陵江日報四大特色

一，每天必有國防交通產業文化的各種消息

二，每天必有峽區事業的進展消息

三，常有中國西部科學院在邊地的採集通信

四，常有國內外重要都會的特約航空通信

社址・四川巴縣北碚鄉

民生實業公司航業部五大消息

(一)確定渝申班期　渝申直航　復極舒適　預定日期　旅行諸君　概省時間　歡迎嘗試

(二)確定渝漢班期　定期開航　遠近週知　決不誤期　招待週到　事前公佈　來去按時

(三)確定渝敘班期　每隔一日　均可停輪　有船開行　起下貨件　沿途城鎮　上下客人

(四)整個航線聯運　聯運告通　由渝渝嘉　乃至渝蓉　概買一票　旁及渝合　票價至公

(五)成渝公路聯運　爲求客人　水陸接續　來去迅速　千里定座　聯絡公路　不致貽誤

本公司的

- 宗旨
  - 補助社會
  - 便利人羣
  - 開發產業
  - 資本—一百十七萬元
- 營業
  - 航業—現有輪船四十二隻行駛
    - 渝申
    - 渝漢
    - 渝宜
    - 申宜
    - 渝嘉
    - 渝涪
    - 渝合
    - 涪萬
  - 機器—在江北青草壩有機器廠
  - 電水—在合川有電燈自來水廠
  - 染織—在北碚有三峽染織工廠
  - 代辦—代辦保險各種機器電料
  - 五金雜貨
  - 投資—北川鐵路及幾處煤礦公司均有投資金

《大聲》周刊

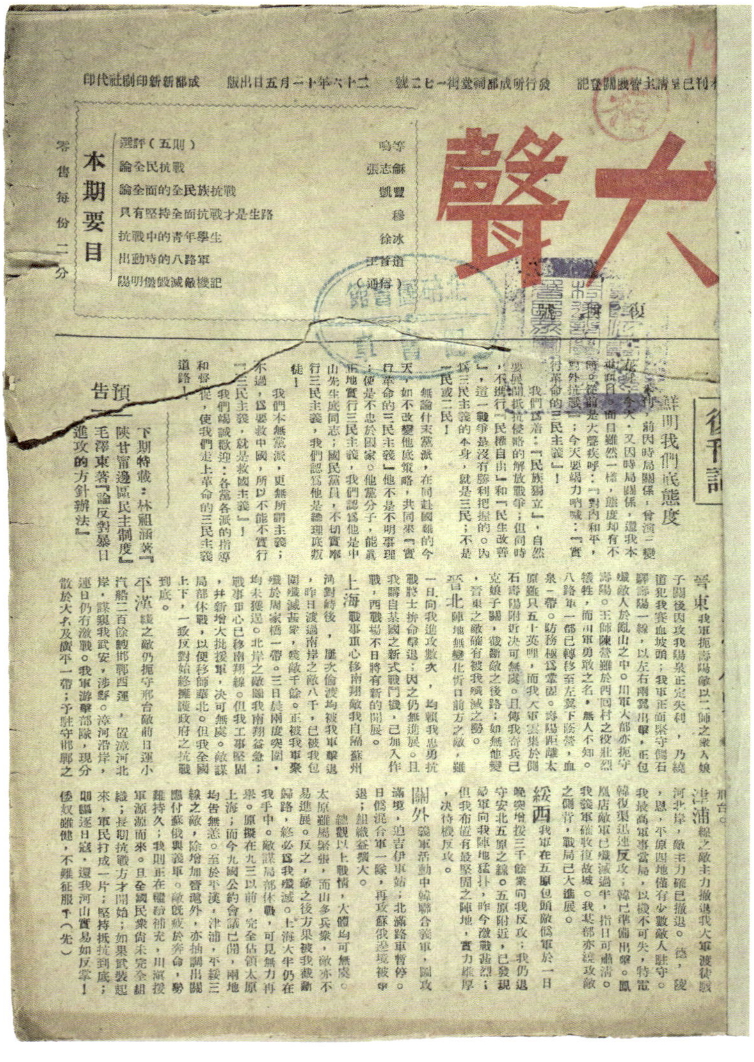
本刊已呈請主管機關登記　發行所成都祠堂街一七二號　二十六年十一月五日出版　成都新新印刷社代印

大聲

本期要目

選評（五則）	鳴等
論全民抗戰	張志龢
論全面的全民族抗戰	凱豐
只有堅持全面抗戰才是生路	穆
抗戰中的青年學生	徐冰
出動時的八路軍	王首道
陽明堡殲滅敵機記	（通信）

零售每份二分

復刊詞

鮮明我們底態度

預告

此刊由革命烈士車耀先主編，1937年1月在成都創刊，十三期後曾遭國民黨政府當局的查封被迫停刊，1937年11月5日復刊發行。該刊是成都地區影響很大的進步刊物之一。

《建設周訊》

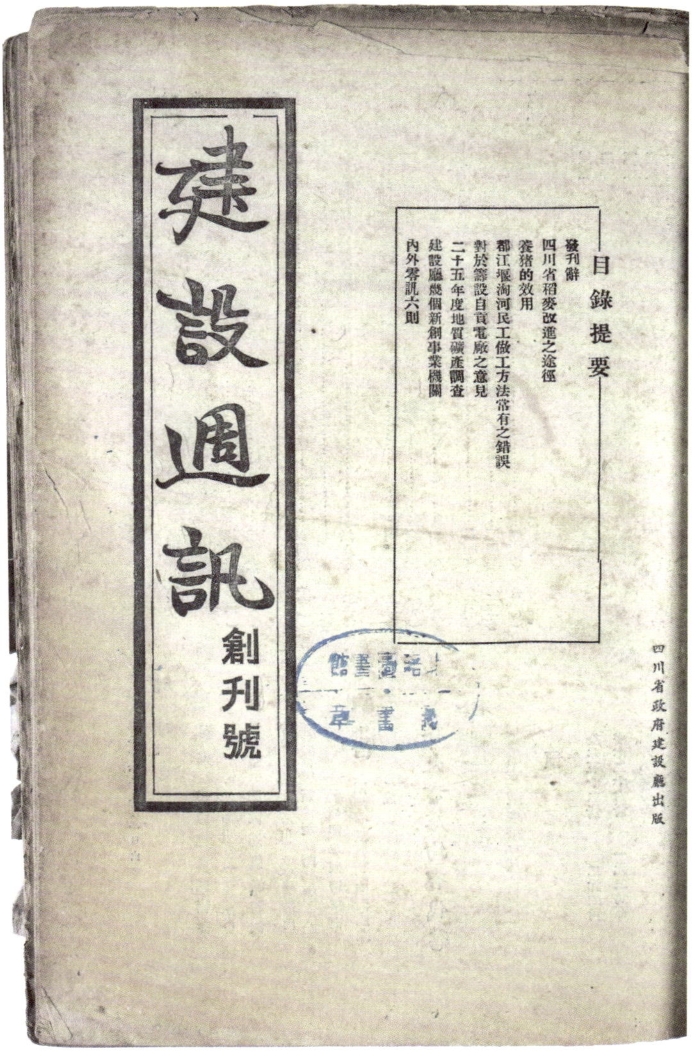

1937年3月1日在成都創刊，由《建設周訊》編輯部編，四川省政府建設廳出版。此刊爲盧作孚先生就任四川建設廳廳長後創辦，以刊登四川各縣建設情況爲要旨，用以推進四川的經濟建設，是研究當時四川經濟發展狀況的重要史料。

推行政治最有效之方法，非徒發布命令或僅施獎懲；而在：

(一)促進政治工作人員工作上之交互影響，集中政治推動之情報而整理之，公布於全體工作之人員　使於政治工作上自己之進步有所認識　他人之進步有所比較，採用之方法有所交換。此種交互影響愈緊密，愈深刻，則其及於政治推動之效力愈偉大。

(二)在使一切政治工作放在萬目睽睽之下。使政治工作之敷衍或延宕者，無所逃於大衆之監察與責備；他方面工作緊張而有成績者，亦能顯露於大衆之前，取得周圍仰望者同情之包圍，而甘以身徇所有之工作，以副周圍般切之仰望。

建設週訊之使命，卽在以簡捷之方法，傳布建設消息，集中建設工作之情報而整理之，公布於全體建設工作之人員；復使一切人員及其一切工作放在大衆之前，萬目監視之下。欲於其間發現建設行政上及事業上無數問題，發現解决問題之辦法，以供工作人員之參考；發現若干試驗與錯誤，以供工作人員之省察；發現每一時間每一區域或每一事業工作之進度，各區域互相間各事業相互間工作成績之比較。不僅使全般建設工作人員明瞭；幷以提供凡希望四川迅速建設之各界人士共同明瞭。促起各界人士加以批判，幷加以督責，使工作人員之勤能者無所埋沒而有所鼓舞，偷惰者無所逃藏而有所愧恧。由是發生推動建設之偉大效力，此卽建設週訊所負之重大使命。如何乃能完成此種使命，則週訊同人所需急切尋求之辦法，或更有甚於一般建設工作之人員。建設工作，在四川巳係創造之工作，非原有環境中之事物；今之建設週訊，抑又係建設工作中創造之工作，愈非原有環境中之事物，其爲困難當爲何如乎？

建設週訊，傳達建設消息之利器也；但必須有建設工作，乃有建設消息。其所紀錄皆事實，皆工作人員所供給，皆工作人員活躍之實際情景。縱常及於建設之根本意義及其理論上之根據；然絕非凌空提出，亦自若干事實若干活動上發現之。

爲要求工作紀錄有辦法，卽必須工作有辦法，必須工作事前有計劃，事後有整理，中間有若干段落可以劃分，內容有若干部門可以分析。工作人員在工作上遭遇之困難及痛苦，獲得之同情及協助，其進步超越他人或竟落他人後，皆必有描寫或紀錄。凡此材料，皆爲建設週訊所需要；皆須向各建設工作人員徵求；皆須由各建設人員供給；皆須研討其整理或分析，紀錄或描寫之方式。

例如度量衡新制之推行：

就全縣言：

第一期　推行縣城

第二期　推行重要鄉場

第三期　推行一般鄉場

就縣城言：

目次

中華民國二十六年三月一日出版

創刊號

編輯者　建設週訊編輯部　四川省政府建設廳內

發行者　建設週訊發行部　四川省政府建設廳內

印刷者　新新印刷社　成都忠烈祠南街

總代售　四川省政府建設廳問訊處　成都督院街

各大書店均有代售

每週星期一發行

每冊定價國幣五分

預定

全年五十二冊　二元四角

半年二十六冊　一元二角五

國外郵票另加

《群衆》周刊

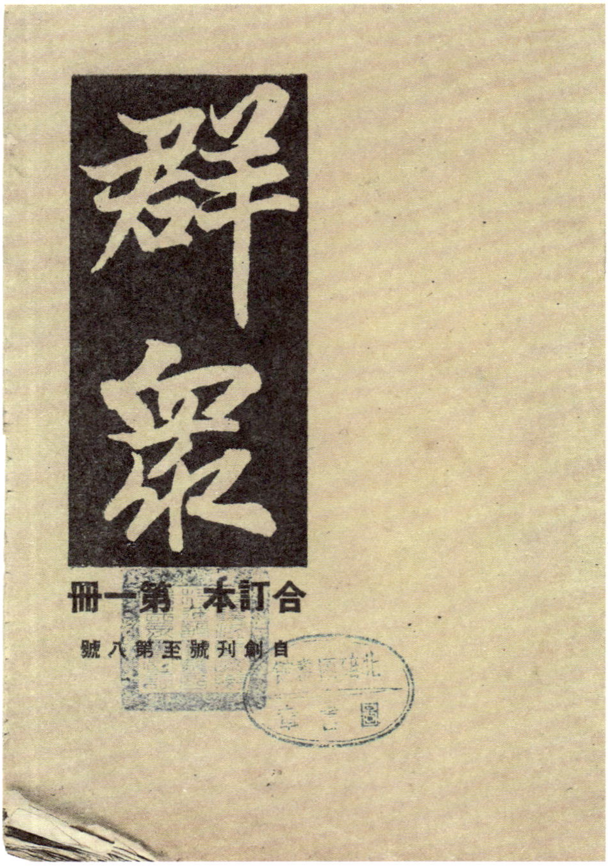

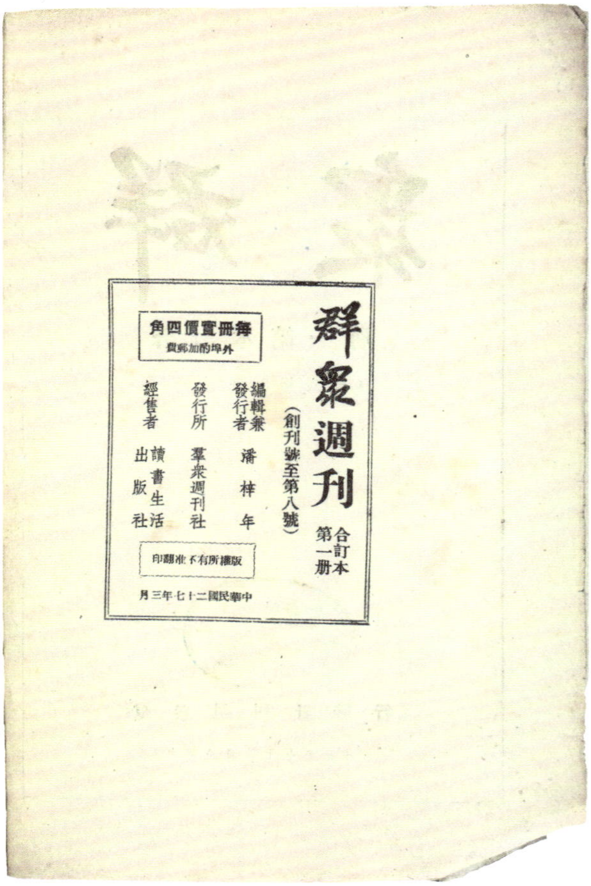

該刊是中國共産黨在國民黨統治區主辦的公開理論刊物。1937年12月11日創辦於武漢，次年12月遷重慶出版，1947年2月28日被國民黨當局强迫停刊。《群衆》周刊在周恩來、董必武、葉劍英等人的領導下開展編輯發行工作，具體編輯兼發行人爲潘梓年。《群衆》周刊在當時是影響極大的刊物，對於黨史、抗戰史的研究極具參考價值。

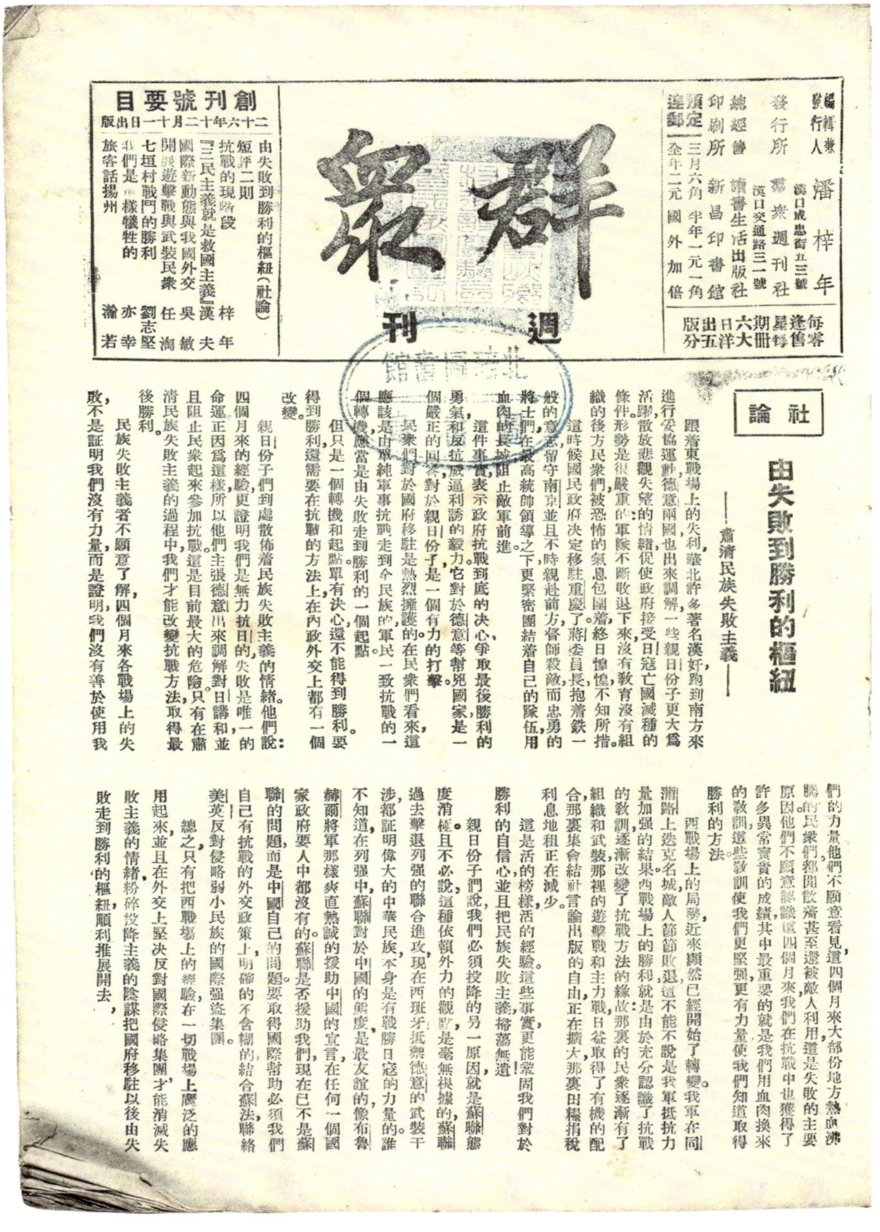

群衆
週刊

編輯兼發行人 潘梓年
漢口成忠街五三號
發行所 羣衆週刊社
漢口交通路三一號
總經售 讀書生活出版社
印刷所 新昌印書館
預定 三月六角 半年一元一角
連郵 全年二元 國外加倍
每逢星期六日出版
零售每册大洋五分

創刊號要目

二十六年十二月十一日出版

社論

由失敗到勝利的樞紐

——肅清民族失敗主義——

跟着東戰場上的失利，華北許多著名漢奸，跑到南方來進行妥協運動，德意兩國也出來調解，一些親日份子更大爲活躍，散放悲觀失望的情緒，促使政府接受日寇亡國滅種的條件。形勢是很嚴重的：軍隊不斷敗退下來，沒有教育沒有組織的後方民衆們，被恐怖的氣息包圍着，終日惶惶，不知所措。

這時候國民政府決定移駐重慶了。蔣委員長，抱着鐵一般的意志，留守南京，並且不時親赴前方，督師殺敵，而忠勇的將士們，在最高統帥領導之下，更緊密團結着自己的隊伍，用血肉的長城，阻止敵軍前進。

這件事實，表示政府抗戰到底的決心，爭取最後勝利的勇氣，和反抗威逼利誘的毅力。它對於德意等幫兇國家是一個嚴正的回答，對於親日份子，是一個有力的打擊。

民衆們對於國府移駐是熱烈擁護的，在民衆們看來，這應該是由單純軍事抗戰，走到全民族的軍民一致抗戰的一個轉機，應當是由失敗走到勝利的一個起點。

但只是一個轉機和起點，單有決心還不能得到勝利。要得到勝利，還需要在抗戰的方法上，在內政外交上都有一個改變。

親日份子們到處散佈着民族失敗主義的情緒。他們說：四個月來的經驗，更證明我們是無力抗日的，失敗是唯一的命運。正因爲這樣，所以他們主張德意出來調解對日講和，並且阻止民衆起來參加抗戰。這是目前最大的危險。只有在肅清民族失敗主義的過程中，我們才能改變抗戰方法，取得最後勝利。

民族失敗主義者不願意了解，四個月來各戰場上的失敗，不是証明我們沒有力量，而是證明，我們沒有善於使用我們的力量。他們不願意看見這四個月來大部份地方熱血沸騰的民衆們，都閑散着甚至還被敵人利用，這是失敗的主要原因。他們不願意認識這四個月來我們在抗戰中也獲得了許多異常寶貴的成績，其中最重要的就是我們用血肉換來的教訓，這些教訓使我們更堅强，更有力量使我們知道取得勝利的方法。

西戰場上的局勢，近來顯然已經開始了轉變。我軍在同蒲路上迭克名城，敵人節節敗退，這不能不說是我軍抵抗力量加强的結果。西戰場上的勝利就是由於充分認識了抗戰的教訓，逐漸改變了抗戰方法的緣故：那裏的民衆逐漸有了組織和武裝，那裡的遊擊戰和主力戰，日益取得了有機的配合，那裏集會結社言論出版的自由，正在擴大，那裏田糧捐稅利息地租正在減少。

這是活的榜樣，活的經驗。這些事實，更能鞏固我們對於勝利的自信心，並且把民族失敗主義，掃蕩無遺！

親日份子們說，我們必須投降的另一原因，就是蘇聯態度消極。且不必說，這種依賴外力的觀點，是毫無根據的，蘇聯過去擊退列强的聯合進攻，現在西班牙抵禦德意的武裝干涉，都証明偉大的中華民族，本身是有戰勝日寇的力量的。誰不知道，在列强中，蘇聯對於中國的態度，是最友誼的，像布魯赫爾將軍那樣爽直熱誠的援助中國的宣言，在任何一個國家政府要人中都沒有的。蘇聯是否援助我們，現在已不是蘇聯的問題，而是中國自己的問題。要取得國際幫助，必須我們自己有抗戰的外交政策，明確的不含糊的結合蘇法，聯絡美英，反對侵略弱小民族的國際强盜集團。

總之，只有把西戰場上的經驗，在一切戰場上廣泛的應用起來，並且在外交上堅決反對國際侵略集團，才能消滅失敗主義的情緒，粉碎投降主義的陰謀，把國府移駐以後由失敗走到勝利的樞紐順利推展開去，

《抗戰文藝》

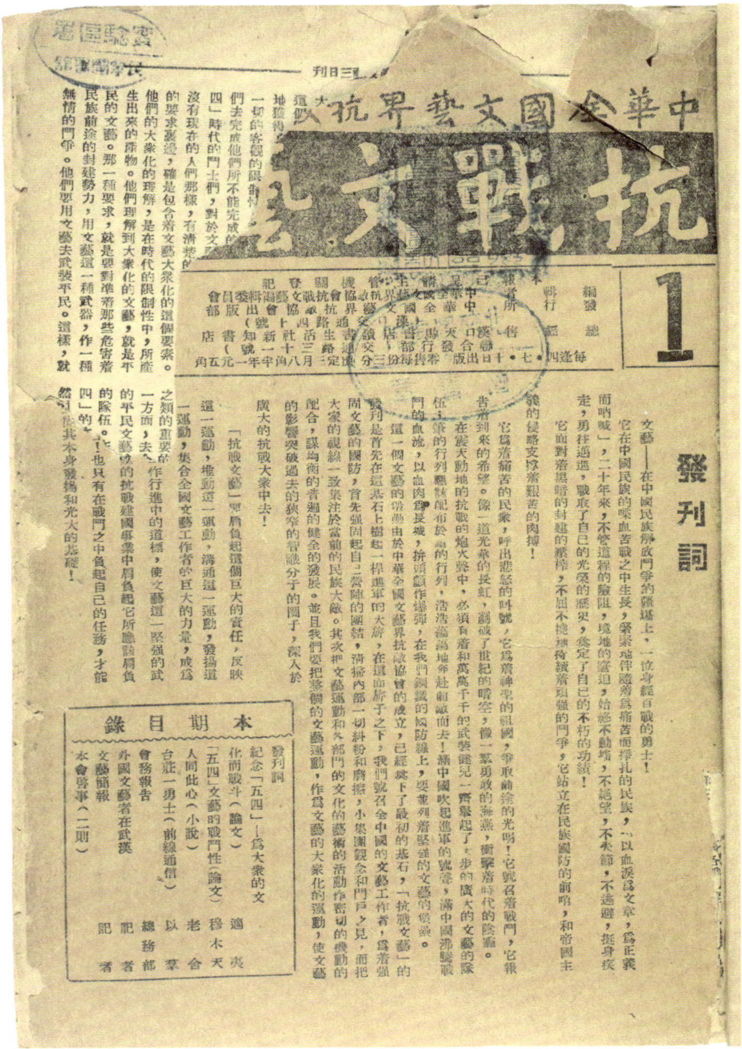

中華全國文藝界抗敵協會

抗戰文藝

1

每逢四·七·十日出版

發刊詞

文藝——在中國民族解放鬥爭的疆場上，一位身經百戰的勇士！

它在中國民族的喋血苦戰之中生長，緊緊地伴隨着爲痛苦而掙扎的民族，「以血淚爲文章，爲正義而吶喊」，二十年來，不管道程的險阻，境地的窘迫，始終不動搖，不絕望，不失節，不逃避，挺身疾走，勇往邁進，戰取了自己的光榮的歷史，奠定了自己的不朽的功績！

它面對着黑暗的封建的壓榨，不屈不撓地持續着頑強的鬥爭，它站立在民族國防的前哨，和帝國主義的侵略支撑着艱苦的肉搏！

它爲着痛苦的民衆，呼出悲怒的叫號，它爲着神聖的祖國，爭取前途的光明！它號召着戰鬥，它報告着到來的希望。像一道光華的長虹，劃破了世紀的暗空，像一羣勇敢的海燕，衝擊着時代的險濤。

在震天動地的抗戰的炮火聲中，必須有着和萬萬千千的武裝健兒一齊舉起了大步的廣大的文藝的隊伍；筆的行列應該配布於前的行列，浩浩蕩蕩地奔赴前敵而去！將中國吹起進軍的號音，滿中國沸騰戰鬥的血流，以血肉爲長城，拼頭顱作爆彈，在我們鋼鐵的國防線上，要並列着堅強的文藝的堡壘。

這一個文藝的堡壘由於中華全國文藝界抗敵協會的成立，已經奠下了最初的基石，「抗戰文藝」的發刊是首先在這基石上樹起一桿進軍的大旂，在這面旂子之下，我們號召全中國的文藝工作者，爲着强固文藝的國防，首先强固起自己營陣的團結，清掃內部一切糾紛和磨擦，小集團觀念和門戶之見，而把大家的視線一致集注於當前的民族大敵。其次把文藝運動和各部門的文化的藝術的活動作密切的機動的配合，謀均衡的普遍的健全的發展。並且我們要把整個的文藝運動，作爲文藝的大衆化的運動，使文藝的影響突破過去的狹窄的智識分子的圈子，深入於廣大的抗戰大衆中去！

「抗戰文藝」要肩負起這個巨大的責任，反映這一運動，推動這一運動，溝通這一運動，發揚這一運動，集合全國文藝工作者的巨大的力量，成爲……

本期目錄

1938年5月4日創刊於漢口，1946年5月4日終刊於重慶。該刊是中華全國文藝界抗敵協會總會的會刊，由中華全國文藝界抗敵協會出版發行。該刊初爲三日刊，後改周刊、月刊，是抗戰期間影響較大的文藝刊物，刊載了許多知名作家的優秀作品，是研究抗戰文藝運動的珍貴資料。

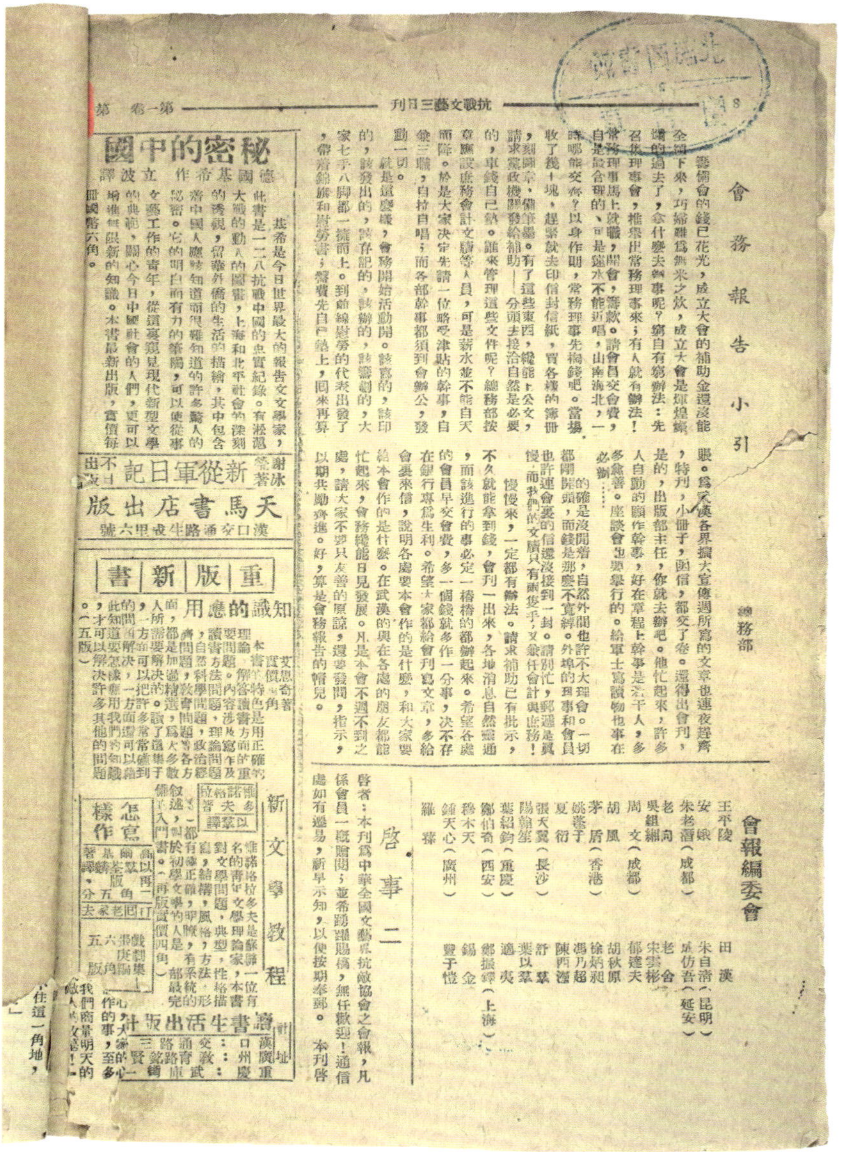

第一卷第 抗戰文藝三日刊 8

會務報告小引

總務部

籌備會的錢已花光，成立大會的補助金還沒能全領下來，巧婦難爲無米之炊，成立大會是輝煌燦爛的過去了，會什麼去辦事呢？窮自有窮辦法：先召集理事會，推舉出常務理事來；有人就有辦法！常務理事馬上就職，開會，籌款。請會員交會費，自是最合理的、可是遠水不能近喝，山南海北，一時哪能交齊？以身作則，常務理事先掏錢吧。當場收了幾十塊，趕緊就去印信封信紙，買各樣的簿冊，刻圖章，備筆墨。有了這些東西，纔能上公文，請求黨政機關發給補助——分頭去接洽自然是必要的，車錢自己墊。誰來管理這些文件呢？總務部按章應設庶務會計文牘等人員，可是薪水並不能自天而降。於是大家決定先請一位略受津貼的幹事，自兼三職，自拉自唱；而各部幹事都須到會辦公，發動一切。

就是這麼樣，會務開始活動開。該寫的，該印的，該發出的，該存記的，該辦的，該籌劃的，大家七手八腳都一擁而上。到前線慰勞的代表出發了，帶着錦旗和慰勞書；盤費先自已墊上，回來再算眼。爲武漢各界擴大宣傳週所寫的文章也連夜趕齊，特刊，小冊子，函信，都交了卷。還得出會刊，是的，出版部主任，你就去辦吧。他忙起來，許多人自動的願作幹事，好在章程上幹事是若干人，多多益善。座談會也要舉行的。給軍士寫讀物也事在必辦……

的確是沒閒着，自然外間也許不大理會。一切都剛開頭，而錢是那麼不寬綽。外埠的理事和會員也許連會裏的信還沒接到一封。請別忙，郵遞是眞慢，而我們的文牘只有兩隻手，又兼任會計與庶務！

慢慢來，一定都有辦法。請求補助已有批示，不久就能拿到錢，會刊一出來，各地消息自然靈通，而該進行的事必定一樁樁的都辦起來。希望各處的會員早交會費，多一個錢就多作一分事，決不存在銀行專爲生利。希望大家都給會刊寫文章，多給會裏來信，說明各處要本會作的是什麼，和大家要給本會作的是什麼。在武漢的與在各處的朋友都能忙起來，會務纔能日見發展。凡是本會不週不到之處，請大家不要只友善的原諒，還要發問，指示，以期共勵齊進。好，算是會務報告的帽兒。

會報編委會

王平陵 安娥 朱光潛（成都） 老向 吳組緗 周文（成都） 胡風 茅盾（香港） 姚蓬子 夏衍 張天翼（長沙） 陽翰笙 葉紹鈞（重慶） 鄭伯奇（西安） 穆木天 鍾天心（廣州） 羅蓀

田漢 朱自清（昆明） 成仿吾（延安） 老舍 宋雲彬 郁達夫 胡秋原 徐炳昶 馮乃超 陳西瀅 舒羣 葉以羣 適夷 鄭振鐸（上海） 錫金 豐子愷

啓事二

啓者：本刊爲中華全國文藝界抗敵協會之會報，凡係會員一概贈閱；並希踴躍賜稿，無任歡迎！通信處如有遷易，祈早示知，以便按期奉郵。本刊啓

《八路軍軍政雜誌》

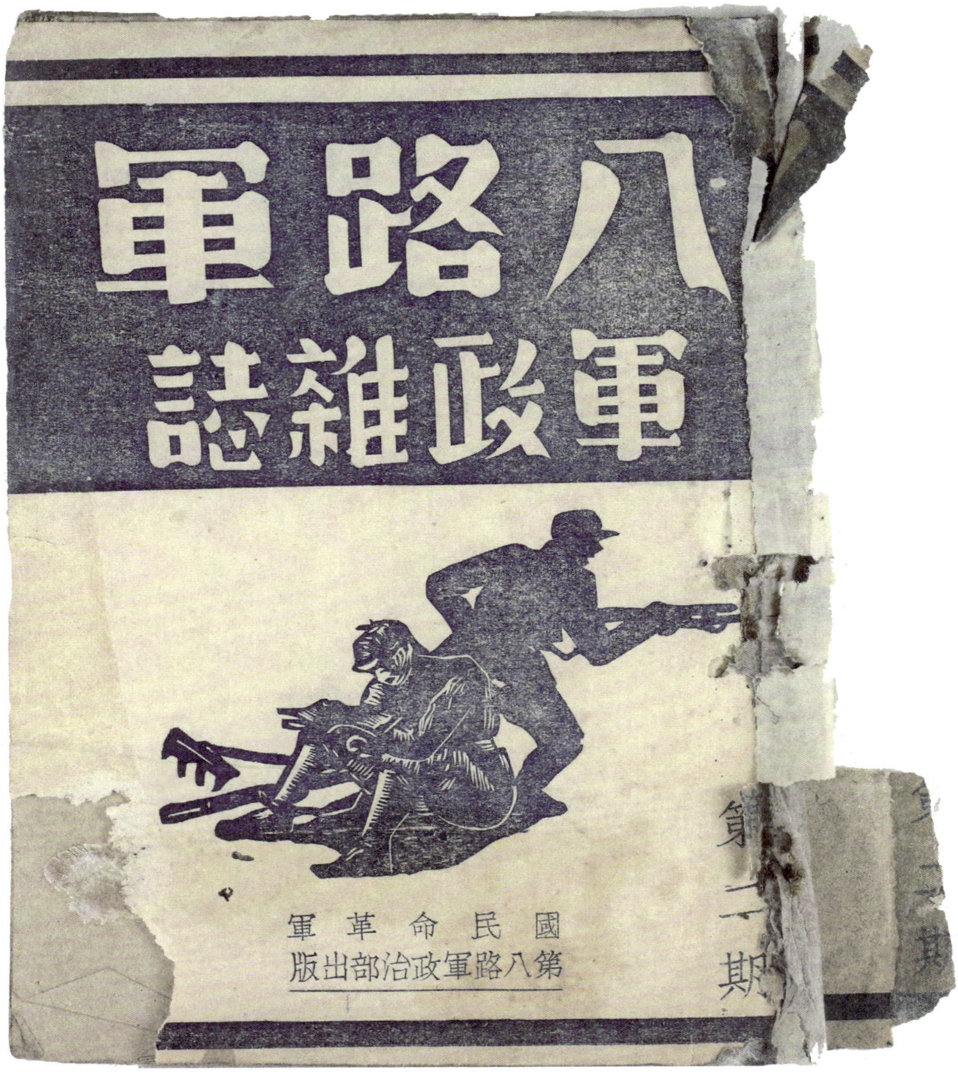

1939年1月25日在延安創刊，由國民革命軍第八路軍軍政雜誌社編，國民革命軍第八路軍政治部出版發行。該刊爲月刊，出至四卷三期終刊，是研究抗戰史的珍貴資料。

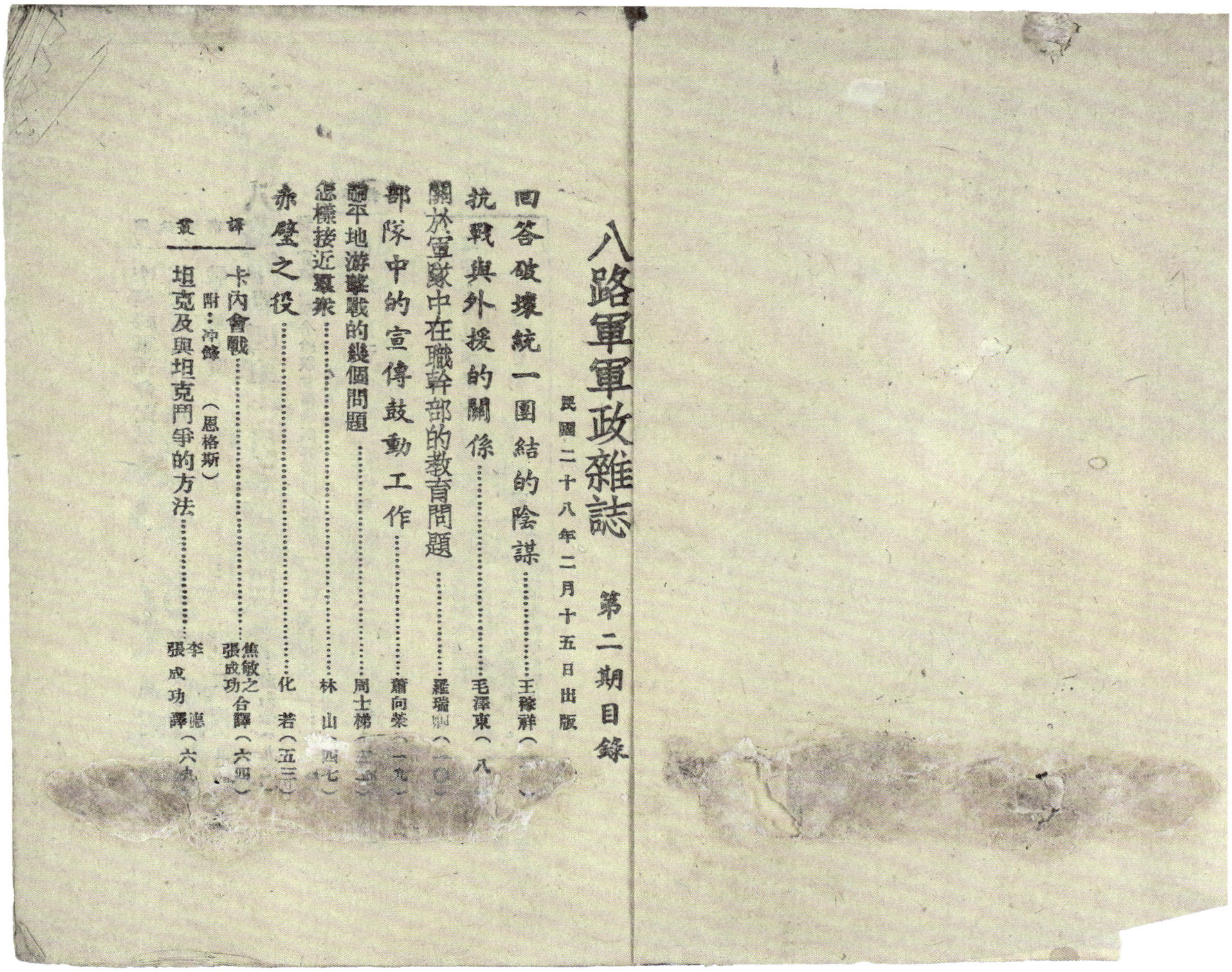

八路軍軍政雜誌 第二期目錄

民國二十八年二月十五日出版

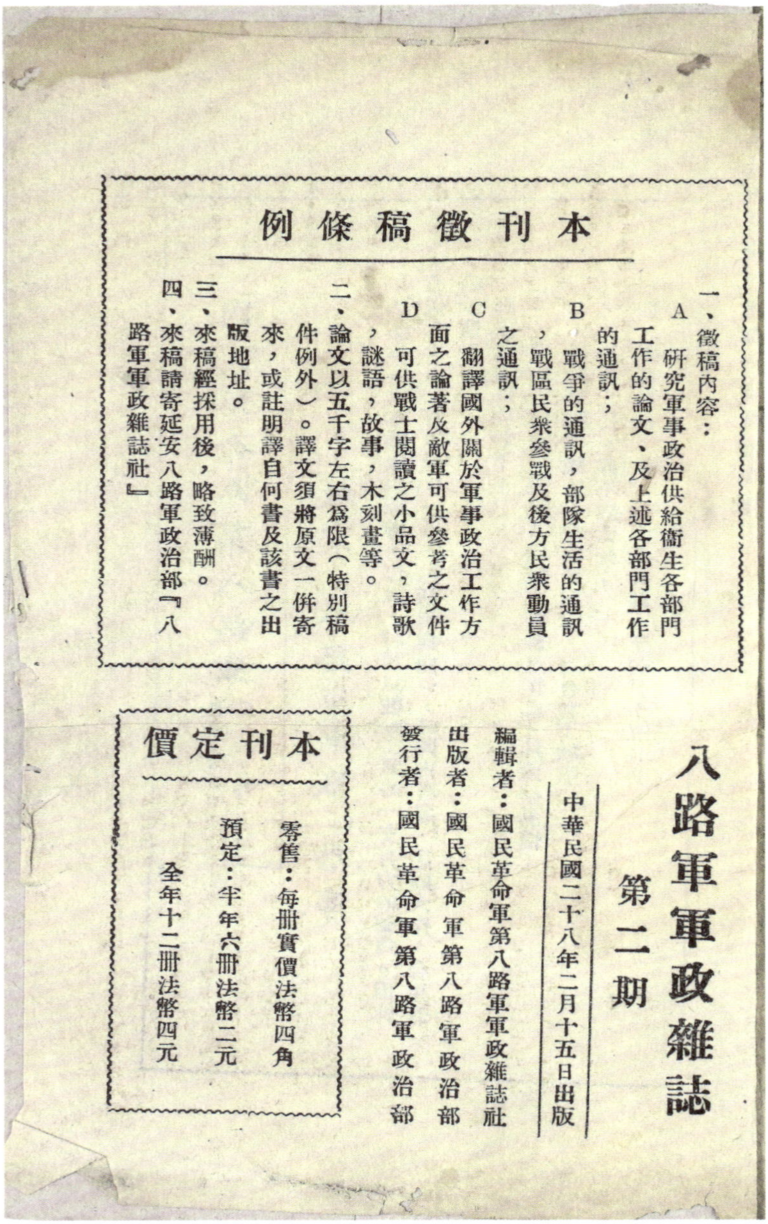

本刊徵稿條例

一、徵稿內容：

A、研究軍事政治供給衛生各部門工作的論文、及上述各部門工作的通訊；

B、戰爭的通訊，部隊生活的通訊，戰區民衆參戰及後方民衆動員之通訊；

C、翻譯國外關於軍事政治工作方面之論著及敵軍可供參考之文件

D、可供戰士閱讀之小品文，詩歌，謎語，故事，木刻畫等。

二、論文以五千字左右爲限（特別稿件例外）。譯文須將原文一併寄來，或註明譯自何書及該書之出版地址。

三、來稿經採用後，略致薄酬。

四、來稿請寄延安八路軍政治部『八路軍軍政雜誌社』

八路軍軍政雜誌

第二期

中華民國二十八年二月十五日出版

編輯者：國民革命軍第八路軍軍政雜誌社

出版者：國民革命軍第八路軍政治部

發行者：國民革命軍第八路軍政治部

本刊定價

零售：每册實價法幣四角

預定：半年六册法幣二元

全年十二册法幣四元

《文藝戰綫》

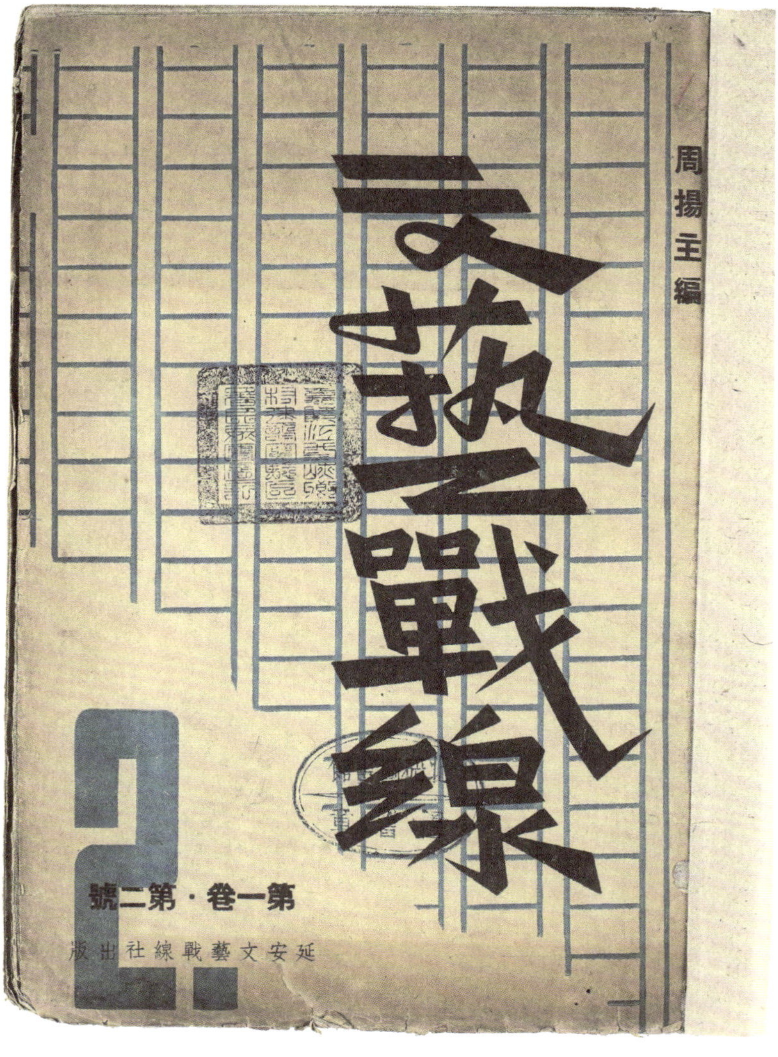

1939年2月16日創刊於延安，共出六期。該刊由周揚主編，延安文藝戰綫社出版，發行人夏衍。主要作者有周揚、艾思奇、劉白羽、何其芳、沙汀等。該刊是研究延安解放區文藝運動的珍貴資料。

目錄

文藝戰線
第一卷·第二號
民國廿八年三月十六日出版
主編　周揚
編委會　艾思奇　丁玲　成仿吾　沙克夫　沙汀　李伯釗　何其芳　周揚　柯仲平　荒煤　劉白羽　夏衍　陳學昭　卞之琳　周文　馮乃超
發行人　夏衍
通訊處：延安文化界救亡協會轉
出版者　文藝戰線社
總經售　生活書店
重慶武庫街　香港皇后大道
桂林中南路　昆明華山南路
長沙東長路　西安馬坊門街
梧州　成都　貴陽　上海　蘭州
南昌　吉安　金華　沅陵　柳州
南寧　南平　宜昌　萬縣　衡陽
南鄭　曲江　麗水　樂山　恩施
印刷者　科學印刷廠
月刊　每逢十六日出版
本埠　零售每册二角五分
外埠　零售每册二角八分

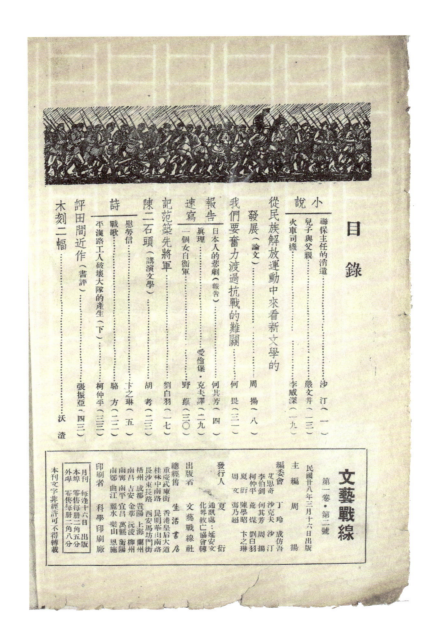

《地理》

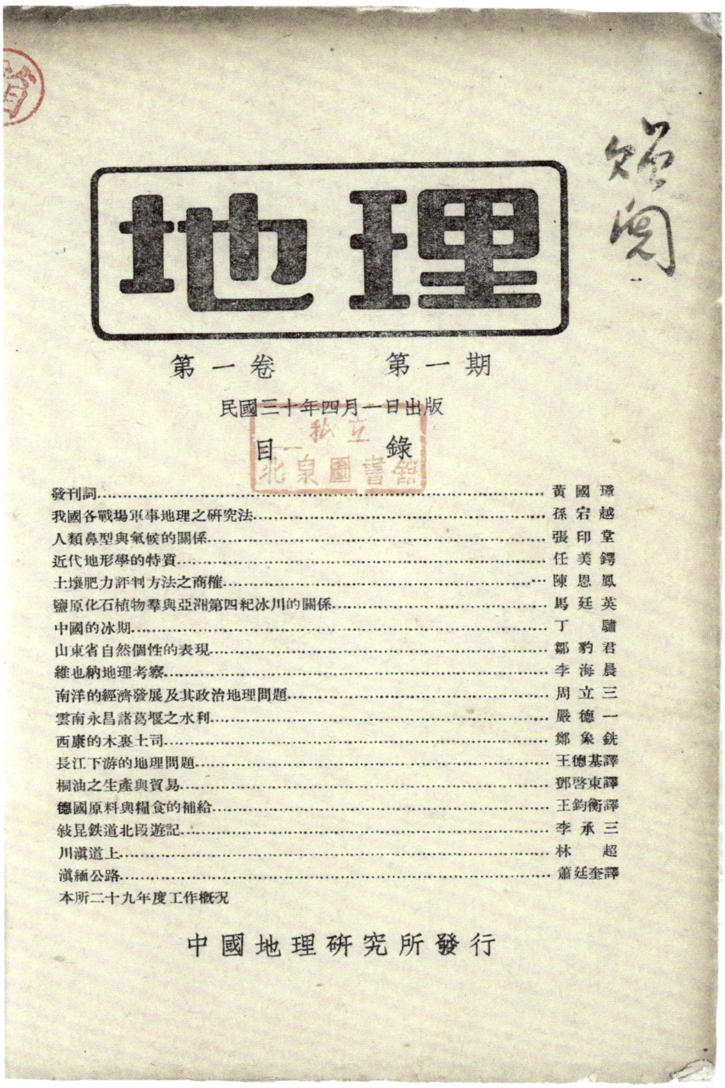
地理

第一卷　第一期

民國三十年四月一日出版

目錄

中國地理研究所發行

1941年4月1日在北碚創刊，爲季刊，中國地理研究所發行，抗戰勝利後遷南京出版。該刊的五卷三、四期出北碚專號，全面介紹北碚的氣候、地質、地形、土壤、動物、人口、聚落、農業、土地利用等九個方面的情況，參與撰寫的都是有關專業的專家學者。除政治編由北碚管理局及所屬職能部門負責外，其餘諸編均由戰時遷建北碚的國家級科研單位、大專院校和著名學者擔綱，是一份研究北碚歷史發展的重要史料。

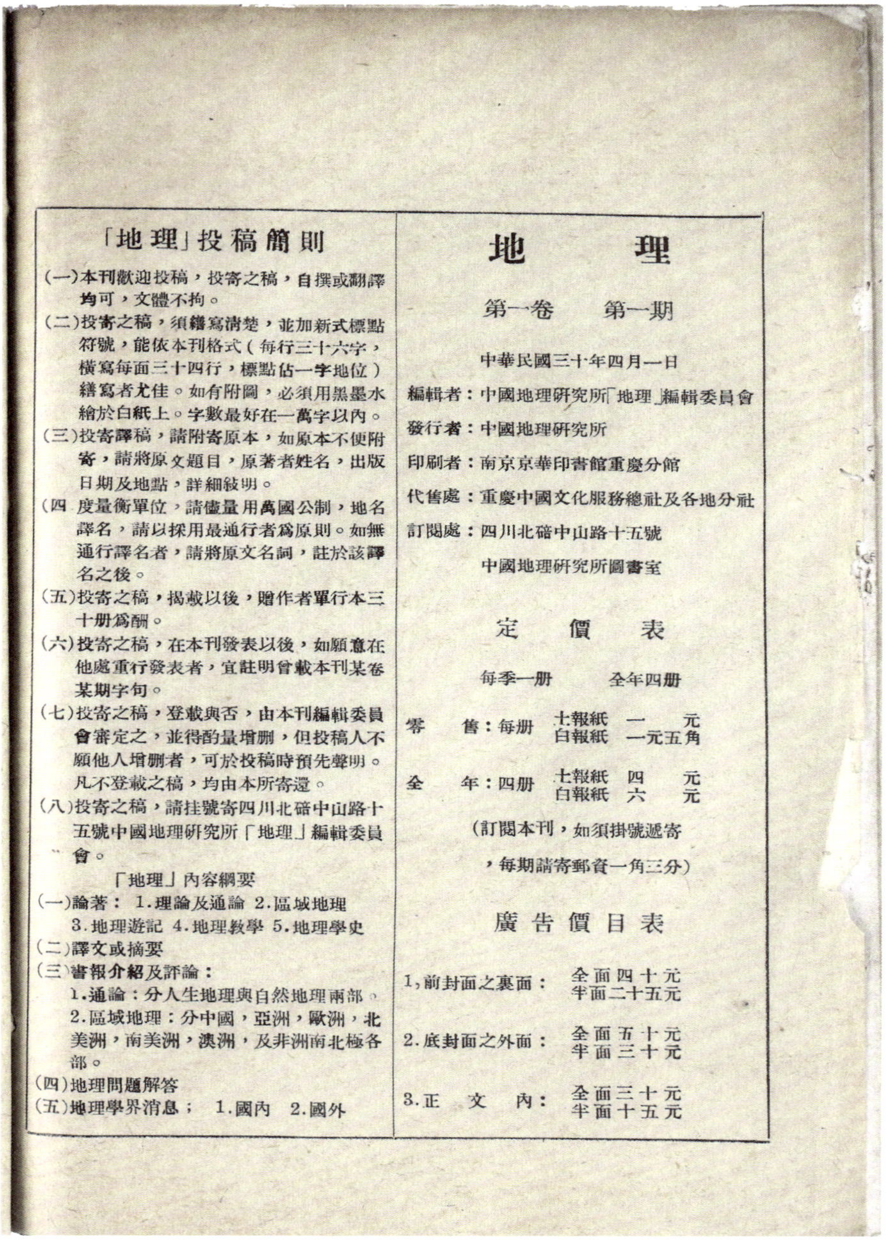

「地理」投稿簡則

(一)本刊歡迎投稿，投寄之稿，自撰或翻譯均可，文體不拘。

(二)投寄之稿，須繕寫清楚，並加新式標點符號，能依本刊格式（每行三十六字，橫寫每面三十四行，標點佔一字地位）繕寫者尤佳。如有附圖，必須用黑墨水繪於白紙上。字數最好在一萬字以內。

(三)投寄譯稿，請附寄原本，如原本不便附寄，請將原文題目，原著者姓名，出版日期及地點，詳細敍明。

(四 度量衡單位，請儘量用萬國公制，地名譯名，請以採用最通行者爲原則。如無通行譯名者，請將原文名詞，註於該譯名之後。

(五)投寄之稿，揭載以後，贈作者單行本三十册爲酬。

(六)投寄之稿，在本刊發表以後，如願意在他處重行發表者，宜註明曾載本刊某卷某期字句。

(七)投寄之稿，登載與否，由本刊編輯委員會審定之，並得酌量增删，但投稿人不願他人增删者，可於投稿時預先聲明。凡不登載之稿，均由本所寄還。

(八)投寄之稿，請挂號寄四川北碚中山路十五號中國地理研究所「地理」編輯委員會。

「地理」內容綱要

(一)論著： 1.理論及通論 2.區域地理 3.地理遊記 4.地理教學 5.地理學史

(二)譯文或摘要

(三)書報介紹及評論：

1.通論：分人生地理與自然地理兩部。

2.區域地理：分中國，亞洲，歐洲，北美洲，南美洲，澳洲，及非洲南北極各部。

(四)地理問題解答

(五)地理學界消息； 1.國內 2.國外

地　理

第一卷　第一期

中華民國三十年四月一日

編輯者：中國地理研究所「地理」編輯委員會

發行者：中國地理研究所

印刷者：南京京華印書館重慶分館

代售處：重慶中國文化服務總社及各地分社

訂閱處：四川北碚中山路十五號

中國地理研究所圖書室

定價表

每季一册　全年四册

零售：每册	士報紙	一元
	白報紙	一元五角
全年：四册	士報紙	四元
	白報紙	六元

（訂閱本刊，如須掛號遞寄，每期請寄郵資一角三分）

廣告價目表

1,前封面之裏面：	全面四十元 半面二十五元
2.底封面之外面：	全面五十元 半面三十元
3.正文內：	全面三十元 半面十五元

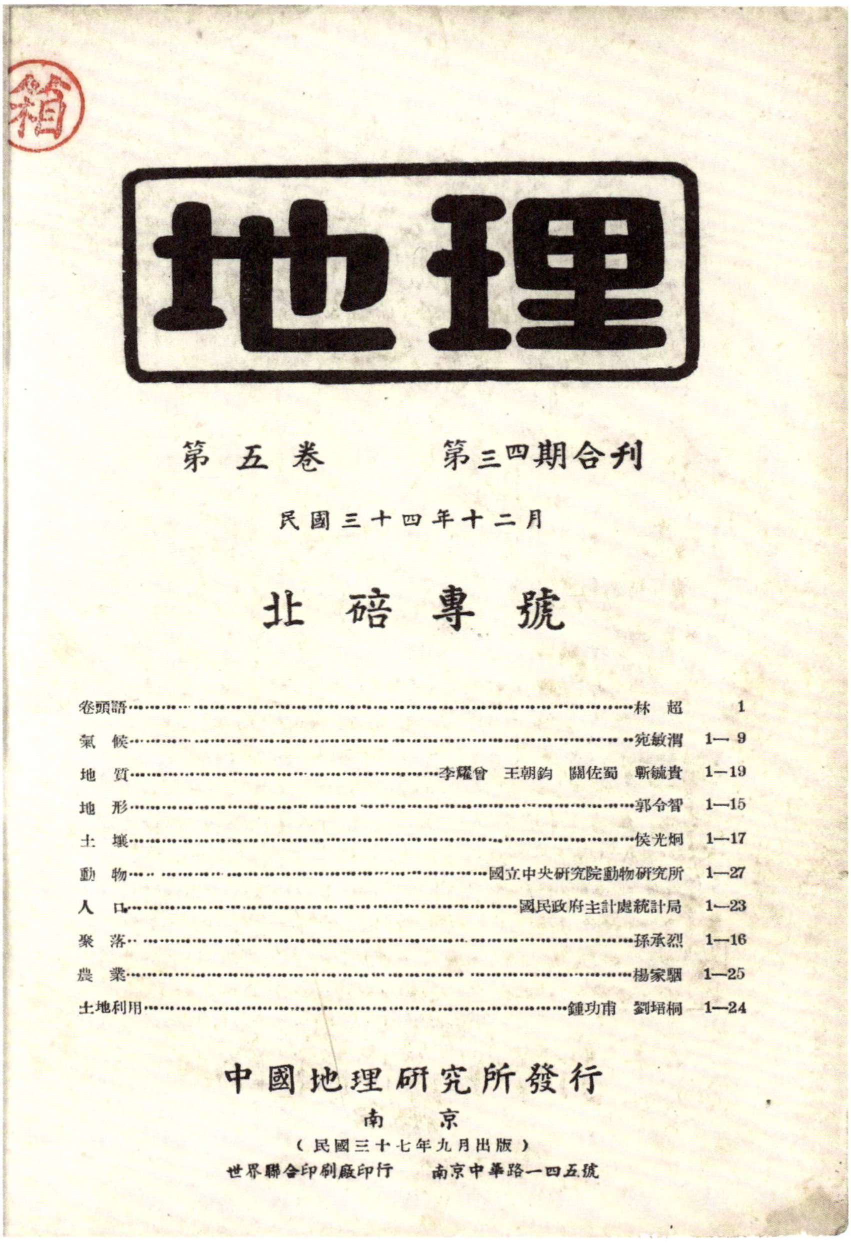

地理

第五卷　第三四期合刊

民國三十四年十二月

北碚專號

中國地理研究所發行
南京
（民國三十七年九月出版）
世界聯合印刷廠印行　南京中華路一四五號

卷頭語

北碚僻處嘉陵江三峽之中，江巴璧合四縣接壤之地，山嶺起伏，面積狹小(僅五百方公里)。清季以來，萑苻遍野，民生艱難。雖有廣大之農田，山林，礦場，終致貨棄於地，無法利用，至爲可惜。但最近二十餘年間，經盧氏作孚子英昆仲先後努力經營，始則盜匪斂跡，民得安居；繼則勸農開礦，工商勃興；闢航綫，築公路，建科學院，博物館，學校，劇院，公園，體育場，蔚爲全國模範之區。同一地理環境，在極短時期內，前後景觀之差，儼若相隔一世紀者。於此吾人得一確切之信念，即中國之地方建設，苟能在安定環境下，努力不懈，其結果必至可樂觀。方在戰時，北碚地鄰陪都，淪陷區各公私學術機關，文化團體，多遷建於此，匪特爲戰時中國文化中心之一，且爲國際觀瞻所在，其重要性，實非其他各地所能企及。抗戰勝利之後，盧氏昆仲及各學術機關團體，議有以誌其盛，爰發起修纂北碚志，總其事者，先後有顧頡剛，楊家駱諸氏，而由各機關分門負責，本所亦忝列其一焉。全志，分地理政治經濟文化社會附錄六編，容分志五十餘篇，規模之大，前所未有，而編纂儘量採用科學方法，尤爲我國纂志倡一新例。地理編由本所負責主編，先後負責者有黃國璋李承三林超等。復員後各機關星散，編纂工作爲之中梗，惟地理志大致告竣，且多由中國學典館排版，盧子英及楊家駱兩氏擬將地理編各志先交本所付印，作爲地理季刊北碚專號，計共包括九志，除本所担任撰寫之地形聚落土地利用三志外，尚有中央研究院氣象研究所之氣候志，中央地質調查所之地質志，土壤志，中央研究院動物研究所之動物志，中國學典館之農業志，主計處統計局之人口志等，其中關於北碚之地理現象，雖未能網羅靡遺，然實已包括重要而基本之地理事實，茲以出版在即，謹誌數語，藉明顛末。

林　超

三十七年六月十日

《聯合畫報》

1943年2月創刊於重慶，舒宗僑主編兼發行，聯合畫報社出版，1945年10月遷上海出版。《聯合畫報》是抗戰時期重慶出版發行的唯一綜合性畫報，該刊登載過許多有關抗戰、國共談判的珍貴照片，是一份史料價值極大的文獻資料。

致收復區的讀者

本報由渝遷滬出版獻詞

湖南省主席吳奇偉將軍讀本報

「聯合畫報，」近年來凡在大後方的人士，無人不知；對於收復區，大部份人是生疏的。

本報的創刊，是在一九四二年的深秋，那時正是全世界法西斯勢力擴展到最高峯，聯合國家在黯淡中開始向勝利之途掙扎的時際。本報是由中英美三國人士合力組織，以爭取聯合國家共同的勝利爲目的，故名「聯合畫報」。一九四三年開始，本報從半月刊，改爲週刊，內容除一般圖片外，增加無線電傳眞，地圖，漫畫，文字，已成爲後方刊物中在形式上與實質上，比較豐富的一種。篇幅上後來也以一個四開張，加到兩個四開張。

後方的印刷，物料是困難的。不過，三年以來，我們得着各方面的援助，尤其是美國及國內有關方面的支持，本報得以渡過各種難關，盡了圖畫報道與戰時宣傳的任務。三年至今，我們沒有脫期過。凡是最近數年到大後方去的人，大都能證實「一跨過封鎖線，就看見聯合畫報」。在印緬及其他前線，能按期到達的，祇有聯合畫報。重慶以外的地方，大大小小的城市，也都可以看到聯合畫報的蹤跡。我們在大後方的銷路，除某日報外，超過任何日報期刊。當然，我們也有我們優良的發行條件，如紙張印刷的比較考究，飛機遞送，圖片迅速，地圖漫畫的刊載……這是一般刊物少有或沒有的。

對於收復區的人士，本報在最近半年——日本沒有投降之前，曾在淪陷區投擲數十萬份，可惜數目太少，能見到的不多，這是使我們很抱憾的。

上海是全國出版事業的中心。本報由渝匆匆移滬，準備諸多不週，現爲爭取時間，先暫出兩週合刊，一俟全國攝影網完成，物料問題解決，即當恢復週刊。

由渝遷滬過程中，組織上亦有變更，過去因盟國的協助以及在時間上所負的使命，偏向於戰時的宣傳。現在，我們逐漸恢復到平時生活，本報的編輯方針也不能不有所改變。本報今後將以超然的立場，對國際方面，促成聯合國家的團結，共同保障世界和平；對國內，聯合全國力量，從事戰後復興建設的艱巨工作。復興建設的前題，是團結，是民主；三年以來，我們在戰時宣傳之餘，爲這些工作準備，今天是該我們與全國人士共同聯合，促其實現的時候了！

本報現在能在收復區出版，無限快慰！願與全國人士，共謀新中國的建設。

緬甸戰線上新一軍陳團長（右）與梁副團長（左）讀本報

封面說明

「共產黨領袖毛澤東氏，於日本投降後，應蔣主席再三邀請，由延安往重慶商談國共合作問題，美駐華大使赫爾利並爲雙方之居間人。此項會談綿延多日，對一部份問題已取得協議，一部份問題則仍相持不了，致有近月國共在各省衝突之事發生。現雙方仍在重慶進行商談中，赫爾利大使返美後亦將來華。此封面爲代表雙方之領袖人物及美方代表歷史性的合影，極具重要意義與價值。前排左起，美大使赫爾利，蔣主席，毛澤東，後排左起蔣經國，四川省主席張羣，中央宣傳部部長吳國楨。

（本報記者胡崇賢攝）

聯合畫報由渝遷滬出版啓事

本報在重慶發行三年餘，承國內外人士贊助，得以暢銷大後方。茲以抗戰勝利，戰時宣傳任務達成，亟應復員，特將重慶本報於十月十九日暫行停刊，並即開始在滬籌備復刊。頃以各種出版條件尚未全備，暫出十開本雙週合刊，一俟交通恢復，各項設備完全，仍當恢復週刊。

一，現因上海物價變動甚大，成本無法固定，暫採自由訂戶辦法，每戶預收法幣四千元，每次照定價扣算，郵費封套費及航空費另加。

二，本報歡迎聯合畫報老訂戶訂閱，茲因內部組織變更關係，一律重新訂閱，第一五五，一五六期合刊，印刷不多，恐難普遍供應，訂閱請速。售完不再補印。

三，聯合畫報歡迎各地經銷處，繼續經銷，收復區書店，派報社代銷本報，尤所歡迎。經銷章程，函索即寄。

四，本報戰前爲加强戰時宣傳，對要求刊登廣告者，未能應命，深以爲歉。現本報已開始收登廣告，廣告刊戶委登廣告，請駕臨本社廣告股或電話知照四五六五九，當派人往洽。

五，本報前在後方，因受讀者之歡迎，曾一再發現冒充本報推銷員騙欵情事，茲特鄭重聲明，本報現除在上海外，任何地方將不再派遣推銷員，此亦爲免除讀者受騙致此。凡愛讀本報者，請直接向上海本社訂閱。

聯合畫報

第一五五一五六期合刊

中華民國三十四年十一月二十日出版

本期每本定價五百元

出版　聯合畫報社

發行人兼主編　舒宗僑

攝影編輯　趙家璧
藝文編輯　唐紹華
美術編輯　李仲源
攝影記者　胡崇賢　黃石鏞　秦丙炎

社址：上海外白渡橋百老匯大厦

電話　四五六五九（經理部）　四四六八〇（編輯部）

電報掛號：九九九六

總發行所　聯合畫報社

代銷處　各地書報社及書店

後記

北碚圖書館的前身是1928年盧作孚先生創辦的峽區圖書館，1945年與中國西部科學院圖書館、民生公司圖書館合并定名爲“北碚圖書館”。現館藏歷史文獻三十餘萬册，是歷經八十五年風雨的結晶。

《北碚圖書館精品圖録》的古籍卷中，遴選了以宋版元明遞修本《致堂讀史管見》、明南京大報恩寺刻本《洪武南藏》、明永樂中司禮監刻本《五經大全》等爲代表的我館入選《國家珍貴古籍名録》的珍善本。藝術卷收書畫和碑拓兩大類，其中書畫尤以王鐸的草書長卷、金農的硃竹并題立軸等爲珍品；而北碚圖書館的拓片收藏頗有歷史，其所收藏的拓片均爲1911年以前舊拓，如楊淮表紀拓片、蔡京書懿簡趙公神道碑銘拓片等彌足珍貴。上世紀二十年代，盧作孚、梁漱溟等在北碚掀起了鄉村建設運動。抗戰時期，北碚則是民國政府陪都的主要遷建區。因此，民國時期文獻也是北碚圖書館的特色館藏。民國卷中的《辛亥革命始末記》、《中國全面抗戰大事記》、盧作孚的《鄉村建設》及手稿等，都是極具研究價值的珍貴史料。

本書的出版得到了中華書局和北碚區文化廣電新聞出版局的大力支持，得到了許春芳、邊沙老師的悉心指導和幫助，在此一并表示感謝！

謹以此書獻給爲收集和保護珍貴文獻付出辛勤勞動的前賢先輩！

謹以此書獻給爲北碚圖書館事業發展作出貢獻的人們！

鄧玉蘭

2014年2月